한국기업의
환위험관리

조대우

충남대학교출판문화원

한국기업의 **환위험관리**

발행일 2017년 9월 15일 발행인 오덕성 지은이 조대우
펴낸곳 충남대학교출판문화원 주소 대전광역시 유성구 대학로 99
전화 042-821-6045 홈페이지 http://www.cnupress.co.kr E-mail cnupress@cnu.ac.kr

ISBN 978-89-7599-642-9 93320
정가 15,000원

한국기업의 **환위험관리**

| 머리말 |

1994년 5월 1일자 매일경제신문 주제 기사다. 제목은 "기업 외환손실 엄청나다"였다.

"국제화시대를 맞아 국내 기업들의 경쟁력강화가 주요 이슈로 등장하고 있는 가운데 국내기업들이 외환관리 미숙 등으로 여전히 막대한 규모의 외환손실을 입고 있다. 특히 우리나라 제조업 전체의 연간 당기순이익과 거의 맞먹는 규모의 환차손 換差損이 발생하고 있음에도 불구하고 기업들의 환위험에 대한 인식도가 매우 낮아 개별 기업들의 외환손실 방지를 위한 환관리시스템 구축 및 인력양성 노력이 시급한 것으로 지적되고 있다. 30일[1] 증권관계기관들에 의하면 국내 주요 제조업체 265개사를 표본조사한 결과 지난해[2] 이들 업체의 환차손은 1조 1천 5백억원, 환차익은 5천 88억원으로 집계됐다. 이에 따라 이들 업체는 1993년 모두 6천 4백억원의 외환손실을 입은 것으로 나타났다.[3] 이같은 손실규모는 지난 1992년 전체 제조업 외환손실액 3천 5백억원의 2배에 달하는 규모이다. 지난 1992년 우리나라 제조업의 환차손은 1조 278억원으로 같은 해 경상이익 2조 9천 483억원의 35%에 달했다. 반면 환차익은 6천 7백억원에 불과, 우리나라 제조업체들은 경상이익의 11.9%인 3천 5백억원 상당을 외환손실[4]로 잃어버렸다. 이처럼 외환손실이 급증하고 있는 것은 우선 지난 해부터 환차손을 이연자산으로 처리해오던 것을 당해연도 비용으로 일시에 처리토록 기업회계처리기준이 바뀐 탓이 크다. 그러나 국내외 통화들의 환율변동폭이 갈수록 확대돼 환위험은 증대되고 있는 반면 지난 1989년 광주은행 사건으로 대변되는 거액의 환차손발

---

[1] 1994년 4월 30일

[2] 1993년도

[3] 1993년도 주요기업의 외환수지 상황이다.

생사건 이후 경제의 국제화 개방화 추세와는 반대로 외환관리 및 기업들은 환관리 투자는 오히려 후퇴하였기에, 막대한 규모의 환손실을 자초하고 있다."

이런 교훈을 받았음에도 불구하고 10년이 채 지나기도 전인 1997년 12월에 외환위기에 직면하게 된다. 창립된지 100년이 넘는 조흥은행, 상업은행 등 시중은행도

〈단위: 억원〉

회사명	외환수지	경상이익	비중(%)
한국전력	△2,357	12,681	16.6
대한항공	△1,959	253	88.5
삼성전자	△1,443	3,740	27.8
포항제철	△941	4,982	15.9
유공	△499	844	35.8
현대자동차	△340	761	30.9
기아자동차	△333	181	64.9
㈜ 대우	△156	746	17.3
삼성물산	△124	186	40.1
경인에너지	△105	△120	700
쌍용중공업	65	10	118
효성물산	56	21	160
㈜ 선경	52	156	15
대우중공업	42	7	120
금성사	38	1,080	3.7
현대종합상사	36	60	144
㈜코오롱	21	△89	19
㈜쌍용	21	103	25.3
코오롱상사	14	165	9.3
두산상사	14	17	467

※ 경상이익은 외환수지 적자(흑자)를 포함한 금액. 비중은 경상이익에서 외환수지가 차지하는 비율

4) 환차익-환차손

역사속으로 사라져 갔으며, 한때 국책은행으로 명성이 드높았던 외환은행도 외국 투기자본으로 알려진 론스타에 팔렸고, 결국 하나은행에 합병되고야 말았다. 한보철강의 부도사태로 시작되었던 외환위기의 여파는 결국 재계 2위이던 대우그룹을 공중분해시키고야 말았다. 수많은 중소기업과 평생 근무를 당연시 해왔던 직원들은 물론이요 기업을 창업하였던 오너나 오너겸 CEO들도 부지기수가 역사의 뒤안길로 사라졌다. 원달러 환율이 한때 2,000원에 수렴할 만큼 올랐던 것이 2000년 말에는 1,000원대로 안정되다가, 다시 10년여만인 2007년 10월말에는 900원대로 하락했다. 2007년도까지는 마침 불어온 조선산업의 활황으로 선물환매도 급증하였다. 수많은 중소기업들은 KIKO라는 통화옵션에 매달렸다. 2008년 6월말 당시 국내은행과 KIKO계약을 맺은 기업은 519개에 달했다. 이중 대기업은 39개에 불과했으나, 중소기업은 480개로 대부분을 차지했다. 이유는 환위험을 헤징하기 위해서 통상 선택해오던 선물환계약이나 통화옵션 및 통화스왑 등은 수수료를 지급해야 한다. 환위험을 회피하기 위해 지급하는 작은 헤징비용도 아깝게 여겨 온 중소기업들은 무비용에다 환차익을 올릴 수 있는 기회도 챙길 수 있다고 알려진 KIKO계약에 몰입하였다. 2008년 글로벌 금융위기가 몰려 오던 당시까지 KIKO계약을 맺은 기업은 700여개에, 총계약금액은 3조 2천억원에 달했다. 드디어 같은 해 봄 미국의 서브프라임 모기지론 사태로 원달러환율이 급등하더니 베어스턴즈가 파산하자 경상수지 적자와 외국인 투자자의 주식투매 등으로 5월에는 1,050원대까지 치솟았다. 설상가상으로 9월 중순 리먼브라더즈가 파산하자 국내은행들의 해외차입조건은 더욱 나빠져, 11월에는 1,513원까지 수직상승하였다. 2008년 1·4분기부터 지속적으로 달러당 1,000원 이상의 환율이 유지되자 KIKO거래는 대부분 상한을 초과한 Knock-in상태가 되어 기업들은 거액의 손실을 보게 되었다. 많은 중소기업들은 거래은행을 상대로 도덕적 해이 등을 이유로 대규모

소송을 걸었다.

그로부터 또다시 9년이 지난 2017년 중반을 지나고 있다. 지난 10여년동안 글로벌금융질서가 특별하게 달라진 것은 없어 보인다. 영국이 EU 탈퇴를 선언했으나, 여전히 EU는 건재하다. 그렇다고 현행 국제환율제도가 달라진 것도 없다. 여전히 전 세계 무역과 투자의 결제수단 중 65% 이상은 미 달러로 결제된다. 그렇다고 새로이 경제강국으로 글로벌 무대에 등단한 중국도 위안화 평가절상·절하에 자유롭지 못하며, 여전히 통화연계제도를 선택하고 있다. 따라서 국제통화로서의 위상은 갖지 못한 우리 원화와 함께, 외국과의 무역과 해외 현지투자를 통한 현지진출에 모든 역량을 쏟고 있는 우리 기업들에는 환율변동으로 인한 환위험관리는 경영전략의 선택만큼 전사적으로 중요한 문제라는 것을 인식할 필요가 있다.

이 책은 필자가 1980년대 중반부터 5년마다 한번씩 총 7차례에 걸쳐 진행되어 온 한국의 환위험관리 보고서라고 할 수 있다. 여기에 당시 시대적 요청이었던 벤처기업들의 환위험관리 실태 분석을 추가하였다. 벤처기업의 매카인 대전 대덕밸리 소재 벤처기업과 서울지역 벤처기업들간의 환위험관리 행태도 비교분석하였다. 또한 지난 20여년간 한국기업들이 가장 적극적인 투자를 해온 중국을 대상으로 중국기업들의 환위험관리 실태를 분석하고 지역별로 차이가 있는지 비교하였다. 필자는 대덕밸리에서 탄생하여 성공적인 벤처기업 신화를 일구어 온 기업의 오너가 KIKO거래의 여파로 기업이 부도나고 타인에게 넘어가는 것을 보았다. 위험관리를 하지 않는 다면 그것은 모험기업이 아니라 기업을 투기적 위험에 방치하게 된다는 것을 알았다. 이것이야말로 본말이 전도된 것이다.

또한 필자의 30여년에 걸친 조사분석에 의하면 한국기업이 당면하는 환위험은 세계 어떤 기업보다도 다양하며, 복잡한 것이었다. 그것은 한국기업의 해외경영활동의 다양성에 기인한다고 본다. 수출을 하기 위해 우리는 수입원자재를 해외에서 구매해야 한다. 과연 환율은 오르는게 좋겠는가? 내리는 게 좋겠는가? 수출을 위해서는 환율상승이 바람직하다고들 한다. 그러나 원자재를 100% 국산원자재로 조달하지 않는다면 수입에 의존할 수 밖에 없으며, 원가를 낮추거나 적어도 동결하기 위해서는 수입원자재가격이 떨어져야 한다. 말하자면 환율이 하락하거나 적어도 환율이 안정적이어야 하는 것이다. 외국기술을 도입할 때, 해외 현지에 투자할 때, 현지에 생산공장을 지을 때, 외국기업을 M&A할 때는 환율의 하향추세이길 바라며, 기술수출 대가로 라이센싱수수료를 수령하거나, 외국자본을 유치할 때, 외국에서 번 돈을 배당받을 때, 이자수입을 가져올 때는 환율이 상승되어 외화표시거래의 원화대가 수령시 더욱 유리해지길 희망한다. 그렇다면 적어도 우리 기업은 환율변동으로 인한 거래가액의 변동을 아무런 행위를 하지 않은 채 지켜보고 있어서는 안된다. 이것은 바로 투기적 행위이다. 물론 명백한 환율상승이나 환율하락을 예측한 경우에는 No Hedge도 중요한 전략이라고들 한다. 이것을 누가 알겠는가? 오직 신만이 알지 않겠는가?(Who knows? Only god knows!!) 시장에서의 예측이 맞는다면 KIKO사태는 없었을 게고, 선량한 벤처기업들이 소리없이 사라지는 불행한 사태는 당연히 없었을 게다.

세상에서 가장 복잡한 국제경영활동을 수행하고 있는 한국기업 경영자들에게 알리고자 한다. 교과서에 나오지 않는 유형의 환위험 때문에 시장에서는 환위험이 축소되어 보고되거나, 환위험관리에 무력해 온 것이 아닌가 생각될 때가 많다. 기업실무자들은 현장에서 발견하고 경험하고 있는 데, 그런 환위험을 인식하거나 측정하는 장치나 방법이 마련되어 있지 못한 것이다. 예를 들어 이 책에 처음 소개하는 미래확정환위험인 무역환위험(Trading risk, Counter offer pricing risk)이나 현재미확정환위험인 프로젝트환위험(project risk, revolving risk)은 기존이론에는 경제적 환위험이란 개념속에 파묻혀 구체적이고 적극적인 환위험관리 대상에서 제외되었었다. 환위험하면 떠오르는 기존의 거래적 환위험(transaction risk)과 환산환위험(translation risk)은 이미 탄탄한 이론적 뒷받침 속에 회계제도에 충분히 반영됨으로써 위험관리체제가 갖추어졌다고 본다. 그러나 필자가 제시하는 새로운 환위험개념인 무역환위험과 프로젝트환위험은 관리를 해야 한다는 인식도 낮을 뿐 아니라, 대체로 관행에 따라 주먹구구식으로 관리하거나 전략적이란 명분하에 그때그때 임의적으로 의사결정해 왔다. 이제부터 이들 새로운 환위험개념과 관리방법은 우리가 해야 한다. 한국기업의 사례와 경험이 뒷받침되어야 한다. 1986년에 처음 제시된 이 개념은 2003년도 논문에서 비로소 새로이 명명했다. 그동안 수차례에 걸쳐 확인을 한 결과였다. 새로운 이름의 환위험유형은 기존과는 다른 수단으로 환위험관리가 이루어져야 한다.

이 책은 한국기업의 환위험관리 실태를 살펴보고자 했다. 고도경제성장이 이루어지고 다양한 의식과 생각이 싹트기 시작하던 1980년대 중반부터 30여년간에 걸친 기간적 분석longitudinal analysis의 결과이다. 그간에 인도네시아 기업들의 환위험관리 실태도 조사한 바 있다. 한국 기업이 투자나 무역에 관심을 갖고 있는 국가의 현지보고서가 있다면 더욱 유용할 것이다. 향후 후학들의 많은 연구를 기대한다.

2017년 7월

정말 싱그러운 녹음이 창문밖에 드리워져 있다.

궁동 연구실에서 창밖을 내다보며

필자 쓰다.

| 목 차 |

1장 외환시장의 효율성 논쟁 ······ 17

1. 머리말 ······ 18
2. 외환시장효율성 검증문제 ······ 18
   2-1. 효율시장의 이론적 배경 ······ 18
   2-2. 확실성세계하의 외환시장 효율성 검증 ······ 25
   2-3. 불확실성세계하의 외환시장 효율성검증 ······ 27
3. 선물환위험할증에 관한 이론 ······ 36
   3-1. 선물환 위험할증 존재에 관한 이론 ······ 36
   3-2. 선물환위험할증 보상에 관한 이론 ······ 37

2장 외환 선물시장 헤징이론 ······ 43

1. 머리말 ······ 44
2. 전통적 헤징이론 ······ 48
   2-1. 이론의 전제 ······ 48
   2-2. 준거이론 ······ 49
   2-3. 모형 ······ 49
   2-4. 이론의 한계 ······ 51
3. 기대수익극대화 헤징이론 ······ 51
   3-1. 이론의 전제 ······ 51
   3-2. 준거이론 ······ 52
   3-3. 모형 ······ 53
   3-4. 이론의 한계 ······ 54
4. 포트폴리오 헤징이론 ······ 55

4-1. 이론의 전제 ········ 55
4-2. 모형 ········ 56
4-3. 이론의 한계 ········ 61
5. 수익-위험 헤징이론 ········ 62
5-1. 이론의 전제 ········ 62
5-2. 모형 ········ 64
5. 효용극대화 헤징이론 ········ 73
5-1. 기수적 효용극대화 헤징이론 ········ 73
5-2. 서수적 효용극대화 헤징이론 ········ 75
5-4. 이론의 한계 ········ 76
7. 맺는말 ········ 77

3장 환위험의 정의와 분류 ········ 89
1. 환위험의 개념 ········ 90
2. 환위험을 보는 눈 ········ 91
2-1. 회계적 관점 ········ 91
2-2. 경영전략적 관점 ········ 92
3. 환위험의 유형 ········ 93
3-1. 제 1의 견해 ········ 94
3-2. 제 2의 견해 ········ 94
3-3. 일반적 견해 ········ 94
3-4. 환위험유형에 대한 제언 ········ 102

4. 학자들이 분류한 환위험의 유형 ······ 103
4-1. 환위험의 유형 ······ 103

4장 한국기업의 환위험관리: 1980년대 ······ 111
1. 머리말 ······ 112
2. 환노출액에 대한 인식 논쟁 ······ 115
3. 한국 기업의 환위험관리 실태 조사 ······ 117
3-1. 표본설계 ······ 117
3-2. 조사방법 및 내용 ······ 118
3-3. 한국기업의 환위험에 대한 인식측정 ······ 119
3-4. 한국기업의 환위험관리 프로그램의 실태 ······ 126
3-5. 한국기업의 환율예측부문의 실태 ······ 128
3-6. 한국기업의 환위험정보관리의 실태 ······ 130
3-7. 한국기업의 환위험관리전략의 실태 ······ 132
3-8. 한국 기업의 환위험관리목표의 조사 ······ 134
3-9. 종합: 한국 기업의 환위험관리 실태에 대한 기업유형별 수준 판정 ··· 135

5장 한국기업의 환위험관리: 1990년대 ······ 139
1. 머리말 ······ 140
2. 기업 환위험관리 실태 연구 ······ 142
2-1. Carter와 Rodriguez의 연구 ······ 142
2-2. Mathur의 연구 ······ 142

2-3. Collier와 Davis의 연구 ······ 143
2-4. Belk와 Glaum의 연구 ······ 143
2-5. Battcn과 Mellor의 연구 ······ 144
2-6. 조대우의 연구 ······ 145
2-7. 민상기의 연구 ······ 146
3. 실태조사 표본 설계 ······ 147
3-1. 표본 규성 ······ 147
3-2. 분석틀과 분석방법 ······ 148
4. 분석결과 및 해석 ······ 149
4-1. 한국 기업의 환위험 인식 문제 ······ 149
4-2. 한국 기업의 환위험관리 목표 ······ 154
4-3. 한국 기업의 환위험관리 프로그램 ······ 155
4-4. 한국 기업의 환위험 관리전략 ······ 156
4-5. 종합: 1990년대 환위험관리 실태 분석 ······ 159

6장 한국 제조기업의 환위험관리: 2000년대 ······ 163
1. 머리말 ······ 164
2. 환위험의 정의 논쟁 ······ 165
2-1. 전통적 환위험의 유형 ······ 165
2-2. 새로운 환위험의 분류와 명명 ······ 165
3. 환위험 실태조사 기존연구 ······ 167
4. 환위험 실태조사 대상 ······ 169

5. 실태조사 분석 ········· 171
5-1. 환위험 인식수준 ········· 171
5-2. 한국 기업의 환위험 관리 프로그램 수준 ········· 174
5-3. 한국 기업의 환율예측 부문의 수준 ········· 175
5-4. 한국 기업의 환위험관리방법의 수준 ········· 178
5-5. 한국 기업의 환위험관리 목표수준 ········· 180
6. 종합: 한국기업의 환위험관리 실무 지침(3차 조사) ········· 183

7장 대덕밸리 벤처기업의 환위험관리 ········· 191
1. 머리말 ········· 192
2. 표본 특성 분석 ········· 193
3. 대덕밸리 벤처기업의 환위험 인식 수준 ········· 195
3-1. 환위험의 인식시점 ········· 195
3-2. 환위험의 인식 상황 ········· 197
3-3. 환위험에 대한 인식부재 이유 ········· 198
4. 대덕밸리 벤처기업의 환위험관리 목표 ········· 199
4-1. 환위험관리의 목표와 수준 ········· 199
4-2. 환위험의 관리 대상 ········· 200
4-3. 환위험관리 목표의 수 ········· 200
4-4. 환위험관리 목표의 지위 수준 ········· 201
5. 대덕밸리 벤처기업의 환율예측부문 수준 ········· 202
5-1. 환율예측 대상 통화 ········· 202

5-2. 선호하는 환율예측치의 형태 203
5-3. 환율예측치 선택의 일차 책임자 203
6. 대덕밸리 벤처기업의 환위험관리 프로그램 204
7. 대덕밸리 벤처기업의 환위험정보관리 206
7-1. 가장 선호하는 환율변동 예측기간 206
7-2. 환율예측시 선호 지표 207
7-3. 환율예측 관련정보 획득원천 208
7-4. 예측환율의 보고자 209
8. 대덕밸리 벤처기업의 환위험관리전략 210
8-1. 환위험관리에 대한 CEO의 태도와 사내 의사결정과정 210
8-2. 선호하는 환위험관리수단 210
9. 분석결과의 전략적 해석 212

8장 중국기업의 환위험관리 223
1. 머리말 224
2. 중국 기업의 표본 특성 224
3. 중국기업의 환위험 인식수준 225
3-1. 환위험 인식 시점 225
3-2. 환위험의 인식상황 226
3-3. 환위험 인식 부재 이유 227
4. 환율예측의 수준 228
4-1. 환율예측 통화 228

4-2. 선호하는 환율예측치 228
4-3. 환율예측 주기 229
4-4. 환율예측치 선택시 일차 책임자 229
5. 환위험관리에 대한 목표 230
6. 환위험관리 방법 230
7. 환위험관리 수단 231
8. 환위험관리 프로그램 232
9. 외환손실 발생원인과 환위험관리 수행시 장애요인 233
9-1. 외환손실 발생원인 233
9-2. 환위험관리 수행시 장애요인 234
10. 업종별 중국기업 집단간 차이 분석과 결과 해석 235
11. 지역별 중국기업 집단간 차이 분석과 결과 해석 237
12. 결과 종합 및 전략적 시사점 238

9장 한국기업의 환위험관리 사례 241
1. 머리말 242
2. 한국기업의 환위험관리 성공사례: 1995년도 S전자 사례 246
3. 한국기업의 환위험관리 실패사례: 2008년도 KIKO 사례 250
4. 맺음말 253

찾아보기 286

제 1 장

외환시장의 효율성 논쟁*

| 본 장의 목표 |

1. 환율이란 가격은 외환시장에서 결정된다. 이 시장은 과연 효율적인 시장인가?
2. 비효율적이라면 그 원인은 무엇인가?
3. 외환시장이 효율적이라면, 환율예측도 효율적이 되는가?
4. 외환시장의 효율성을 검증하기 위한 방법을 논의해 보라.

---

* 이 장은 이 책을 쓰게 된 화두이다. 이 장의 내용은 1985년 한국경영학회 추계 학술연구발표회에서 발표한 내용을 정리한 것이다. 동시에 이는 한국경영학회가 발간한 경영학연구에 개재된 내용중 이론적 논쟁부분을 발췌한 것이다.(민상기·조대우(1986), “외환시장효율성검증에 관한 연구”, 「경영학연구」 제 15권 제2호, 한국경영학회, pp.1-55.)

1. 머리말

1973년 2월 브레튼우즈체제Bretton Woods System하의 달러연계제도Dollar Peg System가 붕괴되고 자유변동환율제도로 전환되자, '외환시장의 효율성'문제에 대한 관심이 고조되었다. 특히 외환시장의 효율성검증에는 현물환율spot exchange rate의 예측치보다는 미래현물환율future spot exchange rate에 대한 선물환율forward exchange rate의 예측력에 대한 연구에 집중되었다. 이는 선물환율이 미래현물환율에 대한 시장예측치이므로 '외환시장의 효율성foreign exchange market efficiency문제'는 선물환율이 미래현물환율에 대한 불편예측치unbiased predictor인가를 검증함으로써 가능하다고 보았기 때문이다.

그러나 이런 논리는 외환시장참가자들이 위험중립적risk-neutral일 때만 선물환율이 시장예측환율이 되며, 만일 이들이 위험회피적risk-averse이라면 환위험에 대한 위험할증risk premium이 존재하게 됨에 따라 시장예측환율과 선물환율간에는 위험할증만큼의 차이가 존재하여 종래 선물환율예측력 검증결과를 외환시장효율성검증으로 연계시킨 연구들은 새로운 검토가 이루어져야 할 것이다. 이 장에서는 외환시장효율성가설에 수반되는 이론과 검증상의 문제를 고찰한다. 또한 외환시장 효율성 검증에는 기본적으로 결합가설검증joint hypothesis test문제가 나타나게 되는 바, 이의 선결요건인 선물환위험할증forward risk premium의 존재유무에 대한 기존 이론들을 살펴보고자 한다.

2. 외환시장효율성 검증문제

2-1. 효율시장의 이론적 배경

(1) 시장효율성과 결합가설

Paul A. Samuelson(1965)은 시장효율성검증을 위해 페어게임fair game 속성을 시장에 적용했다. 준거가정은 다음 5가지이다.

첫째, 거래비용은 없다.

둘째, 시장참가자들이 동일한 선호(homogeneous preference)를 가지며, 위험중립적risk-neutral이다.

셋째, 시장참가자들이 시간에 따라 별다를 선호를 하지 않는다.

넷째, 정보는 동질적으로 분포되어 있다.

다섯째, 정확한 결합밀도함수가 안정적으로 알려져 있으면, t시점에서의 미래가격(S_{t+n})은 $[S_{t+1} = E(\tilde{S}_{t+1}/S_t, S_{t-1}\cdots)]$가 성립한다.

여기서 Samuelson은 동질정보가정(assumption of homogeneous information)으로부터 실제시장가격이 기대시장균형가격을 중심으로 무작위random하게 변동하고 있음을 보여주었다. 이때 중요한 것은 어떻게 '동질적인 정보'를 가질 수 있는가 하는 것이다. 이에 E. F. Fama(1970)는 임의의 어떤 효율적인 시장을 상정했다. 즉 Fama는 효율적인 시장을 제 가격이 '모든 유용한 정보all available information'를 완전히 반영(fully reflect)해 주는 시장으로 정의했다. Fama는 "만일 가격의 연속적인 궤적이 페어게임(fair game)의 형태를 가진다면 그 시장은 효율적이라고 하는 Samuelson의 주장을 반박했다. 그러나 Fama의 '가격의 무작위변동random price movement'조건은 시장효율성에 관한 필요조건도 충분조건도 아니었다.

말하자면 Fama는 효율시장가설과 그것의 준거가정을 명백히 구별하지 않고 기대수익률을 $[E(\tilde{X}_{j,t+1}/\Phi_t) = 0]$이라는 검증가능한 형태로 표현했다. 그는 시장효율성검증을 정보(Φ_t)에 따라 ① 약형 Weak Form ② 준강형 Semi-strong Form ③ 강형 Strong Form 등으로 분류하였다. 그러나 LeRoy(1976)는 이 3가지 검증대상형태는 $[E\{P-E(P/\Phi_t)/\Phi_t\}=0$, 단, P는 가격]이기 때문에 동어반복(tautology)에 불과하다고 했다.

이에 대해 Fama는 결합가설joint hypothesis 검증을 조건부 검증가능형태로 재구성하였다. 여기서는 효율시장균형모델 준거가정을 고려하고 있다. Fama는 효율시장에서는 각자가 제가격으로부터 동일한 정보를 제공받는데 시장참가자가 동일하면(identical), 한 사람이 시장을 대표할 수 있으므로 시장가격의 결정매카니즘에 대해 시장이란 먼저 '모든 유용한 정보'에 준거한 미래가격에 대해 확률분포를 부여하고 이 분포와 시장균형모델의 기준에 대해 현행가격을 설정해야 한다고 주장했다. 이에는 동질적인 정보가 가정되므로 시장균형가격은 완전정보시장모형이라는 것이다.

즉 시장이 효율적이면 그 시장가격은 완정정보시장모형의 기대균형치 주위에 무작위하게 변동해야 한다는 것이다. 따라서 효율시장검증이란 ① 시장효율성과 ② 완정정보시장균형모형(model of fully informed market equilibrium)의 동시 검증이어야 하는데 이런 결합가설의 결과를 설명하는 것은 용이하지 않다. Richard M Levich는 이런 동시검증(simultaneous test)의 기각에 대해 첫째, 기대균형수익의 비효율성에 기인하는 것인지 둘째, 투자자가 비효율적인 정보이용자임에 기인하는 것인지를 결정하는 것이 불가능하다는 것이다. 즉 시장효율성이 기각되지 않는 연구는 '기대균형-수익과정이 잘못 가정된 것'임에 기인한 바 적정기준에 비추어보면 시장은 비효율적이며 우연한 이익기회가 주어진다고 주장했다.

말하자면 Fama의 3가지 형태의 검증들은 반드시 서로 상이한 통계적 검증력(test of statistical power)이라고 할 수는 없다. 따라서 결합가설검증에 비추어 이들 셋은 모두 시장균형에 관해 상이한 모형들을 사용한다는 것인 데, 약형검증이라고 하고 강형검증보다 통계적 가설검증력이 떨어진다는 할 수 없다. 즉 이는 시장균형모형에 대한 상이한 가정을 가진 두가지 유형의 검증들에 불과하다. 예를 들어 서브마팅게일모형sub-martingale model인 가격들의 연속적인 궤적을 기준으로 한 시장효율성검증은 ① 시장효율성과 ② 일정기대수익에 관한 기대균형모형의 결합검증이라는 것이다.

이때 Fama가 '가격은 정보를 어떻게 반영하는가?'를 설명해주지 못한 이유는 'Fama의 통일적인uniform 정보분포가정'에 의해 검증이 모호해져 버린 때문이다. 만일 시장참가자 개개인이 모든 유용한 정보를 가진다면 가격에 의해 정보를 제공받을 필요가 없으며 또한 가격은 '정보의 역할informational role'을 하진 않으므로, 가격이 개개인의 행동을 제약하게 되는 바 즉 ① 예산등식의 제약요인이 되거나 ② 시장에서 이윤기회를 제약하거나 둘 중의 하나이다, 이것은 전통적인 왈라스경쟁균형Walrasian Competitive Equilibrium에서 볼 때 가격의 기본함수이다. 이때 동질정보환경하에서 모든 유용한 정보를 완전히 반영하는 것을 말하는 것인지는 분명하지 않다. Fama의 정의는 기본적으로 동질적 정보환경하에서 도출되는 바, 문제는 각자가 동일한 정보를 가진 경우 어떻게 가격이 '유의적인 정보역할'을 수행할 수 있는가 하는 것이다. 이는 시장참가자의 일부가 '이질적이고 불완전한 정보'를 갖기만 하면 가격이 이 역할을 수행할 수가 있다는 것이다. 지금까지 행해진 효율시장에 관한 실증적 연구는 시장의 수익성을 결정하는 데 치중해 왔으나 경제적 이윤[1] 기회가 존재하지 않는다고 해서 반드시 가격이 모든 유용한 정보를 완전히 반영한다는 것을 의미하진 않는다. 그러므로 Robert J. Shiller(1977)는 효율시장에 관해 조작적 정의operational definition가 없다고 전제하였다. Jensen은 시장획득정보집합인 Θ_t에 준거하여도 경제적 이윤economic profits을 획득할 수 없다면 시장은 정보집합 Θ_t에 대하여 효율적이라고 했다.

지금까지의 논의를 요약해서 외환시장효율성 검증을 위한 결합가설을 정리하면,

첫째, 환율결정에 관한 특정한 매카니즘에 관한 가설과

둘째, 시장참가자가 실제환율을 그들의 기대치로서 효율적으로 결정할 수 있는가하는 가설 두가지이다.

이에 대해 Roll(1977)은 결합가설이 시장효율성을 기각할 수는 없다고 주장했다. 그러나 국내시장의 경우에는 CAPM이 MM가정에 입각하고 있어(Hamada(1969), Rubenstein(1973) 등), 이들 모형에게 고도의 신뢰성을 부여했기에 국내시장효율성에 관한 추론은 공성한 신뢰도를 갖는 결합가설 검증결과에서 끌어낼 수 있는 데 반해 외환가격결정에 대해 많은 모형(ICAPM 등)이 있긴 하나 특정 모형의 타당성에 관한 학자들의 합일이 존재하지 않으므로 결합가설검증으로부터 외환시장효율성 문제를 확인할 수는 없다. 특히 외환시장효율성에 관한 중요문제의 하나는 정상이윤과 초과이윤을 구별할 수 있는 기준이 거의 없다는 점이다. 이에 대해 Levich(1978)는 환위험의 본실에 관한 합일이 생기지 않는다 해도 위험보유분(risk-bearing)이 효율적으로 보상되기만 하면 적정한 환위험측정모형은 환위험을 보유함으로써 갖는 '균형적인 공정이윤'을 결정한다고 보았다.

(2) 시장효율성과 정보비용

시장에서 형성되는 가격이 모든 유용한 정보를 완전히 반영할 수 있는가라는 문제는 '이질적 정보분포heterogeneous information distribution'를 갖는 경우에만 중요한 의미가 있다. 정보획득시 비용이 소요되는 경우에는 시장이 효율적일 수 없다는 것을 Grossman(1977)과, Grossman과 Stiglitz(1976)가 보여주었는 데, 이의 설명논리

---

1) 즉 위험할증 risk premium과 거래비용에 대해 조정된 이윤을 말함

는 다음과 같다.

시장교란요인이 하나라면, 정보를 못가진 자는 시장균형조건을 통해 교란요인에 관한 정보를 끄집어 낼 수 있다. 즉 균형시장가격은 정보를 가진 자부터 못가진 자로 모든 정보를 이전시키는 데 이 상황에서는 어느 누구도 '비용이 드는 정보'를 수집하기 위해 어떤 유인도 못가지게 되며 결국 시장가격이란 '어떤 유용한 정보'도 갖지 않으므로 이 시장은 효율적이게 되는 것이다. 그러나 시장에 정보가 완전하지 않으면, 이 정보에 준거하여 엄청난 이윤tremendous profits을 획득할 수 있으므로 정보를 수집하기 위한 어떤 유인을 가질 것이므로 이때는 어떠한 네쉬균형Nash equilibrium도 존재하지 않는다. 이러한 균형이 존재하기 위해서는 하나 이상의 교란요인의 원천이 존재해야 하므로 불완전시장(the market with noise)들만이 균형상태하에 존재하게 되어 이들 시장은 더 이상 완전한 것으로서의 가격을 산출해내진 않게 되어 정보획득비용이 소요될 경우에는 비율적인 시장들만이 균형상태를 견지한다고 주장했다.

말하자면 정보를 못가진자들이 균형가격으로부터 무상의 정보free information를 얻는 문제는 'simultaneous equation'을 푸는 것과 같아서 미지의 교란요인의 수와 독립된 시장의 수가 같다면 하나의 해답이 존재할 수 있게 된다. 외환선물시장이나 선물환시장과 같이 'contingent market'의 경우에는 거래할 수 있는 어떠한 유인도 없게 되므로 이들 시장은 불완전하기만 하면 존재할 수 있다. 또한 Grossman과 Stiglitz(1980)는 가격시스템에 있어 많은 사람들이 정보를 선택하거나 정보를 가진 자들이 보다 정확하게 예측을 하거나 자금을 투기적으로 사용한다면 어떤 특정한 경우 보다 정보적(informative)이 됨을 보여주었는 바, 정보비용이 소요되는 경우의 경쟁시장은 다음과 같은 결과를 가져오게 된다(Anthony Wan-Tung Chang(1980).

첫째, 시장참가자의 일부만이 정보를 갖게 되어 구성원들은 서로 이질적인 정보를 갖게 될 것이다.

둘째, 정보소유자가 가격에 의해 정보를 '정보못가진자'에게 완전하게 이전시키지 못하므로 시장은 비효율적이다.

셋째, 정보소유집단이 커질수록 가격시스템의 정보성은 더욱 커지나 가격으로 이전되는 정보량이 많을수록 정보소유자의 수익률은 보다 떨어진다.

넷째, 정보소유자의 균형수익률은 정보소유자의 기대효용과 못가진자의 기대효용간의 등가equality에 의해 결정된다.

다섯째, 다른 것이 동일하면, 정보의 질(정확성)의 획득비용이 클수록 정보소유자들의 부분이 작아지게 된다.

여섯째, 어떤 '추출되지 않은 경제적 이윤기회'도 '정보못가진자들'을 위해 남겨질 수는 없다.

(3) 종합

대부분의 '합리적 기대가설rational expectations model'과 같이 효율시장가설에 관한 기본 문제는 '조정과정이론(a theory of adjustment process)'이 결여되어 있는 바, Grossman과 Stiglitz는 시장이 항상 완전재정(perfectly arbitraged)상태하라면 차익거래추구활동을 통해 획득할 수 있는 이윤은 존재하지 않으나 완전재정상태여부에 관한 정보를 얻기 위해 비용이 소요된다면 차익거래자arbitragers는 어떻게 돈을 벌수 있는가하는 풀 수 없는 문제를 제시하였나.

말하자면 대부분의 합리적 기대모형은 근본적으로 장기균형모형인 바, 사람들이 합리적이라면, 장기시장균형은 단기의 '정보비배분성'가정에 관계없이 효율시장 해결방안과 동일하다. 이는 장기적으로 정보상이성informational difference이 미미하다해도 정보가 단기에 '이질적으로 분포'되어 있기 때문이다. 달리 말하면, '동질정보가정'이 단기에는 합리적이 아니나 장기적으로는 사람들이 우매할 수가 없음을 의미한다. 이때 효율시장가설을 Grossman과 Stiglitz의 비효율성이론과 연계시킬 수 있다. 효율시장이론은 'deterministic case'의 경쟁시장에 대한 파레토최적을 'stochastic case'로 확장시키고자 했다. Samuelson(1965)은 사람들이 합리적이면, 시장가격은 완전정보시장에 대한 기대균형경로를 중심으로 무작위하게 변동함을 증명했다. Fama(1970)는 이 언명(statement)을 바꿔 실제가격이 완전정보시장에 관해 정확하게 가정된 기대균형경로를 중심으로 무작위하게 변동한다면, 그 시장은 효율적이라고 했다. 그러므로 시장효율성검증은 ① 시장효율성과 ② 이것이 시장효율성에 준거하고 있는가 하는 두 가지의 결합검증(joint test)으로 보았다. 그러나 Samuleson과 Fama는 둘 다 개인과 시장간에 구별이 없는 '1인 접근법(one-person approach)'이므로 개개인이 동일한 정보와 시장균형에 관한 동일한 모향을 갖고 있다는 것인데, 일단 이것이 참(truth)이 아니기만 하면 Jensen의 효율성이 성립한다고 해도 'Fama형 시장효율성'의 존재에 대한 이론적 논거는 없다.

이러한 검증들이 이론적으로 제약되어 있고 본질이 뚜렷하지 못함에도 불구하고, 외환시장의 효율성검증에는 큰 실익이 있었는바, 결국 시장효율성문제를 어떤 검증기준에 준거하여 판단하고자 한다는 것이다. 이에 비추어 외환시장효율성 검증에 관한 이론과 검증방법론에 입각하여 외환시장에 대한 가정을 ① 확실성 상태하인지 ② 불확실성 상태하인지 둘 중 어느 것에 준거하고 있는지 체계화하면 〈표 I-1〉과 같다.

〈표 I-1〉 외환시장 효율성 검증방법의 분류체계

① 확실성세계하의 검증(IRPT검증)
② 불확실성세계하의 검증
Ⓐ 현물환시장 효율성 검증
(a) 환율변동의 무작위성 검증(환율의 random walk process검증)
(b) 거래규칙에 의한 초과수익률 검증(서브마팅게일 모형에 의한 검증)
(c) 페어게임fair game에 의한 검증
Ⓑ 선물환시장 효율성 검증
(a) 선물환율의 불편성 가정 검증
ⓐ 기대균형환율의 일정성 가정(전통적 시장효율성 검증)
ⓑ 기대균형환율이 가변적이거나 오버슈팅overshooting 하지 않는 경우 (페어게임 모향에 의한 검증)
ⓒ 기대균형환율이 가변적이고 오버슈팅overshooting하는 경우 (환율의 계열상관존재: 페어게임모형 검증은 불가)
(b) 선물환율의 편의성 가정 검증
ⓐ 기대균형환율이 일정할 경우
(ㄱ) 선물환 위험할증이 일정할 경우
(ㄴ) 선물환 위험할증이 가변적일 경우
ⓑ 기대균형환율이 가변적일 경우
(ㄱ) 선물환 위험할증이 'random'하고 가변적일 경우
(ㄴ) 선물환 위험할증이 'non-random'하고 가변적일 경우

2-2. 확실성세계하의 외환시장 효율성 검증

무위험세계하의 외환시장 효율성검증이라고도 한다. 기본적으로 국제금융균형조건(international parity conditions: IPCs)이 성립한다는 가정하에 외환시장에 과연 '차익거래 기회arbitrage opportunity'가 존재하는가 여부를 검증하는 것으로 만일 시장이 효율적이라면 차익거래의 기대균형수익은 영(zero)이 된다. 이에 대해 먼저 국제금융균형조건[2)]이 갖는 기본가정이 무엇인지 이 조건에 일탈이 있을 경우 그 원인은 무엇인가 살펴 보자.

(1) 국제금융조건의 제 가정

수식으로는 Ian H. Giddy(1976)가 이론적 연계를 밝혔으나, 각 조건들의 가정을 명시하지 않았다. 종래의 Cassel, Fisher와 Keynes로부터 가정을 추론해 보면 다음과 같다.

첫째, 금융시장은 완전하다. 즉 기래통제, 거래비용과 조세 등이 없다고 가정한다.

둘째, 상품시장이 완전하다. 즉 국가간 상품이동이 자유롭고, 선적비용과 관세 등이 없다.

셋째, 모든 사람에게 범용성이 있는 단일소비재만 존재한다.

넷째, 미래는 확실성의 세계이다.

(2) 국제금융조건으로부터의 일탈

위의 가정하에 성립되는 국제금융조건이란 이상세계ideal world에서는 성립될 수 있으나, 현실세계에서는 '이 조건에서 일탈(deviations from IPCs)'하게 된다. Solnik(1978)은

---

2) 이는 일반적으로 5가지의 균형조건을 제시한다.

① 구매력평가 Purchasing Power Parity이론: 외환시장과 실물시장의 균형조건 도출

② 피셔효과 Fisher Effect: 실물시장과 금융시장간 균형조건

③ 국제피셔효과 International Fisher Effect: 현물환시장과 금융시장간의 균형조건

④ 이자율평가이론 Interest Rate Parity Theorem(IRPT): 선물환시장과 금융시장간의 균형조건

⑤ 선물환율평가이론 Forward Rate Parity: 선물환율의 미래현물환율에 대한 불편예측치의 설명조건

일탈의 원인을 첫째 완전성(즉 확실성의 세계)으로부터의 일탈을 의미한다면서 이는 현실세계가 사실상 ① 복수상품세계(multigood world) 임과 ② 시장의 불완전성에 기인한다는 것 둘째, 불확실성하의 확률결정이론에 기인한 경우인데 이는 ① 불확실성에 입각한 전통이론과 ② 환위험에 관한 보다 정치한 일반이론으로 설명될 수 있다.

여기서 특히 '확실성세계하의 외환시장효율성 검증'의 기준은 역시 이자율평가이론(interest rate parity theorem; IRPT)이므로 'IRPT로부터의 일탈원인'을 살펴보면 다음과 같다.

특히 Stoll(1971) 등은 첫째 환금성증권의 채무불이행위험정도와 불확실성정도의 괴리시는 '불완전탄력적인 재정스케쥴'을 가지며, 둘째 거래비용이 알려져 있으면 IRPT로부터 일탈이 생기나 재정스케쥴arbitrage schedule의 기울기는 불변이며, 셋째 헤지된 외화증권이 만기전 환금화가능성에 따라 '불완전 탄력적인 재정스케쥴'을 만들어 낸다고 주장했다.

실질적으로 IRPT 일탈원인은 거래비용, 정부의 외환통제, 조세법규, 이자만기구조와 중립전환대(neutral band) 등인 바, 결국 시장불완전성요인과 거래비용으로 요약된다.

(3) 확실성세계하에서의 외환시장 효율성 검증

준거식은 IRP이다. 현물환율(S), 선물환율(F), 국내(외)이자율($i_d(i_f)$)와 초과수익률(R) 등으로 IRP검증식을 만들어 보면 다음과 같다.

$$\frac{F-S}{S} = \alpha + \beta \frac{i_d - i_f}{1+i_f}, Ho; \alpha = 0, \beta = 1 \text{ 또는}$$

$$R = \frac{F-S}{S} - \frac{i_d - i_f}{1+i_f}, Ho; R = 0$$

Frenkel(1973)과 Frenkel과 Levich(1975)에 의하면 IRP일탈 원인은 거래비용, 각 시장에서의 자산수요, 시차와 공급탄력성 등에 기인한다. IRP선을 중심으로 어떤 중립대(netral band)가 존재하는 데, 이 속에 포함된 일탈점들도 균형상태에 있는 것으로 판단해야 한다. 실제 검증시 거래비용을 고려한 결과 대부분의 일탈점들이 중립대 속에 포함됨으로써 간접적으로 외환시장효율성을 지지하는 것으로 볼 수 있다. levich(1982)는 R이 영(zero)이 되어 가설기각을 못한다고 해도 매순간 순이익의 기회가 존재할 수도 있으므로 이 검증방법은 완전하지 않다. Aliber(1970)는 정치적 위험이 상이한 지역의 자산들로서 IRP검증시 IRP일탈이 생길 수 있으며, 역내 시장의 자본통제로 인하여 역내외 시장에 IRP가 성립되지 않는 경우가 발생한다 하나, 대개의 검증결과는 IRPT가 성립하고 있다고 주장하며, 그러기에 외환시장도 효율적이다.

2-3. 불확실성세계하의 외환시장 효율성검증

현실은 '불확실성의 세계uncertain world이며, 여러 제약요인과 위험성으로 말미암아 외환시장 효율성을 검증하기 위해서는 첫째, 효율시장균형조건 즉 검증에 적합한 확실한 시상균형모형이 존재하는가 둘째, 외환시장 효율성가설의 검증이란 소위 '결합가설검증'문제에 봉착하게 되므로 먼저 환율결정이론을 제시하고, 현물환시장과 선물환시장의 효율성 검증방법론을 분설하고자 한다.

① 환율결정이론

환율이 경제구조방정식내에서 내생적endogenous으로 외생적exogeneous으로 어떻게 결정되는가를 순수환율결정이론[3]의 차원에서 살펴보자는 것이 아니라 시장참가자가 환율결정치에 관한 예측을 하고자 할 때 과연 어떤 접근법에 의해 환율을 결정한 것인가 하는 것이다. 이에는 순수예측법과 계량경제예측법이 있다. 여기서는 계량경제적 접근법economic approach을 중심으로 살펴보고자 한다. 이의 설명변수는 화폐공급량, 무역수지, 인플레이션율, 자본통제의 변화와 조세정책 등이며, 대개 구매력평가(PPP)나 화폐모형(monetary model)으로 의태되는 데 이때의 설명변수는

[3] 이에는 ① Models of the current account와 ② Models of the capital account 등으로 대별되고, 후자의 경우 ⓐ B/P에 대한 화폐적 접근법과 ⓑ 포트폴리오 접근법(Mundell-Fleming model, The basic portfolio balance model, currency-substitution models 등)으로 나뉜다. ①과 ②간의 관계를 설명해주는 Kouri(1978) model, Stockman model 등이 있다.

화폐공급, 인플레이션율, 국민소득, 산업별생산량, 이자율 등이 전형적이다. 여기서는 몇가지 대표적인 접근법을 살펴보기로 한다.

(i) 구매력평가이론(PPP)

구매력평가이론은 환율의 움직임에 대해 가장 보편적이면서 직관적인 모형을 제시한다. PPP이론은 '전통적 PPP'와 '상품차익거래적 PPP'로 구분된다. PPP이론의 검증에는 물가지수의 선택문제, 물가와 환율간의 인과관계, 교역재와 비교역재 문제 등이 'PPP로부터의 일탈현상'을 설명할 수 있어야 한다. 이때 PPP성립의 필요조건인 일물일가의 법칙(law of one price;LOP)의 성립여부규명도 선결요건이 된다. 어쨌든 PPP이론이 장단기 어디에 적합한지의 논쟁도 오랫동안 지속되어 온 바, PPP도 국내외 물가수준, 국내외 물가지수 어느 것으로 측정했느냐에 따라 '절대적 해석의 PPP(absolute version of PPP)'와 '상대적 해석의 PPP(relative version of PPP)'로 나뉜다.

이때 PPP는 환율결정이론이라기 보다는 하나의 균형관계인 바 이를 교란하는 일탈의 원인은,

첫째, LOP가 성립하지 않을 경우와 상품군과 이의 가중체계의 상이를 가장 중시하는 바, Officer(1976)는 무역규제의 편기, 외환시장의 투기, 고인플레이션 상대가격의 변화, 장기자본이동과 정부의 외환시장 개입 등을 들고 있다. Adler와 Lehman(1983)은 PPP일탈의 행태가 마팅게일 프로세스martingale process를 따른다는 것으로 결국 만기 균형환율이 유동적이면 장기균형환율의 함수로 보자는 것이다.

둘째 Cassel이후 대두된 물가지수의 선택문제인 데, ① PPP물가지수는 교역재만의 물가지수 즉 수출물가지수가 적정지수라는 것 ② 이에 대해 Frenkel(1978)은 모든 상품을 대표하는 일반물가지수가 적정하다는 것 ③ 각국별 동일한 가중체계(상품구성)가 사용되어야 하므로 소비자물가지수가 사용되어야 한다는 것, 게다가 ④ 실제로는 국가간 가중체계 차이가 작은 GDP디플레이션을 사용하는 것이 좋다는 등의 난점이 있다.

셋째, 적정기준싯점의 문제이다. 이는 물가수준측정이 상품군의 차이, 가중체계의 차이 등으로 '상대적 PPP'가 주가 되는 바, 환율과 '절대적 PPP'의 일치싯점을 찾는 것이 매우 어렵다는 것이다.

넷째, 물가와 환율의 시차문제(Hodgson과 Phelps(1975) 등)가 있다.

다섯째, PPP의 계산문제이다. '쌍방 PPP(bilateral PPP)'보다는 '다방 PPP(multilateral PPP)'가 설명력과 예측력면에서 앞서면 또한 실효물가지수effective price index ratio를 인용한 실효환율effective exchange rate개념을 실증적 분석에 도입할 때 훨씬 정교해 질 수 있다는 것이다.

(ii) 화폐이론(Monetary Theory)

환율에 관한 화폐적 접근법 즉 화폐이론은 환율이란 두 통화간의 상대적 수요를 나타내는 것으로 실질화폐보유액(M/P)에 대한 수요를 실질소득(Y), 이자율(i) 기타(K)의 함수(L)로 나타내면 [M/P=L(Y, I, k)··· ⓐ]와 같다. 여기서 Y와 M/P의 관계는 Y가 M/P를 상승시키므로 직접적이며, I와 M/P의 관계는 i의 상승이 M/P를 보유하는 데 따른 기회비용을 상승시키므로 수요를 낮추게 되며, Y와 i가 주어지면 금융기관 등에 의해 화폐의 순환속도가 빨라지게 되므로 K가 포괄되게 되는 데 이는 M/P를 낮추게 된다. 즉 이에 따르면 국내통화에 대한 수요를 증가시키는 요소들은 외환시장에서 국내통화가격을 상승시킬 것이므로, 이들 예측은 무역과 자본흐름모형과는 대조적이다.

먼저 무역모형trade model의 경우 일국이 수입수요가 늘면, 외화수요를 증가시켜 결국 자국통화의 평가절하를 가져오게 된다. 자본이동모형capital flow model의 경우는 일국의 높은 실질이자율이 외국자본에 매력적이이야 하므로 ⓐ식의 화폐이론을 보다 일반적인 실증 검증식으로 나타내면 ⓑ식과 같다.[4)]

---

4) 화폐수요함수 일반식을 나타내어, 실증검증을 위해 실질화폐보유액 수요에 대한 소득탄력성(η), 수요에 대한 이자율탄력성(ε)으로 표시하면 다음과 같다.

$$\frac{M}{P} = K \cdot Y^{\eta} \cdot e^{-\varepsilon} \quad \cdot \cdot \cdot \cdot \ (i)$$

(i)식을 물가식으로 바꾸면, 국내물가를 $P_{d,}$ 해외물가를 P_f라 하면,

$$P_d = \frac{M}{K} \cdot Y^{\eta} \cdot e^{-\varepsilon i} \quad \cdot \cdot \cdot \cdot \ (ii)$$

$$P_f = \frac{M}{K} \cdot Y_f^{\eta} \cdot e_f^{-\varepsilon i} \quad \cdot \cdot \cdot \cdot \ (iii)$$

(ii), (iii)식을 $S_t = C\dfrac{P_{d,t}}{P_{f,t}}$ 에 대입하여 정리하면 식 (iv)가 된다.

$$\ln S = (\ln M_d - \ln M_f) + \eta(\ln Y_f - \ln Y_d) + (\ln K_f - \mathrm{Ln} K_d) + \epsilon(i_d - i_f) \text{ 또는}$$

$$s = (m_d - m_f) + \eta(y_f - y_d) + (k_f - k_d) + \epsilon(i_d - i_f) \cdot\cdot\cdot \quad ⓑ$$

가 되는 데, 이 식ⓑ와 유사한 실증적 검증식은 Bilson(1977), Dornbush(1980)와 Frankel(1979) 등에 의해 개발되었다. PPP에 비해 화폐모형은 화폐교란요인이 크고 고인플레이션과 같은 경제통합력이 지배할 때 가장 잘 수행된다 하나, 미래환율예측에 이 모형을 적용했다기 보다 ⓑ식이 과거환율변동자료와 얼마나 적합적이냐에 중점을 두어 결국 화폐모형들은 단기적 환율변동을 잘 설명해주지 못한다.

(iii) 포트폴리오 밸런스 이론(Portfolio Balance Model)

이는 투자자의 초과수요는 화폐가 아닌 재무자산financial assets에 대한 수요로 표출되며, 따라서 경상계정(즉 부(-)의 흐름의 변화)에 역할을 부여하는 동시에 금융부 financial wealth의 배분에 연계시키고 있으나, 이의 실증적 검증은 별로 효과적이지 못하였다. 즉 재무자산을 표시통화로 분리시키는 어려움과 특정통화표시의 수요함수는 명시하기가 어렵기 때문이었으나, 이는 앞으로 넓게 적용될 수 있는 접근법이다.

(iv) 자산접근법(The Asset Approach)

자산이란 재무자산(주식, 채권 등)인 바 이들 가격이 미래지향적이고 할인율로 할인된 미래현금흐름에 준거하고 있는 데, '선물환계약부 이자차익거래(coverd interest arbitrage; CIA)'가 이루어지면, $[i_d - i_f = F_t - S_t]$와 $[F_t = E(S_{t+1})]$가 성립하므로 오늘까지 형성된 Z_t, 미래현물환율예측치를 $E(S_{t+1})$라 하면, 오늘의 현물환율(S_t)은

$$S = \frac{M_d}{M_f} \cdot \frac{Y_f}{Y_d} \cdot e^{\varepsilon(id - \mathrm{if})} \cdot\cdot\cdot\cdot \ (iv)$$

식(iv)를 log를 취하면,

$\ln S = (\ln M_d - \ln M_f) + \eta(\ln Y_f - \ln Y_d) + (\ln K_f - \mathrm{Ln} K_d) + \epsilon(i_d - i_f)$가 된다.

$$S_t = (\frac{1}{1+\varepsilon})Z_t + \varepsilon E(S_{t+1}) \cdot\cdot\cdot\cdot \quad ⓒ$$

로 표시되는 바, 이를 미래로 확장하면 식ⓓ가 된다.

$$S_t = \frac{1}{1+\varepsilon}\sum_{h=0}^{x}(\frac{\varepsilon}{1+\varepsilon})^k E(Z_{t+k}) \cdot\cdot\cdot\cdot \quad ⓓ$$

이 식의 의미는 현물환율(S_t)이란 현재 알고 있는 모든 것 또는 미래에 예측되는 모든 것을 반영한 수치라고 할 수 있다. 다른 한편으론 환율이란 알고 있고 예측할 수 있는 모든 사실의 영향을 받지만 미래에 발생가능한 '기대하지 못한' 사건에 기인하여 변동하기도 한다는 것을 의미한다.

(v) 환율변동과 뉴스의 영향

앞의 자산시장접근법(Asset Market Approach)이란 선물환율과 미래현물환율간의 차는 환위험할증이 없다면 새로운 뉴스에 기인한다는 것이다. Frenkcl(1981,1983)은 다음 현물환율표시식 ⓔ에서 식의 [I]부분을 기대환율변동치, [II]부분을 뉴스로 구성하고 있다.

$$\ln S_t = \underbrace{\alpha + \beta \cdot \ln F_{t-1}^{t}}_{[I]} + \underbrace{\alpha[i_d - i_f]_t - \overbrace{E_{t-1}(i_d - i_f)_t}^{[III]}}_{[II]} + e_t \cdot\cdot\cdot \quad ⓔ$$

특히 [III] 부분은 (t-1)시점에서 유용한 정보에 준거하여 t기에 형성될 것으로 기대되는 양국간 이자율차이를 의미하므로 Frenkel은 이를 통해 이자율만기구조에서의 '기대하지 못한 변동'을 뉴스의 역할을 통해 설명하고 있으며, Dornbush (1980)는 이자율외에 '기대하지 못한 경상계정'과 '기대못한 소득의 주기적 변동'에 관한 뉴스의 역할을 보여주었다.

이러한 실증적 결과가 갖는 의미는 '선물환율의 예측오차'의 설명에 위의 주요한 변수들의 '기대치 못한 변동치'들이 유의적으로 연계됨을 보여주는 데 있다.

② 현물환시장 효율성 검증

현물환시장의 효율성을 검증하기 위해 사용되어 온 방법들을 요약하면 두 가지이다.

(i) 거래규칙에 의거한 수익성 검증

이는 현물환시장에서 경험적인 '현물환투기에 대한 특정 필터filter를 선택하고 이에 따른 각자의 수익성을 계산하여 시장효율성을 검증하는 방법으로, Poole(1967), Dooley와 Shafer(1976), Cornell과 Dietrich(1975) 등에 의해 주창되어 왔다. 그 요지는 위험조정이윤(risk-adjusted profits)을 얼마로 결정할 것인가 하는 것이다. Cargill과 Rausser(1975)의 연구에서도 그렇듯이 문제는 최적 필터의 크기를 찾아내기가 용이하지 않으며 찾는다해도 현물환투기수익이 비정상적인 수익abnormal profits을 초과함을 밝히기가 용이하지 않다.

(ii) 현물환율시리즈의 무계열상관가설의 검증

이는 현물환율의 시리즈가 자체적으로 무계열상관(no serial correlation)을 갖는다는 귀무가설에 준거하여 이의 시계열속성을 분석하는 방법으로 환율의 무작위성(random walk) 가정을 검증하는 것과 동일하다. 이런 검증은 Poole(1967), Burt, Kaen과 Booth(1977) 등에 의해 행해졌는 바, 실제보다 상당한 일탈deviation이 존재하므로 현물환시장은 비효율적이라고 주장한다. 말하자면, 환율변동의 무작위성 검증은 첫째 현물환시장 효율성 검증의 필요조건이 아닌 동시에 둘째 현물환시장효율성을 증명하기 위한 충분조건도 아니다. 따라서 외환시장 효율성검증은 현물환시장 효율성검증에 준거한다기보다 선물환시장 효율성검증에 입각하게 된다.

③ 선물환시장 효율성 검증

(i) 선물환율의 속성에 따른 검증

선물환시장의 효율성 검증은 선물환율(F_t)을 미래현물환율(S_{t+n})의 예측치로서 간주한 데서 비롯되었기에 몇가지 속성을 도출할 수 있다.

첫째, 특정정보집합(Φ_t)에 대해 예측치[E(P_t/Φ_t)]의 평균제곱오차(mean squared error; MSE)의 최소값이 존재한다.[5]

둘째, Φ_t의 부분집합(Θ_t)에 대해 조건부 기대오차는 영(zero)이다.

셋째, 여기서 예측오차(e_t)는 평균이 영이고 계열상관이 없다.[6]

넷째, 실제치의 분산[Var.($Var.(\widetilde{P}_t)$]은 특정정보에 준거한 예측치의 분산보다 크다.[7]

위의 속성은 F_t의 MSE의 크기 즉 예측정확성을 비교함으로써 선물환시장 효율성을 검증하였다. 이의 비교모형은 현물환율, Box-Jenkins 모형의 예측치, IRP 예측치와 계량경제적 예측치 등으로 Giddy와 Dufey(1975), Levich, Cornell(1977), Giddy(1977)와 민상기(1980) 등에 의해 검증되었으나, 이 식은 항상 설립되는 것은 아니므로 F_t보다 나은 자료를 통해 보다 좋은 모형을 만들 수 있다.

둘째 속성은 F_t^n은 현재 정보집합을 조건으로 S_{t+n}의 불편예측치라는 것이다. 이는 {$S_{t+n}=\alpha^1+\beta^1 F_t^n+\varepsilon_t^1$, ε_t^1는 확률오차항}이라는 회귀모형으로 돌리거나, [$S_{t+n}-F_t^n$ =평균오차] 등 둘 중 한 방법으로 검증해 왔다. 이에는 Kaserman(1973), Aliber(1974), Kohlhagen(1974, 1975), Giddy와 Dufey(1975), Bilson(1976), Cornell(1977), Frenkel(1977, 1978), Giddy(1977), Levich(1978), Stockman(1978)과 민상기(1980) 등의 연구가 포함된다. 앞의 식은 선물환율(F_t)이 미래현물환율(S_{t+n})의 불편추정치라는 것이며, 뒷식은 평균오차가 영(zero)과는 유의적으로 다르지 않다고 하여 선물환시장의 효율성을 대체로 지지하였으나, 그들의 검증방법이 무조건부 기대치의 관계만으로 검증하므로 부적합하다.

셋째 속성은 Cornell(1977)과 Levich(1978) 등에 의해 검증되었는 바, Cornell은 '예측오차들의 자동상관 autocorrelation관계'의 증거를 찾아낸 반면, Levich와

---

5) 이를 표현하면,

$E\{[E(\widetilde{P}_{t+1}/\Phi_t - P_{t+1}]^2/\Phi_t \leq E[(P_t^e/\Phi_t)-P_{t+1})^2/\Phi_t]$ 이 된다.

6) 이를 나타내면,

$E\{[P_{t+1}-E(P_t/\Theta_t)]/\Theta_t = 0$ 이다. (단, $\Theta_t \subset \Theta_t$인 경우)

7) 이는 둘째식에서,

$Var.(\widetilde{P}_t) = Var.[E(\widetilde{P}_t/\Phi)]+Var.(\widetilde{e}_t)$이 성립하므로, $Var(\widetilde{P_t}) \geq Var[E(\widetilde{P}_t/\Phi_t)]$이 성립되는데, 이때 완전예측가정이 없으면, $Var.(e_t) \geq 0$이므로 $Var.(\widetilde{P}_t)\rangle$ Var[E $(E(\widetilde{P}_t/\Phi_t)]$가 성립하게 된다.

Frenkel(1976)은 다른 방법을 통해 '선물환시장의 효율성가설'을 지지하였다.

그러나 이는 Logue, Sweeny와 Willet(1978)의 지적처럼 '계열상관검증'은 선형관계(linear intertemporal relationship)추적에 불과하다는 것과, 선물환마진forward margin이 계열상관이 없다고 해서 반드시 선물환시장이 효율적이랄 수는 없다는 것이다. 즉 '무계열상관'조건은 필요조건이지 충분조건은 아니며, 교란항이 시장가변성market vulnerability에 기인한 것인지도 모른다.

넷째 속성은 외환시장 효율성 검증에는 별로 중요시하지 않았으나, 증권시장의 가변성 연구에 이용되어 온 바, F_t는 $E(S_{t+n})$와 위험할증risk premium으로 구성되어 있으므로 사전적인 위험할증의 분산이 무시될 수 없는 한, '분산을 통한 검증'은 우월하지 못하다. 그러므로 이 장에서는 외환시장 효율성검증을 위한 필요조건으로서 '선물환위험할증에 관한 이론'을 체계화하고자 한다.

(ii) 선물환율의 속성과 결합가설 문제

앞서 제시한 첫 번째와 세 번째 속성은 '효율시장가설 준거모형'을 조건부로 선물환시장효율성가정 검증에 사용되긴 어려우나, 두 번째와 네 번째 속성을 이용하면 선물환시장효율성검증을 보다 효율적으로 할 수 있다. 그러나 이에는 결합가설joint hypothesis의 검증문제가 녹아있다.

특히 두 번째 속성에서 비롯되는 선물환율(F_t)의 미래현물환율(S_{t+n})에 대한 예측력 검증은 사실상 두가지 가설이 녹아 있다. F_t의 예측오차를 e_t^n이라 하면,

$$e_t^n = S_{t+n} - F_t^n \quad \cdots\cdots ⓐ$$

이 되며, 이때 e_t^n은 F_t^n으로 매입하는 투자자에게 투기적 이윤speculative profits을 부여함을 의미한다.

첫째 시장참가자들이 순서대로 선물환율을 그들의 기대치와 같도록 설정한다는 것이다. 즉

$$F_t^n = E(\tilde{S}_{t+n}/\Phi_t^m) \quad \cdots\cdots ⓑ$$

이 성립한다.

둘째, 시장참가자는 경제적 현실성에 준거하여 반영하는 기대치를 설정할 수 있어야 한다. 즉,

$$E(\tilde{S}_{t+n}/\Phi_t^m) = E(\tilde{S}_{t+n}/\Phi_t) \quad \cdots \quad ⓒ$$

이 성립한다. 이때 선물환율의 예측오차는,

$$e'^n_t = \frac{S_{t+n} - F_t^n}{S_t} \quad \cdots\cdot \quad ⓓ$$

이 된다. 이를 재정리하면 식ⓔ와 같다.

$$e'^n_t = \frac{S_{t+n} - F_t^n}{S_t} = \underbrace{\frac{S_{t+n} - E(S_{t+n}/\Phi_t^m)}{S_t}}_{[I]} + \underbrace{\frac{E(S_{t+n}/\Phi_t^m) - F_t^n}{S_t}}_{[II]} \quad \cdots \quad ⓔ$$

이 식에서 [I]부분은 t 시점에서 전혀 예측불가능한 예측오차이며, [II]부분은 '비정상적인 외환수익'을 나타낸다. 따라서 [I]부분은 '순수한 환위험'으로 [II]부분을 Roll과 Solnik(1977)처럼 '비정상수익abnormal profits'으로 볼 수 있으나 ⓑ와 ⓒ식의 원리를 ⓔ식에 적용하여 재정리하면 ⓕ식이 도출된다.

$$e'^n_t = \underbrace{[\frac{S_{t+n} - E(S_{t+n}/\Phi_t)}{S_t}]}_{[III]} + \underbrace{[\frac{E(S_{t+n}/\Phi_t^m) - F_t^n}{S_t}]}_{[IV]} + \underbrace{[\frac{E(S_{t+n}/\Phi_t) - E(S_{t+n}/\Phi_t^m)}{S_t}]}_{[V]} \quad \cdots \quad ⓕ$$

시장참가자들이 사용할 수 있는 정보 Φ_t를 통해 한 사실상의 예측오차 즉 사후적으로만 분석가능한 실질환위험이 [III]이며, [IV]는 시장참가자가 의사결정에 사용하는 정보가 '모든 유용한 공개정보'가 보여주는 기대치와의 괴리 즉 선물환시

장의 효율성정도를 검증하게 해주는 부분이다.

3. 선물환위험할증에 관한 이론

선물환율이란 결국 ① 현물환율(S_t; spot exchange rate) ② 양국간 이자율차이(Δi; interest rate differenctials) ③ 미래현물환율의 예측치[$E(S_{t+n})$; expected future spot rate] ④ 선물환 위험할증(rp; forward risk premium) 등 네가지 요인으로 결정된다. 따라서 본 절에서는 선물환 위험할증의 존재유무에 관한 여러 이론들을 검토함과 동시에, 선물환위험할증이 존재한다면, 그 위험에 대한 보상수준이 어느 정도 되어야 하는지를 국제자본자산가격결정모형(ICAPM; international capital asset pricing model)에 의거하여 살펴보자.

3-1. 선물환 위험할증 존재에 관한 이론

선물환위험할증의 존재여부에 관해 부정하는 전통적 견해에 대해 선물환율이 편의되어 있으므로 선물환위험할증이 존재한다는 긍정적 견해가 대립되어 왔다.

① 위험할증 존재에 관한 부정적 이론(전통적 견해)

"선물환율은 기대미래현물환율에 대한 불편추정치"라는 전통적 견해이다. 이는 이른바 국제금융균형조건international parity conditions이 성립할 때에 가능하다. 시장참가자들이 위험중립적risk-neutral이라는 가정하에서 가능한 상황이나 우리들 대부분이 위험회피자risk-averter라는 현실세계와는 모순이 된다. 이는 미래가 불확실함에도 불구하고 확실성세계하에서만 타당성이 인정되는 논리이기 때문이다.

② 위험할증 존재에 관한 긍정적이론(편의성 검증)

선물환위험할증이 존재한다는 주장으로 선물환율은 미래현물환율에 대해 편의성을 갖고 있다고 보는 소위 '선물환율의 편의성가설검증'에 치중하고 있다.

이는 다시 정태적 모형과 동태적 모형으로 대별된다.

(i) 정태적 분석 모형

이에는 Frankel(1979), Stickman(1978), Stein(1980), Fama와 Farber(1979) 등의 연구가 대표적이다. Frankel(1979)은 ① 위험중립risk-neutral시 'Siegel 패러독스'가 있거나 위험회피risk-avert 시 외부자산ouside assets이 없어도 실질수익률이 통화가치와 상관관계를 가질 경우와 ② 외부자산이 존재하는 경우 ③ 일국의 통화가치가 실질자산가치와 상관관계를 가질 경우에는 선물환위험할증이 존재한다는 위험할증의 존재조건을 제시하였다. Stockman(1978)은 선물환율이란 기대미래현물환율[$E(S_{t+n})$], 위험할증(rp)와 볼록항convexity의 합 등으로 나타낼 수 있다고 했다. 이때 볼록항은 Siegel 패로독스이다.

(ii) 동태적 분석모형

실증적 연구결과 선물환율의 불편성 가설이 기각되지 않는 경우가 대부분인데, 이는 위험할증이 일정하다는 전제하에서 행해졌기 때문이다. '시간에 따라 가변적인 위험할증time-varying risk premium을 가정하면, 이의 존재를 부정할 수 없다고 결론지었다. Hodrick(1981)과 Wyploz(1983)는 거시경제적 요인을 고려하여 선물환위험을 고려하였는 바, 교역과 관련된 헤징활동과 외국자산의 순보유(즉 외부자산의 보유)가 선물환위험할증을 결정한다는 것이다. 여기서 실명한 선물환위험할증의 영향요인은 ① 투자자의 위험회피적 태도 ② 외부자산의 존재 ③ 실물장애요인 ④ 통화의 실질구매력변동 ⑤ 실질자산수익률과 현물환율간의 상관관계 등을 들 수 있다.

3-2. 선물환위험할증 보상에 관한 이론

선물환위험할증요인에 관한 크기를 결정하고 이에 대한 보상방법 즉 위험할증결정모형인 ICAPM에 관한 이론들이 이에 속한다. Solnik(1974), Sercu(1980), Adler와 Dumas(1975), Stultz(1981)와 Hodrick(1981) 등의 연구가 대표적이다. 특히 Solnik, Sercu, Adler와 Dumas는 증권이 'stationary diffusion process'[8]를 따른다고 가정함으로써 선물환위험할증이 안정적이었다고 주장했다. Grauer, Litzenberger와

Stehle의 소위 GLS모형(1976)은 투자자의 위험회피정도에 따라 위험할증이 결정된다는 것인 바, 이때의 선물환위험할증은 안정적인지 알 수 없다고 했다. 이에 대해 Stiglitz와 Hodrick은 상태변수의 가정에 따라 시간이 변함에 따라 rp(위험할증)이 변동하므로 '두시점 최적화모형'과 같은 정태적 모형으로는 위험할증의 가변성을 고찰할 수 없으므로, '다기간 ICAPM'같은 동태적 모형을 통해 위험할증을 측정하는 것이 바람직하다고 했다. 그러나 선물환편의성 가정하에서 외환시장효율성을 검증하는 경우, 이 때의 가설이 기각된다해도 첫째 위험할증이 존재하지 않기 때문에 기각된 것인지 둘째, 위험할증이 시간에 따라 무작위적으로 변동함으로써 전체적으로 위험할증이 존재하지 않게 보이는지 알 수 없다. 따라서 선물환위험할증 존재유무에 관한 가설검증만으로는 충분조건이 될 수 없으며, 여러 종류의 ICAPM[9]도 부분균형인 바 특정모형에 준거하여 외환시장 효율성검증을 한다고 해도 그것이 합리적인 선물환위험할증인지의 여부를 판정하기가 용이하지 않다. 그러므로 위험할증 존재가설을 기각시키지 못한다는 것만으로 외환시장효율성 가설에 대한 기각여부를 결정할 수는 없는 것이다.

---

8) 'Continuous time stochastic process'는 ① 'diffusion process'와 ② 'jump process'가 있다. ①의 경우에는 ⓐ Whitenoise(purely random) process[N(0,1)], $Cov(\widetilde{E}(t_i), \widetilde{E}(t_j) = 0]$ ⓑ Basic Wiener process [N(0,t)] ⓒ Stationary Ito process [N(X_{o+at}, b_t^2)] ⓓ Non-stationary Ito process 등의 유형이 있다.

9) ICAPM의 관점은 Solnik(174), Sercu(1980), Adler와 Dumas(1976) 등의 시장통합관점이 있는 동시에 F. Black(1974), Stultz(1981)등의 시장세분화관점으로 나뉜다.

참고문헌

1. Adler, M(1983), "International Portfolio Choice and Corporation Finance: A Synthesis", *Journal of Finance*, Vol.38, No.3, pp.925-984.
2. Adler, M and B. Dumas(1976), "Portfolio Choice and the Demand for Forward Exchange", *The American Economic Review, Vol.66, No.2.*
3. Aliber, R.(1973), "The Interest Rate Parity Theorem: A Reinterpretations", *Journal of Political Economy, Vo.81.*
4. Begg, David K.H.(1982). *The Rational Expectations Revolution in Macroeconomics: Theories and Evidence",* The Johns Hopkins University Press; Baltimore Maryland.
5. Black, F.(1974), "International Capital Market Equilibrium with Investment Barriers", *Journal of Financial Economics,* pp.332-352.
6. Blanchard, O.J. and C.M. Kahn(1980), "The Solution of Linear Difference Models under Rational Expectations", *Econometrica*, Vol.48, No.5.
7. Breeden, D.T.(1979), "An Intertemporal Asset Pricing MOdel with Stochastic Consumption and Investment Opportunities", Journal of Financial Economics 7, pp.265-296.
8. Chang, Anthony Wan-Yang(1980), "Information, Speculation and Efficiency of Forward Exchange Markets", Unpublished Ph.D. Dissertation, University of Pennsylvania.
9. Cornell, B.(1977), "Spot Rates, Forward Rates and Exchange Market Efficiency", *Journal of Financial Economics, Vol.5.*
10. Cosset, J.C. "On the Presence of Risk Premiums in Foreign Exchange Markets", *Journal of International Economics. Vol.5,* pp. 55-65.
11. Cumby, R.E. and M. Obsfeld(1981), "A Note on Exchange Rate Expectations and Nominal Interest Differentials: A Test of the Fisher Hypothesis", *Journal of Finance, Vol. 36. No.3,* pp. 697-703.
12. Dooley, M.P. and P. Isard(1980), "Capital Controls, Political Risks, and Deviations from Interest-rate Parity", *Journal of Political Economics, Vol.88, No.2,* pp.370-384.
13. Dornbush(1976), "Expectations and Exchange Rate Dynamics", *Journal of Political Economics.*
14. Dufey, Gunter(1972), "Corporate Fincnace and Exchange Rate Variations", *Financial Management, Summer.*
15. Eaker, M. R.(1981), "The Numeraire Problem and Foreign Exchange Risk", *Journal of Finance, Vol.36, No.2.,* pp.419-426.
16. Fama, E.F. and A. Farber(1979), "Money, Bonds, and Foreign Exchange", *The*

Amercian Economic Review, Vol. 69, No.4.

17. Fama, E.F.(1970), "Efficient Capital Markets; A Review of Theory and Empirical Work", *Journal of Finance, Vol.25,* No.2, 383-417.

18. Fisher, S.(1975), "The Demand for Index Bonds", *Journal of Political Economy, Vol. 83, No.3,* pp.534-569.

19, Frankel, J. A.(1979), "The Diversifiability of Exchange Risks", *Journal of International Economics, 9,* pp.379-393.

20. Frankel, J. A.(1979), "On the Market; A Theory of Floating Exchange Rates Based on Real Interest Differentials", *The American Economic Review, Vol.69, No.4,* pp. 610-622.

21. Frenkel, J.A.(1980), "Exchange Rates, Prices, and Money; Lessons from the 1920's" *American Economic Review, Vol. 70, No.2.*

22. Frenkel, J.A.(1980), "The Forward Exchange, Expectations, and the Demand for Money-The German Hyperinflational: Reply", American Economic Review, Vol., No. 70, No.4.

23. Frenkel, J.A.(1977), "The Forward Exchange Rtae, Expections, and the Demand for Money: The German Hyperinflation", *The American Economic Review, Vol.67, No.4.*

24. Frenkel, J.A.(1980), "The Forward Exchange Rate, Expectat, Volions, and the Demand for Money: The German Hyperinflation: Reply" *The American Economic Review, Vol.70,* pp.771-775.

25. Frenkel, J.A.(1980), "Flexible Exchange Rates, Prices, and the Role of 'News'; Lessons from the 1970s", *Journal of Political Economics, Vol.89, No.4.* pp.664-705.

26. Frenkel, J.A.(1973), "Elasticities and the Interest Parity Theory", *Journal of Political Economics, Vol.81, No.3.*,pp. 741-747.

27. Frenkel, J.A. and Richard M. Levich(1975), "Covered Interest Arbitrage: Unexploites Profits", *Journal of Political Economics, Vol.83, No.2.*, pp.325-338.

28. Friend, I., Y. Landskroner and E. Losq(1976), "The Demand for Risky Assets under Uncertain Inflation", *The Journal of Finance, Vol.31., No. 6,* pp.1287-1297.

29. Geweke, J. and E. Feige(1979), "Some Joint Tests of the Efficiency of Markets for Forward Foreign Exchange", *The Review of Economics and Statistics, Vol.61, No.3.*

30. Giddy, Ian H.(1976), "Why It Doesn't Pay to Make a Habit of Forward Hedging?", *Euromoney,* pp.96-100.

31. Grauer, F. L.A., R.H. Litzenberger and R.E. Stehele(1976), "Sharing Rules and Equilibrium in an International Capital Market under Uncertainty", *Journal of Financial Economics", Vol.3.*

32. Grossman, Sanford J.(1977), "The Existence of Futures Market, Noisy Rational Expectations and Informational Externalities", *Review of Economic Studies,* pp. 431-449.
33. Grossman, Sanford J., Joseph E. Stigllitz(1976), "Information and Competitive Price System", *American Economic Review, Vol.22.No.3.*
34. Hakkio, C.S.(1981), "Expectations and the Forward Exchange Rate", *International Economic Review, Vol. 22. No.3.*
35. Hansen, T.J.(1979), "A Note on Maximum Likelihood Estimation of the Rational Expectation Model of the Term Structure", *Journal of Monetary Economics, Vol.5.*
36. Hansen, L.P. and R.J. Hodrick(1980), "Forward Exchange Rates as Optimal Predictors of Future Spot Rates; An Econometric Analysis", *Journal of Political Economics, Vol.88. No.5.*, pp.829-853.
37. Heckerman(1972), "The Exchange Risk of Foreign Operations", *Journal of Business,* pp.42-48.
38. Hodrick, R.J.(1981), "International Asset Pricing with Time-Varying Risk Premium", *Journal of International Economics, Vol.11.* pp.573-587.
39. Jacobs, R(1982), "The Effect of Errors in Variables on Tests for a Risk Premium in Forward Exchange Rates", *The Journal of Finance, Vol.XXXVII, No.3.*
40. Kouri and Braga De Macedo(1978), "Exchange Rates and the International Adjustment Process", *Brookings Paper,* pp.111-157.
41. Krueger, Anne O.(1983), *Exchange Rate Determination*, Cambridge University Press.
42. Levich, Richard M.(1979), "On the Efficiency of Markets for Foreign Exchange", *International Economic Policy,* ed.by R. Dornbush and J.A. Frenkel.
43. Levich, Richard M.(1979), "Tests of Forecasting Models and Market Efficiency in the International Money Market", *The Economics of Exchange Rates,* ed. by J.A. Frenkel and H.G. Johnson.
44. Logue and Oldeld(1977), "Managing Foreign Assets When Foreign Exchange Markets are Efficient", *Financial Management,* pp.16-22.
45. Longworth, D.(1981), "Testing the Efficiency of the Canadian-U.S. Excjhange Market under the Assumption of No Risk Premium", *Journal of Finance,* Vol.36.No.1., pp.43-49.
46. Mahajan, Arvind(1980), "Efficiency of the Foreign Exchange Market and Speculation", *Unpublished Ph.D. Dissertation.* Georgia State University.
47. Merton, R.C.(1973), "An Intertemporal Capital Asset Pricing Model", *Econometrica, Vol.41, No.5.* pp.867-887.
48. Mongomery and Johnson(1976), *Forecasting and Time Series Analysis,* McGraw-Hill,

New York.

49. Officer(1976), "The Purchasing Power Parity Theory of Exchange Rates; A Review Article", *IMF Staff Paper,* pp.1-60.

50. Rebicheck, A.A. and M.R. Eaker(1978), "Foreign Exchange Hadging and the Capital Asset Pricing Model", Journal of Finance, Vol.33, No.3, pp.1011-1018.

51. Roll and B. Solnik(1977), "A Pure Foreign Exchange Asset Pricing Model", *Journal of International Economics 7,* pp.161-179.

52. Ross, S.A.(1976), "The Arbitrage Theory of Capital Asset Pricing", *Journal of Economic Theory 13,* pp.341-360.

53. Samuelson, Paul A.(1965), "Proof that Properly Anticipated Prices Fluctuate Randomly", *Industrial Management Review.*

54. Sercu, P.(1980), "A Generalization of the International Asset Pricing Model", *Reve de L'association Francaise de Finance,* 1, pp.91-135.

55. Shapiro, Alan C.(1983), "What Does Purchasing Power Parity Mean?", University of Southern California.

56. Shiller, Robert J.(1977), "Rational Expectations and the Dynamic Structures of Macroeconomic Models; A Critical Review", Journal of Monetary Economics, Vol.86., No.2, pp.517-550.

57. Siegel, J.(1972), "Risk, Interest Rate and the Forward Exchange", *Quarterly Journal of Economics,* Vol. 86, No.2.

58. Solnik, B.H.(1974), "An Equilibrium Model of the International Capital Market", *Journal of Economic Theory,* pp.517-550.

59. Stein, J.(1980), "The Dynamics of Spot and Forward Prices in an Efficient Foreign Exchange Market with Rational Expectations", *The American Economic Review, Vol.70, No.4.*

60. Stockman, A.(1978), "Risk, Information, and Forward Exchange Rate", *The Economics of Exchange Rates, ed.,* by Frenkel and Johnson.

61. Stultz, R. M.(1981), "A Model of International Asset Pricing", *Journal of Financial Economics, Vol.9,* 1981.

62. Stultz, R. M.(1981), "On the Effects of Barriers to International Investment", Journal of Finance, Vol.34. No.4, pp.923-934.

63. Wyploz, C.A.(1983), "The Exchange and Interest Rate Term Structure under Risk Aversion and Rational Expectations", *Journal of International Economics, Vol.14.*

64. Zellner, A.(1962), "An Efficient Method of Estimating Seemingly Unrelated Regressions and Tests for Aggregation Bias", A*merican Statistical association Journal, Vol.*

제 2 장
외환 선물시장 헤징이론*

| 본 장의 목표 |

1. 헤징hedging이란 무엇인가? 이에 비해 투기speculation적 행위란 무엇인가?
2. 헤징 이론의 변천과정을 살펴 보라.
3. 전통적 헤징이론과 포트폴리오 헤징이론을 비교해 보라.
4. 수익-위험 헤징이론과 기대효용극대화 헤징이론을 비교해 보라
5. 헤징이론이 환위험관리를 수행하는 기업의 CFO에게 주는 시사점은 무엇인가?

---

* 이 장은 환위험관리를 효율적으로 하기 위해 선택하는 헤징에 대한 이론을 체계화하였다. 이 내용은 필자(1989)가 쓴 "선물시장 헤징이론의 변천에 관한 연구"(경영논집 제 V권 제1호, 충남대학교 경영경제연구소)에 바탕을 두었다.

1. 머리말

헤징(hedging)이란 시장에서 발생하거나 발생할 가격변동으로부터 야기되는 위험에 노출되는 정도를 낮추기 위해 시장참가자가 선택하는 자구적 행위이다. 시장이란 실물시장이든 금융시장 또는 외환시장이든 당해 시장에서 거래되는 상품이 수요와 공급의 원리에 의해 가격이 결정되고 이에 따라 상품이 거래되는 한 가격변동가능성에 따른 위험에 노출되지 않을 수 없다. 따라서 시장에서 수요자든 공급자든 장차 발생할 가격변동위험에서 오는 손실을 현재시점에서 확정하거나[1], 현재 시점에서 미래의 기대거래가치를 대체로 유보할 수 있는[2] 기능을 수행해야 하는 바 이를 가능하게 해주는 기능이 헤징이다.

헤징은 상품선물시장을 통해 발전되어 오다가 1972년 외환선물시장이 개장한 이래 이자율선물시장(1975년)과 주가지수선물시장(1982년) 등 금융선물시장이 급격하게 성장하게 되자 그 중요성이 일반화되기에 이르렀다. 헤징의 기본 속성은 그대로일지라도 선물시장에서 거래되는 상품이 외환이냐, 금리채나 주가지수이냐에 따라 헤징모형과 헤징이론을 적용할 때 다소의 수정이 불가피하다. 외환선물 foreign exchange futures의 경우 거래대상이 환율이므로 이자율선물처럼 이자율 개념이나 자산만기의 개념이 없으므로 상품선물시장의 헤징이론을 그대로 적용할 수 있다. 상품선물거래시 고려해야 하는 수송비, 저장비 및 보험료 항목은 외환선물거래시에는 고려하지 않아도 되므로 헤징모형이 보다 명료해질 수 있는 장점도 갖고 있다.

여기서는 170여년의 역사를 갖고 있는 상품선물시장에서 진화되어 온 헤징이론을 변천과정별로 살펴 보고자 한다.

첫째, 전통적 헤징이론[3]으로 보유하고 있는 현물포지션 전액을 헤징해야 한다는 논리였다. Keynes, Hicks와 Kaldor 등이 이 같은 초기 헤징개념을 만들어 냈다.

둘째, 기대수익극대화모형이다. 전통적 헤징모형이 가격변동위험을 감소하

---

1) 선물환계약(forward contract)의 경우가 예가 될 수 있다.
2) 선물계약(futures contract)이 예가 될 수 있다.
3) 보험헤징이론이라고도 한다.

는 데 목표를 둔 반면, Working[4] 등은 헤저hedger는 가격변동이 아닌 베이시스변동에 대해 헤징을 하므로 단순히 위험극소화에 목표를 두지 않고 기대수익극대화에 목표를 둔다고 했다.

셋째, 포트폴리오 헤징모형이다. Johnson(1960)[5]과 Stein(1961)[6]이 Markowitz의 포트폴리오이론을 헤징에 처음 적용하고 Ederington(1979)[7]이 헤지비용과 헤징효과를 체계적으로 측정할 수 있도록 했다. 이는 헤저란 위험극소화의 제약조건에 따라 기대수익과 위험으로 구성한 최적조합의 궤적인 효율곡선상에서 최소분산헤지비율을 정한다는 원리이다.

넷째, 수익-위험헤징모형(risk-return hedging model)이다. 포트폴리오헤징모형은 위험최소화 목표를 달성하고자 하는 사전적 모형이며 무차별곡선이란 효용함수를 고려한 모형으로 한계가 있으므로, 효용함수를 고려하지 않고 현물자산과 선물자산 등 위험성자산과 무위험자산을 포괄하여 위험과 수익을 동시에 고려하자는 것이었다. 이는 Howard와 D'Antonio(1984, 1987)[8]와 Chang과 Shanker(1986, 1987)[9]에 의해 정립되었다.

다섯째, 효용극대화 헤징모형이다. 상기의 모형과는 달리 헤저를 기대수익극대화추구자로 보고 기수적 효용과 서수적 효용의 극대화를 목표로 하고 있다고 정의한다.

---

4) Working, Holbrook(1931), "Financial Results of Speculative Holding of Wheat", *Wheat Studies of the Food Research Institute, Vol. Vii, No. 8*, pp.79-120.

5) Johnson, Leland L.(1960), "The Theory of Hedging an Speculation in Commodity Futures", *Review of Economic Studies, Vol. 27, No. 3*, pp. 139-151.

6) Stein, Jerome L.(1961), "The Simultaneous Determination of Spot and Futures Prices", *The American Economic Review*, pp.1012-1025.

7) Ederington, Louis H.(1979), "The Hedging Performance of the New Futures Markets", *The Journal of Finance, Vol. XXXVI*, No. pp.157-170.

8) Howard, Charles T. and Louis J. D'Antonio(1984), "A Risk-Return Measure of Hedging Effectiveness", *Journal of Financial and Quantitative Analysis, Vo.19, No.1*, pp.101-112.
Howard, Charles T. and Louis J. D'Antonio(1987), "A Risk-Return Measure of Hedging Effectiveness", *Journal of Financial and Quantitative Analysis, Vo.22, No.3*, pp.377-381.

9) Chang, Jack S.K. and Latha Shanker(1986), "Hedging Effectiveness of Currency Options and Currency Futures", *The Journal of Fututres Markets, Vol. 6. No.2*, pp.289-305.
Chang, Jack S.K. and Latha Shanker(1987), "A Risk-Return Measure of Hedging Effectiveness: A Comment", *Journal of Financial and Quantitative Analysis, Vo.22, No.3*, pp.373-376.

정리하면 목표는 기대수익극대화, 위험극소화, 효용극대화 세가지이다. 헤징효과를 기준으로 전통적 헤징모형과 워킹의 기대수익극대화모형은 사후적 관점의 헤징모형으로, 헤지시에 이미 최적의 헤지비율을 산정하여 헤징시 적용하는 포트폴리오헤징모형, 수익-위험헤징모형과 효용극대화모형은 사전적 관점의 헤징모형으로 양분된다. 또한 효용함수를 고려하는지 여부에 따라 전통적 헤징모형, 워킹의 기대수익극대화모형과 수익-위험헤징모형은 이를 고려하지 않는 이론으로, 포트폴리오 헤징모형과 효용극대화모형은 이를 고려하는 범주로 양분할 수 있다.

선물시장 참가자의 속성에 따라 거래동기나 목표가 달라지는 바 이에 준거한 헤저의 거래행위를 설명할 수 있는 이론이어야 한다. 따라서 헤지의 목표에 따라 첫째 위험 또는 분산의 최소화(X축), 둘째 기대수익의 극대화(Y축), 셋째 효용의 극대화(Z축) 방향으로 육면체를 상정하면, 무헤지(No hedge), 전통적 헤징모형, 기대수익극대화 헤징모형, 포트폴리오 헤징모형, 수익-위험 헤징모형, 효용극대화 헤징모형 등 6가지 헤징모형이 위치할 수 있다(〈그림 II-1〉).

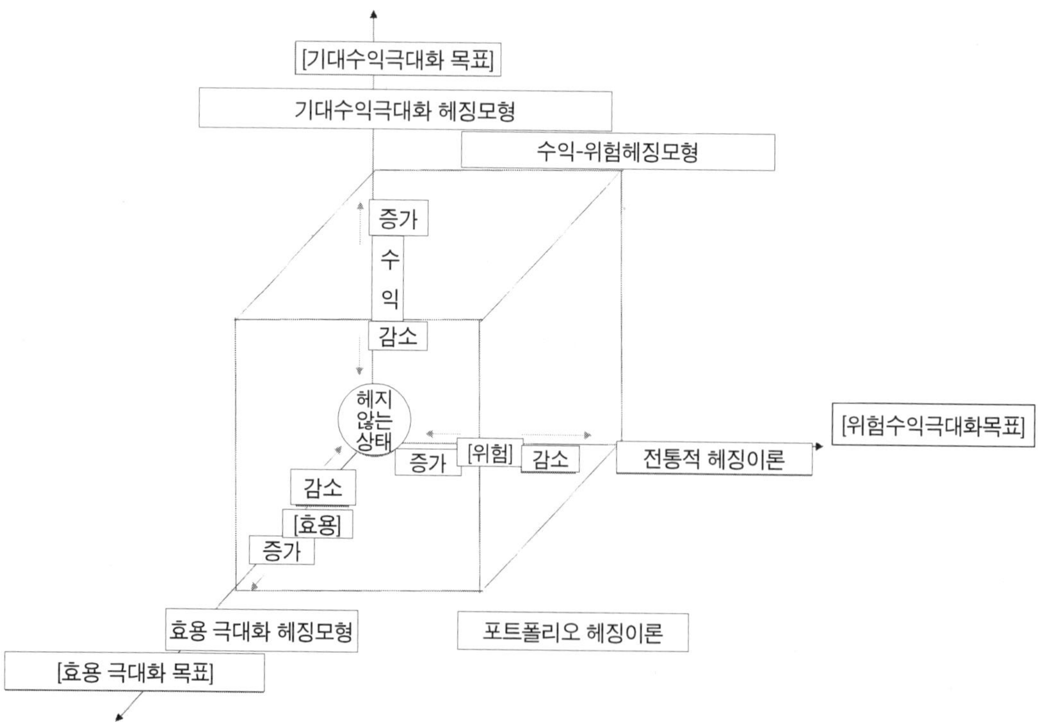

〈그림 II-1〉 목표 분류에 의한 6가지 헤징모형의 위치

또한 헤징 목표가 개별적으로 위험극소화인지, 기대수익 극대화인지 효용극대화인지와 둘 이상의 개별목표가 혼합된 복수목표인지, 헤징효과가 사전적으로 측정되는지 사후적으로 측정되는지에 따라 〈표 II-1〉과 같이 분류할 수 있다.

〈표 II-1〉 헤징모형의 분류

목표 / 측정시점	단일 목표			복수 목표		
	위험 극소화	기대수익 극대화	효용 극대화	위험극소화 +기대수익 극대화	위험극소화 +기대수익 극대화	위험극소화 +기대수익 극대화+ 효용극대화
사후적 측정	전통적 헤징모형	기대수익 극대화 헤징모형	-	-	-	-
사전적 측정	-	-	-	수익-위험 헤징모형	포트폴리오 헤징모형	효용극대화 헤징모형

역사적 변천과정과 목표의 단일성여부에 따라 선물시장 헤징이론을 분류해 보면 〈그림 II-2〉와 같다.

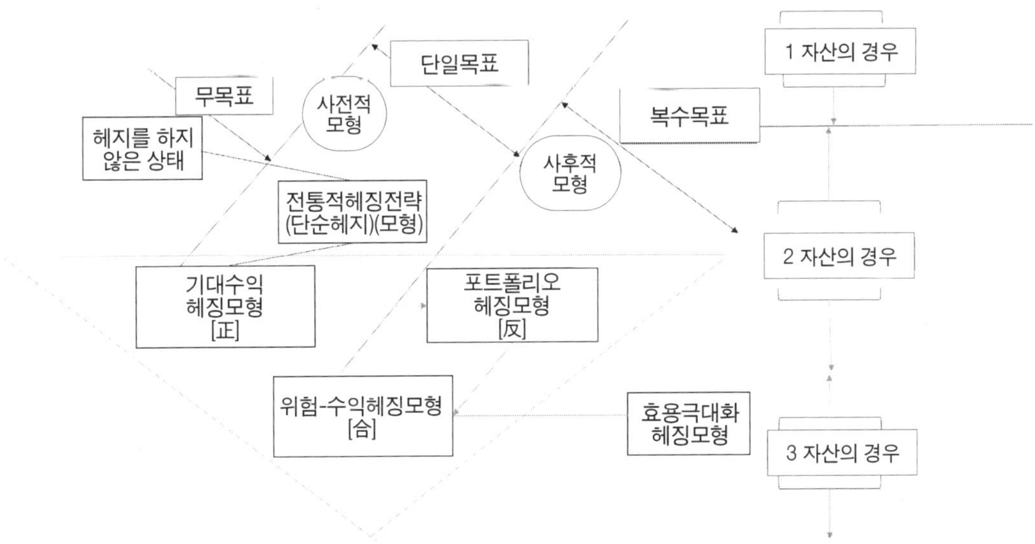

〈그림 II-2〉 진화과정에 따른 선물시장 헤징이론 분류

2. 전통적 헤징이론

2-1. 이론의 전제

가장 먼저 생성된 헤징이론이다. 헤징이란 보유재고 상품이 내포하고 있는 가격변동으로 인한 위험을 감소시키는 데 그 목적이 있다. 선물시장은 가격변동위험(price risk)에 대한 보험장치로서의 기능을 수행한다. 헤저는 현물시장에서 보유한 현물포지션에 대해 동일한 량(금액)만큼의 반대포지션을 선물시장에서 동시에 보유한다. 따라서 현물거래로 발생한 현물포지션을 아무런 대비없이 오픈포지션open position상태로 두는 노헤지(no hedge) 전략과 정반대로 오픈포지션 전체(100%)에 대해 선물거래를 한다는 점에서 차이가 있다.

전통적 헤징이론(또는 보험적 헤징이론)은 헤저의 속성을 두가지로 본다.[10]

첫째, 헤저는 현물가격의 향후 움직임에 대한 예측이나 기대를 할 수 있는 능력이 없거나(unskilled) 또는 예측에 관심이 없다.

둘째, 헤저는 당해상품을 또 다른 상품의 보관이나 생산 어느 것이든 이러한 과정에 연계시켜서만 이윤을 추구한다.

따라서 여기서 헤지는 Palu A. Samuelson(1973)의 말처럼 가격변동위험을 투기자에게 전가하는 데 대한 보험의 일종이다. 헤징효과는 위험에 초점을 두고 있다. 절대가격변화에 준거하여 헤지를 하면 대체로 시장에서의 가격움직임을 완벽하게 대응시키지 못한다. 즉 전통적 헤지인 1 대 1헤지 전략은 현물가격변동으로 인한 위험을 완전하게 제거하지 못한다. 그러나 전통적 헤지는 '헤지하지 않은(unhedged)' 상태로 현물상품을 보유하는 데서 오는 손실(또는 이익)을 저감시키는 데 기여한다.

---

10) Ward R. and G.E. Schmikat(1979), "Risk Ratio and Hedging: Florida Feeder Cattle", *Southern Journal of Agricultural Economics*, pp.71-77 in Junkus, Joan & Cheng F. Lee(1985), p.202.

2-2. 준거이론

전통적 헤징이론은 J. M Keynes(1930), J. R. Hicks(1946)과 N. Kaldor(1930) 등에 의해 이미 주장되어 왔다. 초창기 헤징의 특징은 첫째 헤징이란 헤저의 포지션을 확실하게 하기 위함이며, 둘째 헤저가 가격 움직임에 대한 기대에 따라 행동함이 아니라는 것, 셋째 헤징은 말 그대로 순수헤징이므로 보유자산 전체에 대해 헤지한다는 것이다.

헤저는 그가 당면하고 있는 가격변동위험으로부터 부보(附保)되기를 원하는 바 이때의 대가를 위험할증 또는 보험할증이라고 한다. 위험이란 대가를 받고 떠맡는 거래당사하자가 있어야 하는 바 그가 바로 투기자speculator이다. 선물시장에서 투기자는 반드시 등장해야 하는 바, 투기자의 속성과 예측능력은 다양할지라도 순포지션과 거래량은 헤저와 반대방향인 동시에 동일금액이어야 한다. 이에 대해 Keynes는 "A Treasty on Money(1930)"에서 '정상적 선물가격저위현상이론'[11]을 제시하고 '투기자는 프레미엄을 획득할 수 있는 기대를 갖기만 하면 선물시장에 참가하고자 하는 반면, 헤저는 투기자에게 가격변동으로 인한 위험을 떠넘기는 대가로 위험할증을 지불하고자 한다'고 했다.

2-3. 모형

아직 헤지하지 않은 상태로 있는 경우 현물포지션보유자의 손익을 Ru, 헤지한 포지션보유자의 손익을 R , t_0와 t_1 시점의 현물가격을 각각 S_0와 S_1 , 각 시점의 선물가격을 F_0와 F_1, 현물보유량을 X 라고 할 때, 헤지를 하지 않은 경우 현물포지션의보유자의 손익은

$$Ru= X\ (S_1 - S_0) \quad \text{------------}[1]$$

로 나타낼 수 있다.

---

11) theory of normal backwardation

또한 현물포지션보유량 전체에 대해 헤지를 한다면, 이때 헤지포지션의 손익은

$$R = X\ [(S_1-S_0)-(F_1^n-F_0^n)]$$

$$= X\ [(S_1-F_1^n)-(S_0-F_0^n)] \text{ ----[2]}$$

로 나타낼 수 있다. 이때 전통적 이론에 의하면 현물가격과 선물가격은 일반적으로 같은 방향으로 움직이므로 R의 절대값이 Ru의 절대값보다 작거나 또는 R의 분산이 Ru의 분산보다 작다고 주장한다(Var(R)〈Var(Ru)).[12]

[2]식에서 보면 현물가격과 선물가격이 동일하게 움직이면 바로 베이시스의 변화가 영(zero)이 되고 현물포지션과 선물포지션의 량이 일치하면 완전헤징이 된다. 그러나 베이시스와 베이시스의 변화가 만기일에 인도되거나 수령하는 가능성 때문에 가격변화보다 상대적으로 작으며, 인도가능성이 베이시스변화를 한정하는 것이 사실이지만 한편으로는 베이시스 변동폭만큼은 명백하게 위험으로 남는다는 것을 알아야 한다.

여기서 Ederington(1979)에 의해 확장된 적응적 기대이론을 적용하여 보자. 이 경우에는 선물가격이 시장기대를 반영한다면 선물가격은 현물가격의 변화와 일반적으로 일치하지 않아야 한다.

t_0와 t_1 시점에서 n 시점에 형성될 것으로 보는 기대현물가격을 $E(S_0^n)$, $E(S_1^n)$이라 하면

$$E(S_1^n)-E(S_0^n)= \alpha[S_1-E(S_0^1)]+\varepsilon \text{ ---------------[3]}$$

이때 $F_1^n=E(S_0^n)$이고 $F_0^n=E(S_0^n)$이라고 가정하면 다음 식을 얻을 수 있다.

$$F_1^n-F_0^n= \alpha[S_1-S_0]-\alpha[E(S_0^1)-S_0] \text{ --------------[4]}$$

12) Ederington, James L.(1979), ibid., pp159-161.

그러므로 t_0시점에서 t_1시점 사이에 현물가격의 변화가 없고 즉 $E(S_0^1)=S_0$, $\alpha \neq 1$이라면, 이 이론은 현물가격의 변화가 선물가격의 움직임과 비례적으로 움직이지만 동일하게는 움직이지 않음을 의미한다. 반면에 정확하게 현물가격의 변화가 $S_1=E(S_0^1)$으로 기대된다면 그때는 확실히 선물가격의 변화는 없게 된다.

2-4. 이론의 한계

전통적 헤징이론은 헤징을 보험의 일종으로 인식하고 이미 보유하고 있는 현물포지션에 대해서만 선물포지션 즉 헤지된 포지션을 취하고 투기자에게는 위험할증을 대가로 가격변동위험을 전가한다. 이때 베이시스변화가 선물계약시 만기시의 인도행위 때문에 가격변화에 비해 감소되긴 하지만 영(zero)이 되지는 않으며 베이시스변화 만큼은 위험으로 남게 되는 바 선물포지션과 현물포지션을 같게 하는 헤지전략은 가격변동위험을 완전히 제거하지는 못한다. 그러나 전통적 헤징모형은 헤지의 일차목적인 위험의 저감을 설명해주는 이론으로 그 의의는 충분하다.

3. 기대수익극대화 헤징이론

3-1. 이론의 전제

기대수익극대화 헤징이론이란 전통적 헤징이론과는 달리 헤징이란 헤저의 포지션을 확실하게 하지 못하고 단지 가격변동위험을 베이시스위험basis risk으로 대체한 것에 불과한 것으로 인식한다. Holbrook Working(1931, 1953, 1954, 1958, 1960, 1962, 1967, 1970)에 의하면 전통적 헤징이론에서처럼 일률적으로 매입이나 매도를 하는 것이 아니라 정보를 통해 베이시스를 예측할 수 있으며 이에 따라 현물포지션보유자는 가격상승예상시에는 헤징을 하지 않고 가격하락예상시에는 매도헤징을 한다는 것이다.[13)]

---

13) ibid. 이를 자의적 헤징(discretionary hedging)이라 하며, 이에는 투기와 헤징의 성격이 포함되어 있으며, 헤저를 단순히 위험추구자가 아닌 기대수익극대화추구자인 일시적 투기자

Working은 헤징에서 위험감소를 너무 강조해 온 경향이 있다고 지적하고[14) 헤저란 위험을 회피하고자 하는 사람이 아니라 선물시장과 현물시장간의 상대적 가격변동이 유리하게 변동할 것이라는 기대에 따라 헤징을 수행하는 자라고 정의했다. 이 이론의 가정은,

첫째, 헤저는 미래의 선물가격변동에 대해 다른 시장참가자보다 더 잘 알고 있다는 것

둘째, 헤저는 현물포지션을 갖고 있으므로 가격변화의 절대치에 관심이 있는 게 아니라 상대적 변화 즉 베이시스 변화에 관심이 있다는 것

셋째, 헤저는 베이시스변화에 준거하여 포지션을 결정하며 이를 통한 차익거래arbitrage 이익을 획득하고자 선별적 헤징이나 예상헤징을 하는 즉 베이시스에 대해 투기한다는 것[15)]

넷째, 헤저는 무조건 현물포지션 전체에 대해 헤징하는 것이 아니라 베이시스 변화에 대한 예측으로 기대수익이 예상될 때만 현물포지션만큼 반대방향으로 헤징을 한다.

이렇게 대부분의 헤징이 현물가격과 선물가격의 상대적 변화 즉 베이시스변화에 대해 현물시장에서 현물포지션을 보유하는(long position) 사람들은 베이시스가 하락할 것으로 기대되면 헤지하고 베이시스가 상승할 것으로 기대되면 헤지를 하지 않는다.

3-2. 준거이론

Working이 주장하는 기대수익극대화헤징이론이 전통적 헤징이론과 근본적으로 다른 것은 헤징의 목표가 위험극소화에 있는 게 아니라 기대수익극대화에 있다. 이는 기본적으로 현물포지션을 갖고 있는 일반적인 헤저가 일차적으로 선물시장 참가시 가져야 하는 기본 자세에 일대 전환을 요구한다. 이 주장의 초점도 절대

(part-time speculator)로 인식하였다.

14) Working, Holbrook(1962, pp.320-321)

15) 이를 Myron Scholes(1981)는 스프레딩 spreading의 일종으로 설명했으며, Joan C. Junkus와 Cheng F. Lee(1985, p.209)는 베이시스 헤징전략 basis arbitrage hedging strategy로 명명했다.

가격의 변화에 관심이 있는 게 아니라 베이시스변화에 관심이 있으므로 베이시스를 규명해야 한다.

베이시스란 선물가격과 현물가격간의 차이로 정의된다. 전통적 헤징이론에 의하면 매우 짧은 기간에는 두 가격변동이 완전 평행이므로 완전헤지가 가능하다고 했으나, Working(1953)은 두 가격은 완전평행이 아니라고 주장한다. 즉 헤저는 베이시스변화를 예측할 수 있을 때만 이로부터 이윤을 얻는다는 것이다. 그러므로 베이시스를 구성하는 요소들과 베이시스 유형에 준거한 이론을 규명할 필요가 있다.

베이시스는 시간적 차원의 베이시스인 시차베이시스, 인도가능재화의 질이 다른 경우에 발생하는 등급차원 베이시스와, 인도장소가 달라서 발생하는 공간차원 베이시스인 격지간 베이시스 등으로 구분된다. 이때 베이시스는 대체로 수송비, 저장비 및 기타 조작비용 등 보관비의 함수이다. 여기서 보관비는 창고료, 하역비와 보험료 등 물리적 비용에다 재고보유시 수반되는 위험할증을 합하고 편의수익(Kaldor, 1939)을 공제하면 구할 수 있다. 베이시스의 영향요인인 보관비를 규명한 것이 Working(1949, pp.25 31)의 재고가격이론(theory of price of storage)이며, Brennan(1958)은 이를 발전시켜 재고공급이론(theory of supply of storage)으로 정립했다. 이때 헤저는 베이시스의 가격변화를 예측함으로써 기대수익극대화를 추구하는 바 이때의 헤징행위는 통상적인 투기자의 헤징행위와 구별이 어렵다. 따라서 Working은 이론적 근거로 헤징의 다목적성을 전제했다. 보관헤징, 영업헤징, 예측적 헤징과 순위험선택 헤징 등 5가지 헤징 유형을 전제함으로써 베이시스변화에 대해 체계적으로 접근하였다.

3-3. 모형

헤저는 투기자와 상당히 유사한 활동을 수행하지만 근본적인 차이가 있다. 헤저는 보유포지션을 현물시장에서 수행하기 때문에 선물가격과 현물가격간의 상대적 변화인 베이시스 변화에 초점을 준 반면에 투기자는 현물시장에서 포지션을 갖지 않고 절대가격변화에만 관심을 갖는다. 따라서 Working의 헤징이론은 베이시스에 대해 투기를 하는 선별적 헤징 개념으로 설명이 가능하다. 여기서 헤징이 갖는 투기적 측면을 명백히 확인할 수 있으며, 베이시스 때문에 가격변동위험이 완전히 상쇄되지는 않는다는 것을 알 수 있다.

Working의 기대수익극대화 헤징모형은 식[2]를 개념적으로 변형하여 식[5]처럼 헤징효과를 측정할 수 있다.

$$R = X\ [(S_1 - S_0) - [HR](F_1^n - F_0^n)] \quad \text{---------------[5]}$$

이 모형에서 중요한 점은 베이시스변화가 어떠할 것으로 기대될 경우 헤지를 하는가이다. 헤징의 기본목표가 위험극소화추구에서 기대수익극대화라는 반대시각을 강조한 데 큰 의의가 있다. 게다가 일반적으로 선물가격변동이 현물가격변동보다 작기 때문에 부분적으로 위험감소측면도 있다는 점도 인식할 필요가 있다.

Working(1953)은 밀보유가격에 관한 헤징연구를 통해 현물가격이 선물가격보다 작은 '커다란 음(-)의 베이시스'는 '커다란 양(+)의 베이시스변화'를 수반하며 반대로 커다란 양의 베이시스는 커다란 음의 베이시스변화를 수반한다는 사실을 발견했다. 이는 Working의 헤징모형에 대해 다음과 같은 의사결정기준을 제공한다.

"헤저는 t_0싯점의 베이시스가 너무 작아 베이시스가 커질 것으로 기대하는 즉 '수익률이 커질 것으로 기대하고 행하는 헤지(profitable hedge)'가 가능할 경우에만 헤징을 한다(Junkus, Joan C. and Cheng F. Lee, 1985, p.205)"

3-4. 이론의 한계

기대수익극대화 헤징이론은 전통적 헤징이론과는 헤징 목표가 다르다. 또한 헤징을 새롭게 정의하여 헤징이론의 전기를 마련했으나, 다음 몇가지의 한계가 존재한다.

첫째, 베이시스변화에 연계된 위험만큼은 그 위험노출에서 배제될 수 없다는 것

둘째, 전통적 헤징이론과 마찬가지로 헤지를 하고 난 후 손익을 측정하여 헤징효과를 분석하는 사후적 관점의 헤징이론이라는 것

셋째, 이 경우 헤저와 선물시장의 또 다른 참가자인 투기자가 선물가격이라

는 시장가격 형성에 어떤 기능과 역할을 수행하는 지에 대해 명백하게 규명하지 못했다.

4. 포트폴리오 헤징이론

4-1. 이론의 전제

전통적 헤징이론의 목표가 '위험극소화'이고 Working의 헤징이론의 목표는 '기대수익극대화'인 데 대해 포트폴리오 헤징이론은 이 두가지의 목표를 이론상 통합함으로써 헤징이론의 새로운 장을 열었다.

포트폴리오 헤징이론은 Leland Johnson(1960)과 Jerome Stein(1961)이 Harrry M. Markowitz(1952)의 포트폴리오 선택이론을 헤징에 적용한 것이다.

즉 Johnson과 Stein은 증권을 위험과 수익의 연계조건으로 매매하는 것처럼 선물futures 역시 같은 동기로 매매하는 것이라고 주장했다. 포트폴리오이론을 활용하여 헤저가 왜 현물포지션을 일정한 것으로 받아들일 경우 사후적으로 이 중 얼마만큼을 헤지해야 하는 지(즉 헤지비율 hedge ratio의 산정), 이에 따른 위험감소와 정도(즉 헤징효과 hegding effectiveness의 측정)는 얼마나 되는지 규명하고자 했다.

Johnson모형(1960)에 준거할 경우 다음 가정이 필요하다.

첫째, 헤저는 무한히 위험회피적이다.

둘째, 위험이란 현물자산과 선물자산으로 포트폴리오를 구성한 즉 '헤지한 포트폴리오로 거둬들인 수익의 분산'이다.

이 포트폴리오 헤징이론과 전통적 헤징이론 및 Working의 헤징이론을 비교하여 보면 특징을 잘 알 수 있다.

첫째, Working의 헤징모형이 기대수익극대화 목표를 추구하는 데 비해 포트폴리오 헤징모형은 위험최소화가 목표이므로 오히려 전통적 헤징이론과 동일하다.

둘째, 헤지된 포지션이 Working의 기대수익극대화 헤징모형처럼 베이시스 변화인 상대적 가격변화에 의해 결정되는 것이 아니라 전통적 헤징이론처럼 절대적 가격변화를 통해 결정된다는 면에서는 차이가 있다.

셋째, 헤지비율의 산정이나 헤징효과의 측정시 전통적 헤징이론이나 Working의 기대수익극대화 헤징이론처럼 사후적 관섬에서 보는 게 아니라, 사전적으로 거래자가 보유하고 있는 기대치인 주관적 확률분포에 의해 평가하는 것이므로 기간중 실질적인 기격변화에 의한 손익과는 관념상 차이가 있다.

4-2. 모형

(1) Markowitz의 포트폴리오 선택이론과의 차이

Johnson 등은 선물시장의 거래자들을 대상으로 조사한 결과[16),] ,

첫째, 선물거래자들은 위험회피를 목적으로 헤지를 하고 있으며, 가격변동이 심하면 헤지량이 커지는 경향이 있다.

둘째, 헤지시 베이시스 뿐만이 아니라 가격수준 자체도 고려한다.

셋째, 전통적 헤징모형과 기대수익극대하 헤징모형처럼 현물포지션 전체에 대해서 아니라 그 일부를 헤지하는 경향이 있다는 것을 발견했다.

이에 착안하여 포트폴리오이론을 헤지에 도입하여 사전적 헤지비율과 이 결과인 헤징효과를 측정할 수 있는 모형을 제시하였다. 그러나 이 포트폴리오 헤징모형은 포트폴리오 선택이론이 위험성자산만으로 구성한 2-자산 포트폴리오(two-asset portfolio)와는 다음과 같은 점에서 차이가 있다.

첫째, 대부분의 헤징목표가 가격변동위험 저감정도를 극대화하자는 데 있으므로 결정적인 문제는 최소위험헤지비율을 결정하거나 비제약 목표함수가 최소치에 이를 때의 선물포지션 값을 결정하는 것이며, 이 값은 OLS회귀선의 부(-)의 기울기를 나타낸다.

둘째, 정통 포트폴리오 이론과는 달리 현물과 선물포지션이 서로 대체재로 간주되지 않는 다는 점이다. 즉 Johnson과 Stein은 잠재적 헤저가 현물시장에서 한 단위의 현물을 보유하고 있다고 가정하고 이에 대해 얼마만큼을 헤지할 것인가가 의사결정의 초점이었다.

셋째, 위험과 수익은 포지션을 유지하는 데 소요되는 비용이 없다고 간주되

---

16) Hill, Joanne & Thomas Schneeweis(1982), p.189.

므로 수익이라기 보다는 가격의 변화라는 의미로 정의되어야 옳다는 점이다.

(2) 모형의 유도

이러한 차이를 인식하고 포트폴리오 헤징모형을 유도하여 보자.

Johnson은 기본적으로 가격변동위험을 t_0싯점과 t_1시점까지의 가격변화에 대한 주관적 확률분포[17)]의 분산으로 투사(projection)하고 이 기간중 실제가격을 확률변수로 취급하고 있다. 여기서 현물포지션을 X , 선물포지션을 X_f, 선물거래비용을 $K(X_f)$라고 하면, 헤지된 포트폴리오의 기대수익[$E(R_h)$]과 이의 분산 [$Var(R_h)$]은,

$$E(R_h)=X\ E(S_1-S_0) + X_f E(F_1^n-F_0^n)-K(X_f) \quad \text{----------[6]}$$

$$Var(R_h)= X^2 \sigma^2 + X_f^2 \sigma^2 + 2X_sX_f Cov(S,F) \quad \text{----[7]}$$

로 나타낼 수 있다.

정의상 헤지비율(HR)을,

$$HR= - \frac{X_h}{X_s} \quad \text{-----------------------------[8]}$$

이라 하고, 이를 식[7]에 대입하면,

$$\begin{aligned} Var(R_h) &= X_s^2 \sigma_s^2+[HR]^2 X_s \sigma_f^2-2[HR]X_s^2\ Cov(S,F) \\ &= X_s^2\{\sigma_s^2+ [HR]^2 \sigma_f^2-2[HR]Cov(S,F)\} \quad \text{----------------------[9]} \end{aligned}$$

이 된다. 식[8]을 식[6]에 대입하여 정리하면,

$$\begin{aligned} E(R_h) &= X_s\{E(S_1-S_0)-[HR]\cdot E(F_1^n-F_0^n)-[HR]\ E(F_1^n-F_0^n)\}-K\{X_f, [HR]\} \\ &= X_s\{[1-[HR]]\ E(S_1-S_0)-[HR][E(F_1^n-F_0^n)-E(S_1-S_0)]\}-K\{X_f, [HR]\} \quad \text{----[10]} \end{aligned}$$

---

17) 주관적 확률밀도함수이다.

이 된다.

이때 t_0시점과 t_1시점간의 현물환율의 기대변동[E(△S)]=E(S_1-S_0)이고, 베이시스(B)를 [F_t^n-S_t]라고 가정하면, 베이시스의 기대변화[E(△B)]는,

$$E(\triangle B) = E(F_1^n - F_0^n) - E(S_1 - S_0) \quad \text{------------------------------[11]}$$

가 되는 바, 식[11]을 식[10]에 대입하면,

$$E(R_h) = X \ \{[1-[HR]\ E(\triangle S)-[HR]\ E(\triangle B)]\}-K\{X_f, [HR]\} \quad \text{------------[12]}$$

이 되는 데, 선물거래비용 K{X_f, [HR]}을 무시하고 베이시스 변화가 영(△B=0), 헤지비율이 1이면, E(R_h)는 영이 된다. 이것은 바로 전통적 헤징모형에서의 완전헤지가 성립됨을 보여주므로, 전통적 헤징모형의 식[2]와 완전하게 동일하다.

한편 식[12]는 베이시스변화와 헤지비율에 따라, E(R_h), E(R_u)로 달라지는 바, X 가 일정할 경우(예를 들어 1단위)에 Var(R_u)의 최소치를 구하기 위해서는 식[12]를 [HR]에 대해 편미분하면 된다. 즉

$$\frac{\vartheta Var(R_h)}{\vartheta Var(HR)} = X^2\{2[HR]\sigma_f^2 - 2Cov(S,F) = 0 \quad \text{-------------[13]}$$

이어야 하는 바, 이 식을 만족하는 헤지비율[HR]은 최소분산헤지비율[HR^m]이 되므로 이를 구하면,

$$HR^m = \frac{Cov(S,F)}{\sigma_f^2} = \frac{Cov(S,F)}{Var(F)} \quad \text{------------------------[14]}$$

이다. 또한 선물시장에서의 헤징효과(HE)는 정의상 헤지를 하지 않고 '오픈포지션'상태의 위험 즉 분산{Var(R_u)}에 대해 헤지함으로써 저감된 위험 즉 분산의 정도로써 나타낸다. 이 저감도는 헤지를 하지 않을 경우의 위험에 대해 최소분산헤지비율 {HR^m}을 활용하여 헤지함으로써 분산가능한 위험의 크기를 가리킨다. 이

를 식을 나타내면 식[15]가 된다.

$$HE^{m} = 1 - \frac{Var(R_u)^m}{Var(R_u)} \quad \text{-------------------------[15]}$$

이때 식[14]를 식[9]에 대입하면, 식[16]이 도출된다.

$$Var(R_h)^m = X^2\{\sigma^2 + [\frac{Cov(S,F)^2}{\sigma_f^2}]\,\sigma_f^2 - 2[\frac{Cov(S,F)}{\sigma_f^2}]\,Cov(S,F)\}$$

$$= X^2\{\sigma^2\ [\frac{Cov(S,F)}{\sigma_f}]^2\} \quad \text{------------------[16]}$$

여기서 정의상 현물가격과 선물가격간의 상관계수(ρ)는

$\rho = \dfrac{Cov(S,F)}{\sigma_s\,\sigma_f}$ 이므로 이를 식[16]에 대입하면,

$$Var(R_h)^m = X^2 \cdot \sigma_s^2\{1- [\frac{Cov(S,F)}{\sigma_f}]^2\}$$

$$= X^2 \cdot \sigma s^2(1-\rho^2) \quad \text{----------------- [17]}$$

이 된다. 이 식을 식[15]에 대입하여 정리하면,

$$HE^{m} = 1- \frac{X^2\,\sigma_s(1-\rho^2)}{X^2\,\sigma_s^2} = 1-(1-\rho^2)= \rho^2 \quad \text{-------[18]}$$

이 된다. ρ^2이란 현물가격변동간의 이론에 입각하여 유도된 모집단의 결정계수이므로 실제로 헤징효과 HE 값을 구할 경우에는 표본의 결정계수 r^2로 측정하면 된다.

(3) 모형의 의미

이 모형의 의미를 요약하면 다음과 같다.

첫째, 헤지비율[HR]의 포지션은 현물포지션과 반대방향이다.

둘째, 현물가격(변화)과 선물가격(변화)간의 상관계수의 절대값 $|\rho|$ 이 크면 클수록 특별한 현물포지션의 위험을 저감시키는 선물거래의 효과는 더욱 더 커진다. 이때 헤저가 가격위험을 저감시키는 매카니즘이라는 면에서 보면 전통적 헤징이론과 유사하지만 가격위험이라는 개념 그 자체는 매우 다른 것임을 인식해야 한다.[18)]

셋째, 총위험 감소를 의미하는 완전헤지는 헤지비율[HR^m]과 헤징효과[HE^m]가 1인 때에만 가능해진다.

넷째, 이 모형을 이용하여 사전적 측정을 한 결과 헤지비율[HR^m]이 1과 유의적으로 다르지 않은 값이 계산되었다면, 이는 현물포지션과 동일량만큼 반대방향으로 헤징을 해야 한다. 이때 대상이 되는 선물상품의 경우 포트폴리오이론이 과연 의미를 갖는가 하는 의문이 제기된다. 이에 대해서는 Stewart I. Brown(1985)와 Kandice H. Kahl(1986)이 견해를 달리하고 있다.[19)]

---

18) Johnson, Leland I.(1960, p.193): 전통적 헤징이론에서는 가격위험이란 거래자가 유발한 가격변동에 기인한 실제손익이 크기로 측정되며, 포트폴리오 헤징이론에서는 헤징효과는 '헤지된 포지션'에서 발생된다는 것이다. 또한 거래자가 하나(현물이나 선물)의 가격변화가 다른 것(선물이나 현물)의 가격변화와 동일한 것으로 믿기만 하면 즉 실제가격움직임이 평행상태가 성립하면 완전히 유효한 헤지가 되지만, 실제로 평행조건 자체가 '완전히 유효한 헤지'를 가능하게 해주는 필요조건도 충분조건도 아닌 것이다. 이는 곧 거래자가 현물가격과 선물가격의 움직임간에 관계가 완전하다는 확실성을 갖고 있으면 이미 완전히 유효한 헤지를 할 수 있었을 것이므로 이는 필요조건이 아니라는 것을 인지해야 한다.

19) Brown Stewart I.(1985, p.512 & 1986, p.1010)과 Kahl, Kandice H.(1986, p.1008)을 참조할 것. Brown(195.8)은 수익률을 이용한 실증검증결과 헤지비율이 1과 유의적으로 다르지 않음을 발견하고, 이 경우에는 포트폴리오이론이 본질상 그 의의를 상실한다고 주장했다. Kahl(1986.11)은 이에 반박하고 포트폴리오이론을 이용하여 계산되는 헤지비율은 $HR^m \leqq 1$일 수 있으며, 또한 Brown의 검정결과 $HR^m \fallingdotseq 1$이 되었다고 해서 포트폴리오이론을 지지하지 않는 것은 몰논리라고 주장했다. 오히려 $HR^m = 1$이라는 것은 포트폴리오이론과 합치하는 것이라고 주장했다. 이에 대해 Brown(1986.11)은 이에 대한 반박으로 헤지비율이 1과 다르다면 합리적인 인간은 항상 'Stock'의 100%를 헤징한다는 것을 전제로 이를 보유할(적용할) 합리적인 이유가 없기 때문에 포트폴리오이론이 이런 상황에서 유용하다고 하는 것이 오히려 몰논리적이라고 주장했다.

4-3. 이론의 한계

(1) 포트폴리오 헤징이론의 구조적 문제

Markowitz의 포트폴리오 선택이론을 헤징에 적용하는 과정에서 본질적으로 나타난 문제들을 살펴보면 다음과 같다.

첫째, 포트폴리오 선택이론이란 기본적으로 개인의 무차별곡선 즉 효용함수의 성격에 준거하여 포트폴리오 점이 선택됨으로써 위험과 동시에 기대수익의 조건(위험극소+기대수익극대)을 충족시키는 것이나, 포트폴리오 헤징이론에서는 선물계약의 성격상 기대수익 자체가 영이므로 자연히 '기대수익=0'이라는 제약조건하에서 위험을 최소화하는 헤지비율(HR^m) 즉 최적헤지비율(optimal hedge ratio: HR*)이 아니라 최소분산헤지비율(minimum variance hedge ratio: HR^m)이 될 수 밖에 없으며, 오히려 이것이 〈그림 II-3〉에서 보는 바와 같이 HR^m과 HR^*간에 차이가 있음에도 불구하고 최소분산헤지비율이 본 모형에서는 곧 최적헤시비율과 같다는 것을 전제로 사전적으로 헤징효과를 측정하고자 하는데 문제가 있다.

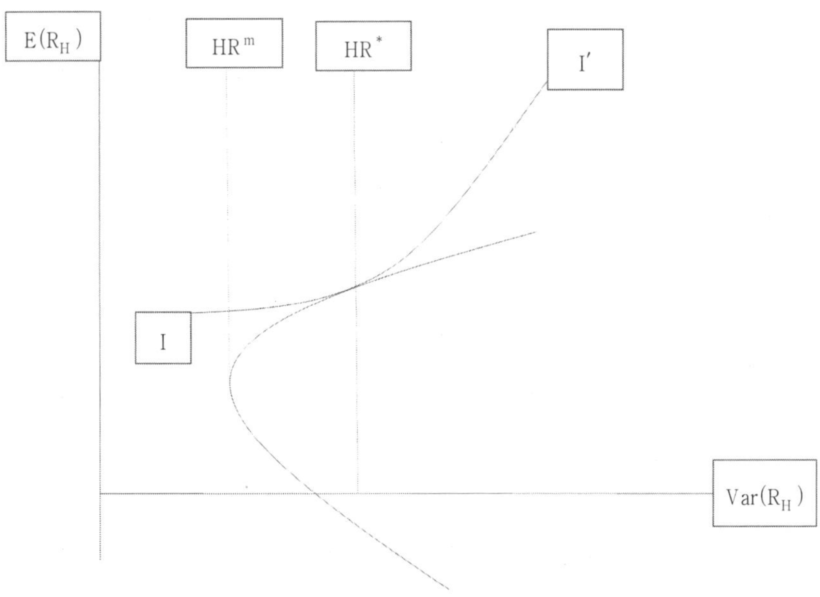

〈그림 II-3〉 포트폴리오 헤징모형에서의 최소분산헤지비율과 최적헤지비율의 위치

둘째, 포트폴리오 헤징이론의 경우 포트폴리오 선택이론의 2자산 포트폴리오와 유사하여 무위험자산을 포함하지 않음으로써 보다 나은 헤징효과를 가져 올 기회를 유보시켰다는 점과 현물 및 선물 역시 대체적이지 못함으로써 기대수익이 반영되지 못한 채 분산최소화에 국한하여 이론 전개가 이루어졌다는 한계가 있다.

(2) 모형의 측정에 관한 문제

첫째 헤지비율의 산정시 과거 자료를 이용할 수 밖에 없으므로, 미래를 위한 사전적 헤징을 적용할 경우에는 과거와 미래가 동질적으로 연계됨을 가정할 수 밖에 없어 사전적 모형이 갖는 본질적 한계를 내포하고 있다.

둘째, 미래선물계약기간을 대상으로 헤징을 할 때, 이 모형에 의해 산정된 헤지비율과 측정된 헤징효과를 그대로 적용해도 좋은가 즉 HR^m과 HE^m이 안정적인가 하는 문제로 귀결된다.

셋째, 헤징모형의 유도결과 최소분산 헤지비율은 OLS(ordinary least sqaures) 회귀식에서의 기울기계수인 β로, 이에 준거한 헤징효과는 이 식의 결정계수인 r^2로서 측정되어야 하는 바, 모집단을 추정하는 기법으로서의 OLS가 갖고 있는 한계만큼 포트폴리오 헤징모형에 준거한 헤지비율이나 헤징효과가 주는 의미는 경감된다.

5. 수익-위험 헤징이론

5-1. 이론의 전제

전통적 헤징이론은 헤저가 보유하고 있는 현물포지션과 동일량만큼 반대방향으로 선물거래를 함으로써 절대가격변화에 기인하는 위험을 최소화하자는 것에 핵심이 있다. 이에 반해 Working은 헤저란 절대가격변화보다 베이시스변화에 투기하는 것이라면서, 소위 기대수익극대화 헤징이론을 주장하였다. 어느 헤징이론도 일면의 목표만 지향함으로써 헤저가 갖는 위험극소화와 기대수익극대화라는 두가지 측면의 목표를 충족시키지 못하였다. 헤징효과도 사후적 결과로서의 손익으로 측정하는 등 사전적 의사결정의 지침이 되지 못하는 한계가 있었다.

또한 포트폴리오 선택이론을 적용한 포트폴리오 헤징이론 역시 사전적 관점의 모형이라는 데 대해서는 조건 충족이 이루어졌으나, 위험과 기대수익을 동시에 충족시켜주지 못하고 기대수익이 마팅게일 프로세스martingale process를 따른다고 가정함으로써 결국 정통적 헤징모형이 지향한 것처럼 위험최소화목표밖에 충족시켜주지 못하였다. 다음 절에 고찰할 효용극화헤징이론도 평균분산구조하에서 효용극대화 목표를 추구하고 있으나 역시 개인의 무차별곡선 즉 효용함수와 위험회피요소를 측정하여 적용하기가 용이하지 않다는 데 한계가 있다.

따라서 수익과 위험이라는 두 마리의 토끼를 다 잡을 수 있고 효용함수를 고려하지 않아도 되며, 무위험자산까지 고려하여 실제 적용도 용이하게 할 수 있는 그런 모형의 성격으로서 Charles T. Howard와 Louis J. D'Antonio(1984)가 개발한 수익-위험 헤징모형[20]을 제시한다. 이 모형의 가정은 다음과 같다.

첫째, 헤저가 투자하는 자산은 현물자산(spot position), 선물자산(forward position)과 무위험자산(risk-free asset) 등 세가지이다.

둘째, 헤저는 수익과 위험을 고려해야 한다는 것과는 별도로 현물포지션이든 무위험자산이든 무차별 구매를 한다.

셋째, 헤저는 포트폴리오 수익의 표준편차로 측정된 주어진 위험수준하에서 최대의 기대 포트폴리오 수익을 추구한다.

이러한 가정하에서 헤지효과를 설명할 수 있는 논거는 〈그림 II-4〉에서와 같이 기본적으로 포트폴리오 선택이론에서 3자산(즉 현불자산, 선물사산과 무위힘자신) 경우의 효율곡선 도출과 동일하다. 단지 여기서는 iT와 iS가 갖는 기울기만으로 헤징효과가 측정되므로, 다른 헤징모형에서 실제 적용상 한계를 구조적으로 내포할 수밖에 없는 효용함수를 고려하지 않아도 되는 이유가 된다.

---

20) 모형에 관련한 모든 수식의 유도과정은 이 장의 〈부록〉을 참고하기 바람.

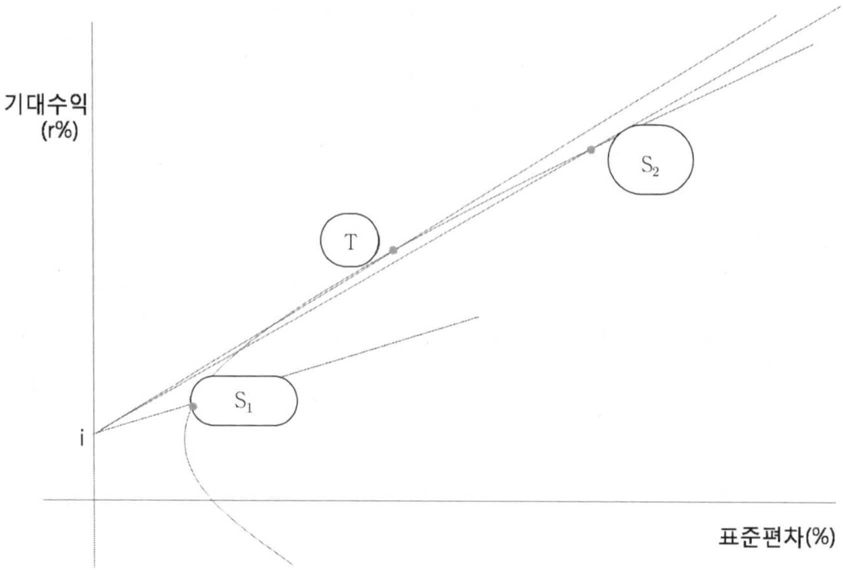

〈그림 Ⅱ-4〉 현물-선물-무위험자산으로 구성된 효율곡선

이 그림에서 보면, 위험성자산만으로 구성할 때는 S_1, S_2, T 점이 서로 지배할 수 없는 효율곡선상의 점들이나, 무위험자산을 고려하면, $\overline{iT}$효율곡선이 $\overline{iS_1}$과 $\overline{iS_2}$위의 포트폴리오를 지배하게 된다. 따라서 S_1 점에서는 T 점 쪽으로 선물을 구매하고, S_2 점에서는 T점 쪽으로 선물을 매도함으로써 선호점을 이동시킨다. 말하자면 $\overline{iS_1}$과 $\overline{iS_2}$는 선물포지션 보유의 방향이 서로 반대하는 것이다. iS의 기울기는 선물을 보유하지 않은 상태에서 단위위험당 초과수익[21]을 의미하고, $\overline{iT}$의 기울기는 선물포지션을 가진 상태에서 단위위험당 초과수익을 나타낸다.[22]

5-2. 모형

(1) 모형의 골격

현물자산, 선물자산과 무위험자산 등을 이용하여 추구하고자 하는 헤저의

21) 기대수익-무위험이자율

22) Howard, Charles T & Louis J. D'Antonio(1984, p.104)를 참조할 것
이때 초과수익이란 위험, 시장성, 유동성 또는 단순한 헤저의 소득 중 여러 가지 요소들에 의한 복합적인 결과하는 것이다. 여기에 시장균형에 관해서는 어떠한 가정도 하고 있지 않으며, 또한 이 모형은 규범적인 모형(normative model)이다.

단기최적화문제를 해결하기 위한 목표함수를 나타내면 다음과 같다. 즉 θ를 극대화하는 것이 헤저의 목표이다.

[극대화] $\theta = \dfrac{\overline{R_p} - i}{\sigma_p}$ ---------------------[19]

[변수설명]

R_p= 현물자산과 선물자산으로 구성된 포트폴리오로부터의 기대수익(%)

i = 무위험자산보유수익률(%)

σ_p = 현물자산과 선물자산으로 구성된 포트폴리오로부터의 기대수익(5)의 표준편차

여기서 R_p와 σ_p 를 산출하기 위해 표준형의 2자산 포트폴리오로 나타내어 보면 다음과 같다.

$$R_p = \frac{X_s S \overline{r_s} + X_f F \overline{r_f}}{X_s S} \quad \text{-----------------------------[20]}$$

$$\sigma_p = \frac{1}{X_s S} \cdot \sqrt{X^2 S^2 \sigma^2 + X^2 F^2 \sigma^2 + 2 X_s F_s S F \sigma_s \sigma_f \rho} \quad \text{------[21]}$$

[변수설명]

X_s , X_f= 현물자산과 선물자산의 단위수

S, F = 현물자산과 선물자산 1 단위당 가격 즉 단위당 현물가격과 선물가격

r_s, r_f = 현물자산과 선물자산 보유시 단위기간의 기대수익 즉 현물과 선물의 가격변화율(%)

σ_s, σ_f = 현물자산과 선물자산 보유시 단위기간의 기대수익 즉 1기간동안의 현물환율과 선물가격의 변화율(%)의 표준편차

ρ = 단위기간당 현물자산보유수익과 선물자산 보유수익간의 상관계수 즉 현물자산의 단위기간당 가격변화율간의 상관계수

Howard와 D'Antonio(1984)는 '선물계약시 소요비용이 영(zero margin requirement)'이라는 가정하에서 식을 도출하고 있다.[23] 이에 따라 헤저가 부(富)의 제약과 현물가격으로 인해 단위당 현물포지션이 고정된다면 최적수준의 X_f의 결정만이 문제로 남는다. 이를 식으로 나타내면,

$$[\text{극대화}]\ \underset{X_f}{Max}\ \frac{\overline{R_p}-i}{\sigma_p} \quad \text{------------------------------------}[22]$$

이며, 이에 식[20]과 식[21]을 대입하여 X_f에 대해 편미분하여 해(解)를 구하면 된다. 여기서 유도된 헤지비율과 헤징효과가 갖는 의미를 분석하기 위해 몇 가지 주요변수들을 정리하면 다음과 같다.

$$\Psi = \frac{F}{S} \quad \text{--}[23]$$

$$\alpha = \frac{\overline{r_f}}{\overline{r_s}-i} \quad \text{------------------------------------}[24]$$

$$\Pi = \frac{\sigma_f}{\sigma_s} \quad \text{------------------------------------}[25]$$

$$\lambda = \frac{\alpha}{\Pi} = \frac{\overline{r_f}}{\sigma_f} - \frac{\overline{r_s}-i}{\sigma_s} \quad \text{-------------------}[26]$$

이들 변수들로 표시된 최적헤지비율[HR*]과 이에 준거한 헤징효과 측정식(HE I)은 다음과 같다.

$$HR^{*} = \frac{\lambda-\rho}{\Pi\Psi(1-\lambda\rho)} \quad \text{----------------------------}[27]$$

---

23) ibid, p.105의 각주5를 참고하라.

$$\text{HE I} = \sqrt{\frac{1-2\lambda\rho+\lambda^2}{1-\rho^2}} \quad \text{-------------------------} [28]$$

이때 식[28]은 닫힌 꼴로 나타나 있으므로 적용에 유용하다고 할 수 있다.

(2) 모형의 의미

(i) λ의 의미

첫째, λ는 포트폴리오 구성시 선물포지션을 가지는 것이 유리한지 아니면 불리한지에 대한 기준을 제시한다.

둘째, λ는 선물계약시 요구증거금이 없다고 가정하고 있으므로, r_f에서 i를 공제하지 않으며, 개념은 현물포지션 보유에 대한 선물포지션 보유시의 위험단위당 초과수익률로 정의한다.

셋째, λ〈1이면, 현물포지션을 갖는 것보다 선물계약의 위험단위당 초과수익이 작으며, λ=1이면, 둘다 괜찮으며, λ〉1이년, 현물포지션 보유시보다, 선물계약이 유리하다는 것을 의미한다.

(ii) λ와 ρ 의 관계

λ와 ρ의 관계는 최적헤지비율[HR*] 즉 적정선물보유액을 결정하는 데 매우 중요하다.

첫째, λ〈ρ이면 [HR*]〈0이므로, 헤저는 선물을 매각한다(short).

둘째, λ〉ρ이면, [HR*]〉0이므로, 반대로 선물을 매입한다(long).

셋째, λ=ρ이면, [HR*]=0이므로, 헤저가 선물을 통해서는 이익을 보지 못하므로, 현물과 무위험자산 또는 둘 중 하나만으로 포트폴리오를 구성한다는 의미이다.

이것은 가격변동위험에 대한 헤지수단으로 선물을 보유하는 전략은 종래처럼 ρ(현물과 선물간 상관계수)만이 아닌 λ와 ρ 둘에 의해 결정됨을 명백하게 보여준다. 그러나 헤저는 헤지비율에 준거하여 선물포지션을 'long, 또는 short' 어느 것으로 할 것인지를 쉽게 결정할 수 있으나, λ와 ρ를 단순히 비교하여 선물을 보유하는 것은 결코 아니다.

(iii) λ, ρ와 [HE]의 관계

헤징효과[HE]는 λ와 ρ에 전적으로 달려 있다. 이들의 관계를 그림으로 나타내면 〈그림 II-5〉와 같다.

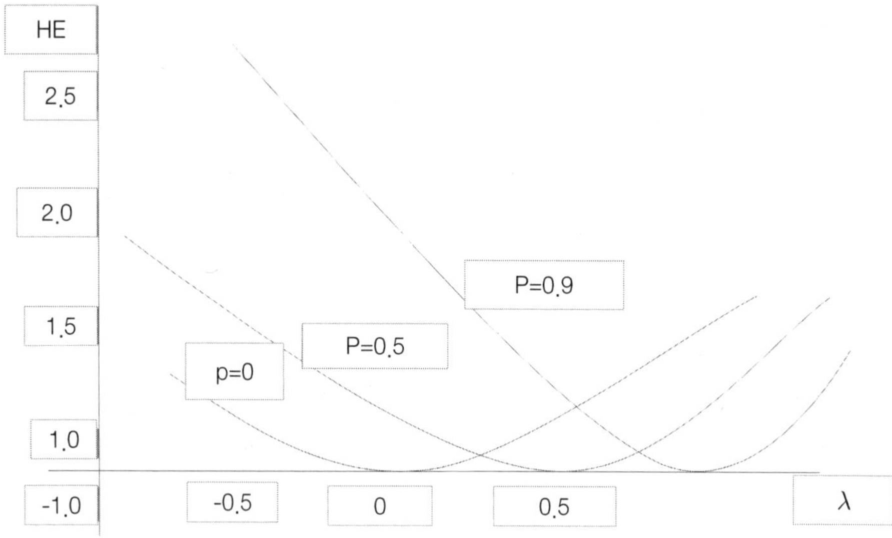

〈그림 II-5〉 λ, ρ와 [HE]의 관계

첫째, λ=ρ 이면, HE=1 이 되어 헤징으로 인한 이익은 없다. 따라서 선물계약이 수행되지 않는다.[24)]

둘째, λ≠ρ이면 항상 HE〉1이며, 헤징효과를 가져 온다. 그러나 λ〈ρ일 때는 선물매도(short)로, λ〉ρ일 때는 선물매입(long)을 통해, 헤징효과를 거둔다.

셋째, λ≠ρ이라 해도 거래비용, 세금, 변동증거금 등의 비용요인이 선물거래 이익보다 클 수도 있으므로 실제의 성과는 이를 고려하여 평가되어야 한다.

넷째, ρ가 크면 곧 HE가 크다는 전통적 헤징이론은 교차헤징(cross-hedging)이 동일하거나 유사한 상품헤지(즉 straight hedge)에 비해 열위하다고 간주하였으나. ρ가 작더라도 λ와의 거리가 멀다면 'straight hedge'보다 크진 않겠지만 상당히 효과적

---

24) 즉 ρ=1이라도 λ=ρ이면 선물보유이익이 없다는 것으로 전통적 헤징이론에서처럼 ρ가 클수록 헤징효과가 크자는 내용과는 상이하다는 데 유의적인 의의가 있다.

일 것이라는 주요한 의미를 부여하고 있다.

이 모형이 갖는 또 다른 의의는 실제로 검증하여 적용할 수 있는 '비교적 단순하고 닫힌 꼴의 모형'이므로 해(解)를 보여줄 수 있다는 점이다.

(3) Chang과 Shanker(1986, 1987)의 비판[25)]

(i) Howard와 D'Antonio(1984) 모형의 오류

Jack S.K. Chang과 Latha Shanker(1986, 1987)는 Howard와 D'Antonio(1984) 모형에서 중요한 의미를 갖고 있는 식 즉 $X^* = X_s \cdot [HR^*]$에서 최적값인 X_f가 최대치가 되기 위한 2차조건을 이의 각주에 준거하여 $[r_s - 1 > 0]$와 $[1-\lambda\rho \rangle 0]$이라고 했는데, 이는 오류라고 주장했다. 즉 이들 식은 일반적 형태가 아니라 특정한 상황에 맞게 되어 있다는 것이다.

(ii) Chang과 Shanker(1987)의 2차조건 유도

Chang과 Shanker는 식 $X^* = X_s \cdot [HR^*]$을 충족시켜 주는 2차조건은

$$\rho\frac{\overline{r_f}}{\sigma_f} < \frac{\overline{r_s} - i}{\sigma_s} \quad \text{------------------------[29]}$$

라는 것이다. 즉

첫째, 이의 최대값을 구하기 위해서는 즉 $[r_s - 1 > 0]$은 필요조건이 아니다. 그 이유는 투자자란 사전적으로 $[\overline{r_s} - 1 < 0]$이라 해도 장차 $[\tilde{r_s} - 1 > 0]$일 상황으로 연계될 수 있는 확률이 충분히 크면, 현물을 보유하고자 한다는 것이며, 이때 '충분히 크다'는 의미는 투자가의 효용함수에 준거한다.

둘째, Howard와 D'Antonio(1984) 모형을 실제 검증하기 위해서 $\tilde{r_s}$와 $\tilde{r_f}$의 확률분포를 사후자료로 구해보니, $[r_s - 1 > 0]$인 상황이 나타났다.[26)]

---

25) Chang, Jack S. & Latha Shanker(1987.9, p.375)

26) Chang, Jack S. & Latha Shanker(1987.9, p.375)의 〈표 1〉 참조할 것
예를 들면, 1983년 1월부터 1983년 11월말까지 5개 통화(영국 파운드, 캐나다 달러, 일본 엔, 스위스 프랑, 독일 마르크) 및 미국 단기 재무성증권(T-Bill)의 경우 이 기간중 5개 통화는 -

셋째, 그러므로 Θ^*값이 커질수록, 헤징효과는 커지나, $[\overline{r_s} - 1 < 0]$이면 헤징 효과는 작아진다는 의미가 되므로 이에 의한 헤징효과 측정모형은 모호한 것이라는 비판을 받을 수 있다.

(iii) Chang과 Shanker(1987)의 새로운 헤징효과 측정식 제시

이같은 오류를 해결하기 위해 Chang과 Shanker는 새로운 값을 산출할 헤징 효과 측정식(HE II)을 제시하였다.

$$\text{HE II} = \frac{\Theta^* - \Theta}{|\Theta|} = \frac{\Theta^* - \dfrac{\overline{r_s} - i}{\sigma_s}}{\left|\dfrac{\overline{r_s} - i}{\sigma_s}\right|}$$

$$= \frac{\dfrac{\overline{R_p} - i}{\sigma_p} - \dfrac{\overline{r_s} - i}{\sigma_s}}{\left|\dfrac{\overline{r_s} - i}{\sigma_s}\right|} \qquad \text{-------------------[30]}$$

첫째, 이 식이 갖는 의의는 Howrard와 D'Antonio 모형(1984)이 헤징효과 측정 시에 갖는 모호성 문제를 해결한다는 점이다. 즉 $\dfrac{\overline{r_s} - i}{\sigma_s}$의 부호(+, -)에 관계없이 Θ^*가 커지면 헤징효과(HE II)는 커진다.

둘째, Θ^*가 $\dfrac{\overline{r_s} - i}{\sigma_s}$ 보다 크면, 헤징효과(HE III)는 양(+)이 되나 역이면 음(-)이 된다는 것으로 Howard 와 D'Antonio(1984)에 의한 헤징효과 측정(HE I)[27]보

0.07%에서 -2.35%까지 부(-)의 평균수익률(가격변화율)이 발생한 반면 단기 재무성증권의 경우는 양(+)(8.75%)의 무위험이자율을 나타내었다는 점이다.

27) 이에 관한 참고문헌은 다음과 같다.

Anderson, R. W & J.P. Danthine(1980, pp.487-489)
Feder, G., R.E. Just & A. Schmitz(1980, pp.317-323)
Holthasusen, D.M.(1979, pp.989-995)
Peck, A.E.(1975, pp.410-419)

다 측정방법이 명쾌해졌다는 점에 의의가 있다.

(4) Howard 와 D'Antonio(1987)의 반박

(i) Chang과 Shanker(1987)의 헤징효과(HE II)의 부적정

Chang과 Shanker가 Howard와 D'Antonio 모형(1984)에 대해 지적한 오류내용은 옳은 것이다. 즉 첫째 사전적 기대가 $\overline{r_s} - i < 0$이더라도 장차 $\tilde{r_s} - i > 0$일 주관적 확률이 충분히 크면 현물을 보유한다는 사전적 의미와 둘째, Howard와 D'Antonio 모형(1984)을 사후적 자료에 적용하여 r_s와 r_f의 확률분포도출에 사용한다면 $r_s - i < 0$일 가능성이 존재한다는 사후적 해석으로 분리하여 생각한 것은 옳았으나, 구체적으로 내용을 검토해 보면 Chang과 Shanker의 헤징측정에는 한계가 있음을 알 수 있다.

(ii) 사전적 의미에 대한 해명

첫째, Chang과 Shanker(1987)의 식[29]를 변형하면 $\overline{r_f} < \frac{(\overline{r_s} - 1)\sigma_f}{\rho\sigma_s}$ 이며

$k = \frac{\sigma_f}{\rho\sigma_s}$ 이면

$$\overline{r_f} < (\overline{r_s} - i)k \quad \text{------------------------------[31]}$$

이 되며, 이때 실제로 $\sigma_f, \sigma_s, \rho > 0$ 이므로 $k > 0$이어야 한다.

둘째, 식[25]가 견지되면, Howard와 D'Antonio모형(1984)의 식 $X^* = X_s \cdot [HR^*]$에서의 헤지비율은 최적헤지비율$[HR^*]$ 즉 최적선물포지션이 될 것이나, $\overline{r_f} > (\overline{r_s} - i)$이면 이 식이 견지되지 못하여, 헤저는 현물시장외에 무위험자산과 선물자산의 포트폴리오가 현물을 포함하는 어떤 포트폴리오도 지배한다는 의미이다. 즉 이 때는 원모형이 'zero margin requiremnet'를 가정하므로 최적선물포지션

Roelfo, J.(1980, pp. 100-116)

은 무한하게 된다.

셋째, Chang과 Shanker의1 2차조건에 대한 지적은 옳았으나, 시장참가자는 위험회피적 속성이 있으므로 r_s 〈1인 상황은 별로 의미가 없으므로 1984년도 논문에서는 $\overline{r_s}-1>0$인 상황에 초점을 맞추었다고 반박했다.

(iii) 사후적 해석에 대한 반박

첫째, Chang과 Shanker는 ① 특정기간 동안 $\overline{r_s}-i$〈0 이면 [HE I]의 값은 해석이 어려울 것이라는 점 ② $\overline{r_s}-i$이 매우 작거나 영(zero)에 수렴하면 [HE]값이 매우 커진다고 지적했다.

둘째, Chang과 Shanker의 이 두가지 지적은 전부 소위 식 $X_s^*=X_s\cdot[HR^*]$의 극대화를 위한 2차조건과 직접 관련이 없다는 점이며, Chang과 Shanker의 식[24]의 헤징효과식은 첫 번째 문제는 해결하였으나, 두 번째 문제는 거론하지 못했다고 반박했다.

(iv) Howard 와 D'Antonio(1986, 1987)의 새로운 헤징효과식의 제시

이 새로운 식은 위의 두가지 문제를 모두 제거할 수 있다는 것이 그 특징이다. 이때 헤징효과(HE III)는 '단위위험당 헤징이윤'으로 정의된다.

$$\text{HE III} = \frac{i+\Theta^*\sigma_s-\overline{r_s}}{\sigma_s} = \Theta^*-\Theta \qquad \text{---------------[32]}$$

첫째, $\Theta^*>\Theta$이면, '헤지한 포트폴리오'가 '헤지를 하지 않은 현물포트폴리오'를 지배한다는 것은 분명하다.

둘째, Θ가 영(zero)에 수렴하는 경우에는 [HE I], [HE II] 모두 헤징효과 측정에 부적당하고 오직 [HE III]만이 합리적인 측정치라는 것이다. 또한 [HE II], [HE III]는 헤징효과에 대한 방향표시는 올바르게 하고 있다는 점도 지적했다.

5. 효용극대화 헤징이론

전통적 헤징이론은 위험저감, Working의 기대수익극대화 헤징이론은 기대수익극대화 등 하나의 측면만 강조했으며, 포트폴리오 헤징이론도 위험과 수익을 동시에 고려할 수 있는 원래의 '평균-분산구조이론'의 특장을 제대로 살리지 못하고, 결국 전통적 헤징이론의 목표를 사전적으로 격상시킨 위험(분산)극소화목표를 충족시키는 정도였다. 물론 이 경우 문제가 된 것은 개인의 효용함수를 헤징스케줄에 반영하는 데 실패한 데 있다. 이에 대해 Howard와 D'Antonio 등은 효용함수를 고려하지 않고서도 사전적으로 수익과 위험 모두를 고려한 바, 이것이 소위 수익-위험 헤징모형이었다. 여기서 위험과 수익을 모두 고려하면서 그 목표는 기대효용극대화에 두는 속성을 충족시켜줄 수 있는 헤징모형이 바로 효용극대화 헤징이론이다.

효용이란 정의상 기수적 효용基數的 效用과 시수적 효용序數的 效用으로 구분된다. 따라서 D. J. S. Lutledge(1972) 등의 기수적 효용극대화 헤징모형과 R.D. Nelson과 R.A. Collins(1985) 등의 서수적 효용극대화 헤징모형을 중심으로 살펴보자.

5-1. 기수적 효용극대화 헤징이론

(1) Lutledge(1972) 모형의 특징

종래 헤저의 효용함수에 기인하여 수익분포의 평균 및 분산을 이용한 헤징모형을 측정하고 이를 개발한 모형은 A.E. Peck(1975), R.W. Anderson과 J.P. Danthine(1980) 등 많이 있다. 그 중에 특히 Rutledge(1972, pp.237-256)는 헤저의 헤징전략에 대해 헤지한 포지션의 기대수익을 제약조건하에서 극대화하는 최적화문제로 파악하였다. 이때의 제약조건은 포지션의 분산으로 표시되는 위험, 보관용적 및 최소재고보유액 등을 들 수 있다. 그러므로 Rultlege 헤징모형은 수익과 위험 모두를 고려하는 모형이다. 여기서 보관용적과 편의수익 등 제약조건들을 제거하면, 효용을 극대화시켜줄 수 있는 최적화모형이 비교적 간단하게 도출될 수 있다.

(2) 모형의 유도

여기서 현물가격의 변화($\triangle S$)와 베이시스변화($\triangle B$)의 공분산을 Cov($\triangle S$, $\triangle B$), 현물보관비를 C, 현물가격변화와 베이시스변화의 평균을 $\triangle \overline{S}$, $\triangle \overline{B}$, 또 이들의 분산을 Var($\triangle S$), Var($\triangle B$)라고 하면,

첫째, 헤지를 하지 않은 포지션(X_s)은

$$X_s = \frac{Var(\triangle B)(\triangle \overline{S} - C) - Cov(\triangle B, \triangle S)(\triangle \overline{B} - C)}{Var(\triangle S)\,Var(\triangle B) - Cov(\triangle S, \triangle B)} \quad \text{----[33]}$$

이 되고,

둘째, 헤지를 한 포지션(X_f)은,

$$X_f = \frac{Cov(\triangle S, \triangle B)(\triangle \overline{S} - C) + Var(\triangle S)(\triangle \overline{B} - C)}{Var(\triangle S)\,Var(\triangle B) - Cov(\triangle S, \triangle B)} \quad \text{-------[34]}$$

이 되므로, 헤지비율[HR]은,

$$[\mathrm{HR}] = \frac{X_f}{X_s + X_f}$$

$$= \frac{Cov(\triangle S, \triangle B)(\triangle \overline{S} - C) + Var(\triangle S)(\triangle \overline{B} - C)}{(\triangle \overline{S} - C)(Var(\triangle S) + Cov(\triangle S, \triangle B) + (\triangle \overline{B} - C)(Var(\triangle S) - Cov(\triangle S, \triangle B))} \quad \text{--[35]}$$

으로 유도된다.

이때, 헤징효과[U(R_u)]는 개인의 위험회피요소를 Λ라 할 때,

$$U(R_u) = \triangle \overline{S} - [HR]\triangle \overline{B} - \Lambda(Var[\triangle S] + [HR]^2 Var[\triangle B] - 2[HR]Cov[\triangle S, \triangle B] \quad \text{--[36]}$$

이 된다.

(3) 모형의 의미와 한계

첫째, Lutlege모형의 헤지비율계산식 식[25]에서 기대베이시스의 변화가 헤징비용과 같다면 식에서 [$\Delta \overline{B}= C$]로 추정되어 HR=$\frac{Cov[\Delta S, \Delta B]}{Var[\Delta B]+Cov[\Delta S, \Delta B]}$ 가 되므로 포트폴리오 헤징모형의 헤지비율과 비교하면 선물가격변화가 아닌 베이시스변화로 정의하여 대입한 헤지비율과 비슷하다. 다만 ΔB와 ΔS의 공분산은 음(-)이므로, 이 모형은 기존의 [HR^{m}]보다 약간 크게 나타난다.

둘째, 이 모형은 편의수익제약조건이 포트폴리오를 보유하고 있는 투자자의 변함없는 '거래동기의욕'을 나타내어 주기 위해 제외되어 있다는 점이다. 이 포트폴리오는 배당과 자본이득을 획득하기에 충분한 기간을 능가하여 보유함으로써 수익을 획득한다는 것이며, 또한 헤지 만기일 이전에 포트폴리오의 판매를 하는 상업적 거래투기가 발생되지 않는다고 가정함으로써 헤지기간중에 헤지기간중의 적시성을 무시하고 있다는 점에서 이 모형에 의한 헤징효과측정의 의미가 약화될 것이다. 이러한 제약조건으로 인하여 헤징전략간에나 헤지기간간에 헤지효과를 실증적으로 비교하는 데는 매우 간편하게 이용할 수 있도록 만들어 만들어졌다는 데 그 의의가 있다.[28)]

5-2. 서수적 효용극대화 헤징이론

(i) Nelson과 Collins모형(1985)의 특징

첫째, 기존의 헤징모형들이 제각기 다른 헤지비율을 규정하고 있는 데 비해, Ray D. Nelson과 Robert A. Collins모형(1985)은 개인의 효용함수에 따라 저마다 최적헤지비율이 모두 고려될 수 있다는 점에 그 특징이 있다.

둘째, 위험과 기대수익 중 어느 한 목표를 지향하지 않고 두 가지를 결합하여 보다 나은 헤징효과를 보장하는 전략을 선택하는 단일의 척도를 개발하고자 하였으며, 포트폴리오 구성도 현물과 선물 등의 위험성자산에다 무위험자산을 포함하

Junkus, Joan C. & Cahng F. Lee(1985, pp, 207)의 각주를 참고할 것

여 3자산의 경우를 다루고자 하였다.

셋째, 무위험자산수익률과 현물-선물로 구성한 효율곡선이 접하는 점에서 가장 높은 효용을 주므로 헤지는 이 접선의 기울기 크기에 따른 서수지수(序數指數)를 의사결정기준으로 삼아야 한다는 것이다.

(ii) 모형의 의미

Nelson과 Collins는 최적화문제를 해결하는 데 있어 효율선의 기울기를 최대화할 수 있는 현물과 선물포지션을 선택하면 위험회피자로서의 헤저가 기대효용을 극대화할 수 있음을 보여 준다. 이를 위하여 J. Lintner(1965, pp.13-37)의 목표함수를 헤징에 맞게 수정하여 제시하고 있다.

$$\underset{X_s X_f}{Max.\theta} = \frac{X_s(\overline{S}-i) + X_f(\overline{F}-i)}{\sqrt{X^2 Var(S) + 2X_s X_f Cov(S,F) + X^2 Var(F)}} \quad \text{-----------[37]}$$

이 모형의 의미는

첫째, 여기서 Θ는 동일하 효율곡선위의 대안들에 대한 순위를 결정할 때 기수적이 아닌 서수적으로 효용의 서수를 정하므로, 시간에 따라 효율곡선이 가변적이어서 서로 시점에 대한 대안평가척도로는 부적합하다는 것을 인식해야 한다.

둘째, 이 모형은 동일싯점일 때 대안평가가 용이하다는 장점은 있으나 여기서 중요한 역할을 하는 무위험자산의 선택에 따른 문제가 모형의 유효성에 제약을 가한다는 것을 인식해야 한다.

5-4. 이론의 한계

효용극대화모형은 수익, 위험 어느 하나만이 아닌 두가지 모두를 고려하고 여기에 효용함수목표를 고려했다는 데 큰 의의가 있다 하겠다. 그러나 첫째 기수적 효용모형의 경우 개인의 위험회피요소(Λ) 등이 헤징효과 산정시에 내포되어 있어 실제 적용시 측정에 따른 문제가 남는다는 것 둘째, 서수적 효용모형의 경우

효율곡선이 시시각각 달라지므로 사전적 헤징 효용측정의 유효성 문제가 남고, 헤지비율이 명시되지 않아 헤지비율과 헤징효과 간의 관계가 해석이 용이하지 않다는 점 셋째, 기수적 효용모형은 무위험자산을 아예 고려하지 않았지만, 서수적 효용모형처럼 산식에 포함시켰다고 해도 이의 존재여부 및 선택에 문제의 여지가 남아 있다는 점 등이다.

7. 맺는말

선물시장과 헤징이론(모형)은 불가분의 관계가 있다. 각기 취급상품에 따라 당해 상품선물거래의 헤징전략을 위한 의사결정기준으로 보다 적합한 헤징모형들이 개발되어 왔다. 이 장에서는 기존의 헤징이론을 변천과정에 따라 체계화하고자 했다. 그중에서도 포트폴리오 헤징이론은 사실상 위험극소화에 일차적 목표가, Working의 기대수익극대화 헤징이론은 수익극대화에 일차석 목표가 주어짐으로써 두 이론이 정(These)과 반(Anti-these)의 관계를 보여주었다. 이에 대해 두가지 목표를 모두 포괄하고자 하는 합(Synthesis)으로서 수익-위험 헤징이론이 대두되어 변전되어 왔다. 이런 논지에 입각하여 제 헤징이론을 모형화하는 동시에 개별 헤징모형의 요체인 헤지비율의 산정과 헤징효과를 측정하는 식들을 유도하였다. 또한 각 모형이 갖는 준거이론과 모형의 한계까지 살펴보았다.

참고문헌

1. Chanag, Jack S.K and Latha Shanker(1986), "Hedging Effectiveness of Currency Futures", *The Journal of Futures Markets, Vol.6. No.2.* pp.289-305.
2. Chanag, Jack S.K and Latha Shanker(1987), "A Risk-Return Measure of Hedging Effectiveness: A Comment", *Journal of Financial Quantitative Analysis, Vol.22.No.3,* pp. 373-376.
3. Cicchetti, Paul, Charles Dale and Anthony J. Vignola(1981), "Usefulness of Treasury Bill Futures as Hedging Instruments", *The Journal of Futures Markets, Vol.1, No.3.* pp. 379-387.
4. Cornell, Bradford(1981), "The Relationship between Volume and Price Variability in Futures Markets", *The Journal of Futures Markets, Vol.1, No.3,* pp.303-316.
5. Cornell, Bradford(1981), "A Note on Taxes and Pricing of Treasury Bill Futures Contracts", *The Journal of Finance, Vol. XXXXIV, No.3,* pp.1169-1176.
6.Cornell, Bradford and Kenneth R. French(1983), "The Pricing of Stock Index Futures", *The Journal of Futures Markets, Vol.3.No.1,* pp.1-14.
7.Cornell, Bradford and Marc R. Reingaum(1981), "Forward and Futures Prices: Evidence from the Foreign Exchange Markets", *The Journal of Finance, Vo. XXXVI, No.2,* pp.1035-1045.
8. Dale, Charles(1981), "The Hedging Effectiveness of Currency Futures Markets", *The Journal of Futures Markets, Vol.* pp.77-88.
9. Ederington, Louis H.(1979), "The Hedging Performance of the New Futures Markets", *The Journal of Finance, Vol. XXXVI, No.1,* pp.157-170.
10. Hill, Josep Liro and Thomas Schneeweis(1983), "Hedging Performances of GNMA Futures under Rising and Falling Interest Rates", *The Journal of Futures Markets, Vol.3, No.4,* pp.403-413.
11. Hill, Josep Liro and Thomas Schneeweis(1981),"Forecasting Effectiveness of Foreign Currency Futures", *Business Economics,* pp.42-46.
12. Hill, Josep Liro and Thomas Schneeweis(1982), "A Note on the Hedging Effectiveness of Foreign Currency Futures Markets", *The Journal of Futures Markets, Vol. No.4,* pp.659-664.
13.Hill, Josep Liro and Thomas Schneeweis(1982), "The Hedging Effectiveness of Foreign Currency Futures", *The Journal of Financial Research,* pp.187-196.
14. Hill, Josep Liro and Thomas Schneeweis(1982), "Forecasting and Hedging Effectiveness of Pound and Mark Forward and Futures Markets", *Management International Review,*

Vol.22, pp. 43-52.

15. Hillard, Jimmy E.(1984), "Hedging Interest Risk with Futures Portfolio under Term Structure Effects", *The Journal of Finance, Vol.XXXIV, No.5,* pp.1547-1569.
16. Howard, Charles T.(1982), "Are T-Bill Futures Good Forecater of Interest Rates?", *The Journal of Futures Markets, Vol.1, No.4,* pp.305-315.
17. Howard, Charles T. and Louis J. D'Antonio(1984), "A Risk-Return Measure of Hedging Effectiveness", *Journal of Financial Quantitative Analysis, Vol.19, No.33,* pp.101-112.
18. Howard, Charles T. and Louis J. D'Antonio(1987), "A Risk-Return Measure of Hedging Effectiveness: A Reply", *Journal of Financial Quantitative Analysis, Vol.22, No.33,* pp.377-381.
19. Johnson, Leland L.(1960), "The Theory of Hedging and Speculation in Commodity Futures", *Review of Economic Studies, Vol. 27, No.3,* pp.139-151.
20. Johnson, L.J. and C.H. Walther(1984), "New Evidence of the Effectiveness of Portfolio Hedge in Currency Forward Markets", *Management International Review, Vo.24,* pp.15-24.
21. Junkus, Joan C. and Cheng F. Lee(1985), "Use of Three Stock Index Futures in Hedging Decisions", *The Journal of Futures Markets, Vol.5, No.2,* pp.201-222.
22. Kahl, Kandice H. and Charles E. Curties, Jr.(1986), "A Comparative Analysis of the Corn Basis in Feed Grain Deficit and Surplus Areas", *Review of Research in Futures Markets, Vol.15, No.3, CBOT,* pp.201-240.
23. Kahl, Kandice H.(1986), "A Reformation of the Portfolio Model of Hedging: Comment", *Amercian Journal of Agricultural Economics,* pp.1007-1009.
24. Kahl, Kandice H. and and William G. Tomek(1982), "Effectiveness of Hedging in Potato Futures", *The Journal of Futures Markets, Vo.5. No.1,* pp.9-18.
25. Nelson, Ray D. and Robert A. Collins(1985), "A Measure of Hedging's Performance", *The Journal of Futures Markets, Vo.5. No.1,* 45-55.
26. Peck, Anne E.(1975), "Hedging and Income Stability: Concepts, Implication, and an Example", *Journal of Agricultural Economics,* pp.410-419.
27. Peck, Anne E.(1976), "Futures Markets, Supply Response, and Price Stability", *Quarterly Journal of Economics,* pp.407-423.
28. Schneeweis, Thomas R., Joanne M. Hill and Michael G. Phillipp(1983), "Hedge Ratio Determination Based on Bond Yield Forcasts", *Review of Research in Futures Markets, Vol.2. Vo.3,* pp.338-355.
29. Scholes, Myron(1981), "The Economics of Hedging and Spreading in Futures Markets", *The Journal of Futures Markets, Vol.1. No.2.,* pp.265-286.

30. Stein Jorome L.(1961), "The Simultaneous Determination of Spot and Futures Prices", *The American Review,* pp.1012-1025.

31. Tesler, Lester G.(1968), "Futures Trading and the Storage of Cotton and Wheat", *The Journal of Political Economy, Vol. LVVI, No.3,* pp3-27.

32. Tesler, Lester G.(1981), "Margins and Futures Contracts", *The Journal of Futures Markets, Vol.1, No.2,* pp.225-253.

33. Tesler, Lester G. and Harlow N. Higinbothem(1977), "Organized Futures Markets: Cost and Benefits", *Journal of Political Economy,* pp.969-1000.

34. Wardrep, Bruce N. and James F. Buck(1982), "The Efficacy of Hedging with Financial Futures: A Historical Perspective", *The Journal of Futures Markets, Vol.2.No.3,* pp.243-254.

35. Wilson, William W.(1984), "Hedging Effectiveness of U.S. Wheat Futures Markets", *CBOT,* pp.64-87.

36. Working, Holbrook(1931), "Financial Results of Speculative Holding of Wheat", *Wheat Studies of the Food Research Institute, Vol. VIII. No.8,* pp.79-120.

37. Working, Holbrook(1949), "The Theory of Price of Storage", *American Economic Review,* pp.1254-1262.

38. Working, Holbrook(1953), "Hedging Reconsidered", *Journal of Farm Economics,* 35, pp.544-561.

39. Working, Holbrook(1953), "Futures Trading and Hedging", *The American Economic Review,* pp.314-343.

40. Working, Holbrook(1954), "Whose Markets? Evidence on Some Aspects of Futures Trading", *Journal of Marketing,* Vo.XIX. No.1, pp.1-11.

41. Working, Holbrook(1958), "A Theory of Anticipatory Prices", *American Economic Review,* pp.188-199.

42. Working, Holbrook(1960), "Price Effects of Futures Trading", *Food Research Institute Studies,* Vol. No.1, pp.45-75.

43. Working, Holbrook(1962), "New Concepts Concerning Futures and Prices", *American Economic Review,* pp.432-459.

44. Working, Holbrook(1967), "Tests of a Theory Concerning Floor on Commodity Exchange", *Food Research Institute Studies, Vol. VII,* pp.195-239.

45. Working, Holbrook(1972), "Economic Function of Futures Markets", In *Futures Trading in Livestock Origins and Concept,* edited by H. Baken, *CME,* pp.267-297.

46. Working, Holbrook(1977), "Price Effects of Scalping and Day Trading", In *Selecting Writings of Holbrook Working,* edited by Anne Peck, *CBOT,* pp.181-193.

[부록 II-1]

하우워드와 단토니오의 수익-위험헤징모형(1984)의 유도

헤져는 부富의 제약과 현물가격으로 인해 현물포지션(단위당)이 고정된다면 최적수준의 X_F 의 결정만이 남는다. 이를 식으로 나타내면

$$Max\, X_F \frac{\overline{R}p - i}{\sigma_p} \qquad \text{----- [19]}$$

이며 이에 식 [20] 과 식 [21]을 대입하여 X_F 에 대해 편미분하여 해를 구해보자.

즉,

$$\Theta = \frac{\overline{R}p - i}{\sigma_p} \qquad \text{----- [A-1]}$$

에서

$$\frac{\partial \Theta}{X_F} = \frac{\frac{\partial \overline{R}p}{\partial X_F}\sigma_P - (\overline{R}p - i)\frac{\partial \sigma_P}{\partial X_F}}{\sigma_P^2} \qquad \text{----- [A-2]}$$

이 되며, 이 식의 $\partial \overline{R}p / \partial X_F$ 값과 $\partial \sigma_p / \partial X_F$ 값을 구해야 하는 바 각각 이 값을 계산하면 다음과 같다. 즉

$$\frac{\partial \overline{R}p}{\partial X_F} = \frac{\partial}{X_F}\left[\overline{r_S} + \frac{1}{X_S S} X_F F \bar{r}_F\right] = \frac{F \cdot \bar{r}_F}{X_S \cdot S} \qquad \text{----- [A-3]}$$

$$\frac{\partial \sigma_P}{\partial X_F} = \frac{\partial}{\partial X_F}\left\{\frac{1}{X_S S}(X_S^2 S^2 \sigma_S^2 + X_F^2 F^2 \sigma_F^2 + 2X_S X_F SF \sigma_S \sigma_F \rho)^{1/2}\right\} \text{----- [A-4]}$$

여기서 $A = X_S^2 S^2 \sigma_S^2 + X_F^2 F^2 \sigma_F^2 + 2X_S X_F SF\sigma_S \sigma_F \rho$

$$\frac{\partial \sigma_P}{\partial X_F} = \frac{\partial}{\partial X_F}\left(\frac{1}{X_S S} A^{1/2}\right) = \frac{1}{2} \cdot \frac{1}{X_S S} A^{-1/2} \frac{\partial A}{\partial X_F}$$

$$= \frac{1}{2} \cdot \frac{1}{X_S S} \frac{1}{\sqrt{A}} (2X_F F^2 \sigma_F^2 + 2X_S X_F SF\sigma_S \sigma_F \rho) \qquad \text{----- [A-5]}$$

이 되는데, 식[A-3]과 식 [A-5]를 식[A-2]에 대입하면,

$$\frac{\partial \Theta}{\partial X_F} = \frac{\left[\begin{array}{l} \frac{F r_F}{X_S S} \frac{1}{X_S S} \sqrt{A} - \left(\frac{X_S S \bar{r}_S + X_F \bar{r}_F}{X_S S} - i\right) \\ \cdot \frac{1}{2} \cdot \frac{1}{X_S S} \frac{1}{A} (2X_F F^2 \sigma_F^2 + 2X_S SF\sigma_S \sigma_F \rho \end{array}\right]}{\frac{1}{X_S S^2} \cdot A}$$

$$= \frac{\left[\begin{array}{l} F \bar{r}_F \sqrt{A} - (X_S S \bar{r}_S + X_F F \bar{r}_F - X_S S i) \cdot \\ (X_F F^2 \sigma_F^2 + X_S SF\sigma_S \sigma_F) / \sqrt{A} \end{array}\right]}{A} \qquad \text{----- [A-6]}$$

이 된다. 이 식 [A-6]을 $\frac{\partial \Theta}{\partial X_F} = 0$으로 하여 A를 유도하면,

$$A = \frac{\left(XSS\bar{r}_S + X_F F\overline{r_F} - Xs\, S i\right)\left(X_F F^2 \sigma_F^2 + X_S SF\sigma_S \sigma_F \rho\right)}{F r_F}$$

$$= \left(X_S S \bar{r}_S / \bar{r}_F + X_F F - X_S S\, i / \bar{r}_F\right)\left(X_F F \sigma_F^2 + X_S S\sigma_S \sigma_F \rho\right) \qquad \text{----- [A-7]}$$

이 된다. 원래식을 A에 대입하면,

$$X_S^2 S^2 \sigma_S^2 + X_F^2 F^2 \sigma_F^2 + 2X_S X_F SF\sigma_S \sigma_F \rho$$
$$= \left(X_S S\overline{r_s} / \overline{r_F} + X_F F - X_S S\, i / \bar{r}_F\right)\left(X_F F \sigma_F^2 + X_S S\sigma_S \sigma_F \rho\right)$$

$$= X_S X_F SF\sigma_F^2 \bar{r}_S / \overline{r_F} + X_F^2 F^2 \sigma_F^2 - X_S X_F SF \sigma_F^2 \bullet i / \overline{r_F}$$

$$+ X_S^2 S^2 \sigma_s \sigma_F \bar{r}_S / \overline{r_F} + X_S X_F SF \sigma_S \sigma_F \rho - X_S^2 S^2 \sigma_S \sigma_F \rho i / \overline{r_F} \qquad \text{----- [A-8]}$$

이 된다. 이를 이항하면,

$$X_S^2 S^2 \sigma_S^2 + X_S X_F SF \sigma_S \sigma_F \rho$$
$$= X_F \left(X_S S_F \sigma_F^2 \bar{r}_S / \bar{r}_F - X_S SF \sigma_F^2 i / \bar{r}_F \right) + X_S^2 S^2 \sigma_S \sigma_F \rho$$
$$\bullet \ \bar{r}_S / \overline{r_F} - X_S^2 S^2 \sigma_S \sigma_F \rho i / \bar{r}_F \qquad \text{----- [A-9]}$$

이 된다. 이 식을 이항하면,

$$X_S X_F SF \sigma_S \sigma_F \rho - X_F \left(X_S SF \sigma_F \bar{r}_S / \bar{r}_F - X_S SF \sigma_F^2 \bullet i / \bar{r}_F \right)$$
$$= X_S^2 S^2 \left(\sigma_S \sigma_F \rho \bar{r}_S / \overline{r_F} - X_S^2 S^2 \sigma_S \sigma_F \rho i / \bar{r}_F - X_S^2 S^2 \sigma_S^2 \right) \qquad \text{----- [A-10]}$$

이 된다. 이를 정리하면,

$$X_F \sigma_F \left(X_S SF \sigma_S \rho - X_S SF \sigma_F \bar{r}_S / \bar{r}_F + X_S SF \sigma_F i / \bar{r}_F \right)$$
$$= X_S^2 S^2 \left(\sigma_S \sigma_F \rho \bar{r}_S / \overline{r_F} - \sigma_S \sigma_F \rho i / \overline{r_F} - \sigma_S^2 \right) \qquad \text{----- [A-11]}$$

이 된다.

이 식 [II-32]를 X_F 에 관한 식으로 유도하기 위해 먼저, 몇 가지 주요변수들을 정의하여 보자.

$$\Psi = F / S \qquad \text{----- [A-12]}$$

$$\alpha = \bar{r}_F / \left(\bar{r}_S - i \right) \qquad \text{----- [A-13]}$$

$$\Pi = \sigma_F / \sigma_S \qquad \text{----- [A-1]}$$

$$\lambda = \alpha / \Pi = \frac{\bar{r}_F}{\sigma_F} / \frac{\bar{r}_S - i}{\sigma_S} \qquad \text{----- [A-15]}$$

$$X_F = X_S \frac{S\,\sigma_S(\sigma_F \;\; \rho\bar{r}_S/\bar{r}_F - \sigma_F \;\; \rho i/\bar{r}_F - \sigma_S)}{\sigma_F\,(F\sigma_S \bullet \rho - F\sigma_F\,\bar{r}_S/\bar{r}_F + F\sigma_F \;\; i/\bar{r}_F)}$$

$$= X_S \frac{S\,(\sigma_F\,\rho \bullet 1/\alpha - \sigma_S)}{F(\sigma_S\,\rho - \sigma_F\,\bar{r}_S/\bar{r}_F + \sigma_F\, i/\bar{r}_F)} \bullet \frac{1}{\Pi} \qquad \text{----- [A-16]}$$

식 [A-16] 의 분모중 (•)를 변환하면,

$$(\bullet) = -\frac{1}{\alpha}(\alpha\,\sigma_S - \sigma_F\rho) = -\frac{\sigma_F}{\alpha}(\frac{\sigma_S}{\sigma_F}\alpha - \rho)$$

$$= -\frac{\sigma_F}{\alpha}(\frac{1}{\Pi}\alpha - \rho) = -\frac{\sigma_F}{\alpha}(\lambda - \rho) \qquad \text{----- [A-17]}$$

이 된다. 이를 식 [A-16] 에 대입하여 정리하면,

$$X_F = X_S \frac{S\left\{-\frac{\sigma_F}{\alpha}(\lambda - \rho)\right\}}{F\,(\sigma_S\,\rho - \sigma_F\,\bar{r}_S/\bar{r}_F + \sigma_F\, i/\bar{r}_F)} \bullet \frac{1}{\Pi}$$

(식 A-12 대입)

$$= X_S \frac{\lambda - \rho}{\Pi\Psi\left\{(-\alpha/\sigma_F) \bullet (\sigma_S\,\rho - \sigma_F\,\bar{r}_S/\bar{r}_F + \sigma_F\, i/\overline{r_F})\right\}} \qquad \text{----- [A-18]}$$

이 된다. 이 식[A-18] 의 분모중 {·}를 정리하여 변환하면,

$$\{\bullet\} = -\frac{\sigma_S}{\sigma_F} \bullet \sigma \bullet \rho + \alpha \bullet \frac{\overline{r_S}}{\overline{r_F}} - \frac{\alpha \bullet i}{\bar{r}_F}$$

$$= -\frac{\sigma_S}{\sigma_F} \bullet \alpha\,\rho + \alpha \bullet \frac{\bar{r}_S - i}{\bar{r}_F}$$

(식 A-13와 A-12 대입)

$$= 1 - \frac{1}{\Pi}\alpha \cdot \rho = \; 1 - \frac{\alpha}{\Pi} \cdot \rho$$

(식 A-15 대입)

$$= 1 - \lambda\,\rho \qquad \text{----- [A-19]}$$

이 되는 바, [A-19]를 식 [A-18] 에 대입하면

$$X_F = X_S \cdot \frac{\alpha - \rho}{\Pi\,\Psi\,(1 - \lambda\,\rho)} \qquad \text{----- [A-20]}$$

앞서 식 [A-1]을 만족시켜주는 X_F는 정의상 $X_{F} = X_S[HR^*]$이므로, 식 [A-20]은 곧

$$X_F = X_S \bullet \frac{\lambda - \rho}{\Pi\,\Psi\,(1 - \lambda\,\rho)}$$
$$= X_S[HR^*] \qquad \text{----- [A-21]}$$

이 되어 결국 최적 헤지비율(optimal hedge ratio)은

$$HR^* = \frac{\lambda - \rho}{\Pi\,\Psi\,(1 - \lambda\rho)} \qquad \text{----- [A-22]}$$

으로 산식이 유도 되었다.

한편 헤징효과(HE)는 [도 II-3]에서 보는 바 $\overline{iS}$ 의 기울기 (Θ)와 $\overline{iT}$의 기울기 (Θ^*)의 비율로 나타나내므로

$$HE = \frac{\Theta^*}{\Theta}$$

$$= \frac{(\bar{R}_P - i)/\sigma_P)}{(\bar{r}_S - i)/\sigma_S} \quad \text{----- [A-23]}$$

이 되는 바, 이를 또한 HE=B/C로 놓는다. 이때

$$B = \frac{\overline{R}_P - i}{\sigma_P} \quad \text{----- [A-24]}$$

를 구하기 위해 식 [II-20]과 식 [II-21]의 $X_{F,}\ F,\ \sigma_{F,}\ \bar{r}_F$에 대해 각 각 식 [A-21], 식 [A-12], 식[A-14], 식 [A-13]을 대입하여 정리해 보자.

여기서는 우선 $\overline{R}_P$ 와 σ_P 를 각기 계산한 연후에 식[A-24]에 대입시키기로 한다. 즉,

$$\overline{R_P} = \frac{X_S S \bar{r}_S + X_S[HR^*]\, S\Psi \bullet \alpha(\bar{r}_s - i)}{X_S S}$$

$$= \overline{r_s} + [HR^*]\Psi\alpha(\overline{r_s} - i) \quad \text{----- [A-25]}$$

$$\overline{\sigma_P} = \frac{1}{X_S S}\sqrt{X_S S^2 \sigma_s^{\ 2} + (X_s[HR^*])^2\,(S\Psi)^2 \bullet (\Pi\sigma_S)^2 + 2X_S(X_S[HR^*]) \bullet (S\Psi)\sigma_S\,(\Pi\sigma_S)\rho}$$

$$= \frac{1}{X_S S}\sqrt{X_S^{\ 2} S^2\ \sigma_S^{\ 2}\left(1 + [HR^*]^2\right)\Psi^2\ \Pi^2 + 2\,[HR^*]\,\Psi\Pi\rho}$$

$$= \sigma_S\sqrt{1 + [HR^*]^2\ \Psi^2\ \Pi^2 + 2[HR_*]\ \Psi\ \Pi\rho} \quad \text{----- [A-26]}$$

식 [A-26]과 식 [A-25]를 식 [A-24]에 대입하면,

$$B = \frac{\overline{R_P} - i}{\sigma_P} = \frac{\left\{\overline{r_s} + [HR^*]\Psi \bullet \alpha(\bar{r}_S - i)\right\} - i}{\sigma_S\sqrt{1 + [HR^*]^2\,\Psi^2\Pi^2 + 2[HR^*]\,\Psi\,\Pi\rho}}$$

$$= \frac{(r_S - i)\,(1 + [HR^*]\,\Psi\ \alpha)}{\sigma_S \sqrt{\qquad \bullet \qquad}} \qquad \text{----- [A-27]}$$

이므로, 식[A-27]을 HE=B/C에 대입하면,

$$HE = \frac{B}{C} = \frac{(r_s - i)\,(1 + [HR^*]\,\Psi\alpha)}{\sigma_S \sqrt{\qquad \bullet \qquad}} \Big/ \frac{\overline{r_S} - i}{\sigma_S}$$

$$= \frac{1 + [HR^*]\Psi\ \alpha}{\sqrt{\qquad \bullet \qquad}} \qquad \text{----- [A-28]}$$

가 되며,

HE =D/G ----- [A-29]

로 놓고, D와 G를 각각 구하여 식 [A- 29]에 대입시키고자 한다. 즉,

$$D = 1 + [HR^*]\,\Psi\,\alpha = 1 + \frac{\lambda - \rho}{\Psi\,\Pi\,(1 - \lambda\rho)} \bullet \Psi \bullet \alpha$$

$$= 1 + \frac{\lambda - \rho}{\Pi\,(1 - \lambda\rho)} \bullet \alpha$$

(식 [A-15] 대입)

$$= 1 + \frac{\lambda - \rho}{1 - \lambda\ \rho} \bullet \lambda\ = \frac{1 - \lambda\rho + \lambda^2 - \lambda\rho}{1 - \lambda\ \rho}$$

$$= \frac{1 - 2\lambda\ \rho + \lambda^2}{1 - \lambda\ \rho} \qquad \text{----- [A-30]}$$

다음,

$$G = 1 + [HR^*]^2\ \Psi^2\ \Pi^2 + 2\,[HR^*]\,\Psi\,\Pi\ \rho$$

$$= 1 + \frac{(\lambda - \rho)^2}{\Psi^2 \Pi^2 \ (1 - \lambda \rho)^2} \Psi^2 \ \Pi^2 + 2 \cdot \frac{\lambda - \rho}{\Psi \ \Pi \ (1 - \lambda \ \rho)} \cdot \Psi \Pi \rho$$

$$= 1 + \frac{(\lambda - \rho)^2}{(1 - \lambda \rho)^2} + \frac{2 \rho \ (\lambda - \rho)}{1 - \lambda \rho}$$

$$= \frac{(1 - \lambda \rho)^2 + (\lambda - \rho)^2 + 2 \rho \ (\lambda - \rho) \ (1 - \lambda \rho)}{(1 - \lambda \rho)}$$

$$= \frac{(1 - \rho^2) \ (1 - \ 2 \lambda \rho + \lambda^2)}{(1 - \lambda \rho)^2} \qquad \text{----- [A-31]}$$

이다.

그러므로 식 [A-29]를 제곱하면 $[HE]^2 = D^2 / G$이므로 D와 G대신에 식 [A-30]과 식 [A-31]을 대입하면,

$$[HE]^2 = \frac{(1 - 2 \lambda \rho + \lambda^2)^2}{(1 - \lambda \rho)^2} \quad \frac{(1 - \rho^2)(1 - 2 \lambda \rho + \lambda^2)}{(1 - \lambda \rho)^2}$$

$$= \frac{1 - 2 \lambda \rho + \lambda^2}{1 - \rho^2} \qquad \text{----- [A-32]}$$

이 되므로 최적 헤지 비율[HR^*]을 이용하여 선물거래를 한 경우의 헤징효과 [HE]는,

$$HE = \sqrt{\frac{1 - 2 \ \lambda \rho + \lambda^2}{1 - \rho^2}} \qquad \text{----- [A-33]}$$

로 유도된다.

이때 식[A-33]의 헤징효과 식은 비교적 간단하고 닫힌 꼴로 나타나 있으므로 실제 적용에 유용하게 된다.

제 3 장

환위험의 정의와 분류

| 본 장의 목표 |

1. 환위험이란 무엇인가? 기업환위험이란 무엇인가?
2. 환위험은 어떤 종류가 있는가?
3. 관리가능한 환위험과 관리불가능한 환위험을 나누어 설명하라.
4. 전통적인 환위험의 유형을 설명하라.
5. 새로이 제시된 환위험은 전통적 환위험과 어떤 차별성을 갖고 있는가?

1. 환위험의 개념

브레튼우즈체제하에서는 금태환을 전제로 한 달러본위제였다. 고정환율제도였다. 물론 고정환율제도라고 해도 특정환율을 기준으로 상하 1%범위에서 변동할 수 있도록 하였다. 다만 각국정부가 도저히 당해환율 유지가 어렵다고 판단할 경우 IMF와 협의를 통해 이 환율을 변경할 수 있었다. 물론 이럴 경우에도 환율변동으로 인한 유불리(有不利)는 발생할 수 있었다.

그러나 1971년 8월 15일 미국의 닉슨대통령이 금태환중지선언(Nixon Doctrine)을 함으로써 미국이 사실상 세계경제에 대한 국제유동성 제고노력을 포기하였다. 그동안 각국은 고정환율제에 대한 집착 때문에 각국의 인플레이션 차이만큼 해당하는 환율변동조정력을 계속 받아 옴으로써 국제수지조정압력이 누적되어 동년 12월 스미소니언협정Smithsonian Agreement을 통해 환율변동폭을 상하 4.5%로 확대하기에 이르렀으나 별 소용이 없었다. 급기야 1973년 2월 26일을 기해 변동환율제도로 변천하게 되었다.

변동환율제도는 각국이 상호간의 환율을 시시각각으로 변동하는 개별통화의 상대통화에 대한 구매력의 변동비율로 결정하는 제도이다. 고정환율제도하에서는 일정환율이 상당기간 지속되는 반면 변동환율제에서는 외환시장에서 항상 통화와 통화간의 수요와 공급원리에 의해 환율이 결정된다. 따라서 항상 환율이 변동하므로 대외거래를 확정하거나 이행하고자 하는 자는 이로 인한 거래가액의 불확정성으로 인한 환위험을 경험할 수 밖에 없게 된다.

환위험이란 무엇인가? (기업) 환위험이란 통화간 환율변동으로 야기되는 현재 및 미래의 (기업)의 경제적 가치의 변동가능성으로 정의될 수 있다. 즉 환위험의 발생은 ① 각국 통화단위의 상이와 ② 이들 통화간의 교환비율인 환율의 항상적인 변동에 기인한다.

2. 환위험을 보는 눈

환위험이란 환율이 변동함으로써 야기되는 기업의 경제적 가치의 변동가능성이다. 즉 환율변동이 기업의 외화표시항목 가치의 가변성을 의미한다. 이들 항목의 가치변동성에 대해 학자나 당사자들이 가치증감분의 인식이나 측정방법이 달라질 수 있으므로 환위험으로 산정되는 금액은 각기 상이할 수 있다.

이렇게 볼 때 환위험을 보는 관점은 회계적 관점과 경영전략적 관점으로 나눌 수 있다.

2-1. 회계적 관점

변동환율제도하에서는 외국통화표시 재무제표항목이 환율변동으로 인한 가치변동에 노출되는 대상이다. 따라서 이들에 대해 집중적으로 관리함으로써 환위험에 노출되는 항목과 금액을 최소화하자는 것이다. 이를 위해선 대차대조표와 손익계산서 상의 개별 항목에 대한 관리를 해야 한다. 또한 미래 기업의 환위험관리를 위해서는 재무상태변동표 항목의 환노출을 최소화함으로써 가능하다. 일차적으로 환율변동으로 인해 가격가변성에 노출되는 외화표시 자산, 부채 및 자본을 개별 통화별로 분리[1]하여 환노출관리를 해야 한다. 동일 외국통화인 경우에도 외화표시자산과 외화표시부채간의 노출차액을 중심으로 환위험을 산정하여야 한다.

환노출액[2]= 노출된 외화표시자산 - 노출된 외화표시부채

회계적 관점에서 보면 외화표시자산과 외화표시부채 중 어느 것이 큰가 작은가가 문제라기 보다 각기 어떤 관점에서 산정되어야 하는지가 문제가 된다. 즉 ① 외화표시자산·부채의 개별항목의 크기보다는 전체시스템상 개별항목간의 적

---

1) 미국 FASB는 SFAS No.52(1981년 12월)에서 기능통화 functional currency의 개념을 도입하고 있다.

2) 이때 노출된 외화표시자산이 노출된 외화표시부채보다 클 경우 환노출액을 long position이라하고 작을 경우 short postion, 같을 경우 square position이라고 한다.

정 구성비율이 무엇인지가 중요하며, ② 회계적 환노출액의 크기보다 기업의 경영전략적 관점에서 당면하는 기업내 보유 실제 환노출액의 크기[3]가 더욱 중요하다고 본다.

2-2. 경영전략적 관점

환위험이란 환율변동이 기업의 현재 및 미래의 현금유출입cash flow에 미치는 영향이나 기업의 미래수익이 기대보다 클지 작을지 모르는 불확실성 즉 재무제표의 단순한 조정(항목과 금액조정 등)이 아닌 글로벌경영활동을 하는 기업의 실질현금흐름에 대한 가변성으로 정의할 수도 있다.

해외영업활동을 수행하는 기업[4]을 예를 들어 보자. 다국적기업은 본사와 해외자회사라는 독립된 실체(legal entity)와 종속된 해외지사나 해외지점 등 종속법인을 갖고 있다. 이해관계자 측면에서 보더라도 모기업과 해외자회사은 각기 상이한 이해관계를 가질 수 있어 이해관계자들간의 이해조정[5]이 필요하게 된다. 중요한 이해관계자를 중심으로 환위험에 대한 관점을 살펴 보자.

(1) 모기업 재무담당자의 관점

해외영업활동을 하고 있는 투자책임자corporate treasurer 관점에서 보자. 모기업 경영자의 목표는 해외영업활동을 포괄한 다국적기업 그룹전체의 기대수익을 극대화하는 동시에 각 사업활동시 사용하는 기능통화로 인해 야기되는 환위험가능성과 이로 인한 기대비용을 극소화시키겠다는 것이다.[6] 그러므로 해외자회사 등의

---

[3] 예를 들면 외환받을채권에 대해 상정한 대손충당금의 크기보다 실제 대손처리된 것을 제외한 크기가 중요하며, 유가증권도 시장성과 불융통성으로 구분해야 한다. 감가상각충당금은 자산가치의 공제분이지만 실제로는 사내유보되어 있으므로 실질 환노출액에 영향을 미칠 수 있다. 또한 외화표시단기부채, 유동성장기부채, 미지급법인세 등에도 이와 같은 논리가 성립된다.

[4] 다국적기업, 글로벌기업, 무역회사, 종합무역상사, Born-global ventures 등이 이에 속한다.

[5] Ian H. Giddy(1977), "Exchange Risk: Whose View?", *Financial Management, No.6.* pp. 23～33.

[6] 이에 대해 Ian H.Giddy(1977)는 위의 논문에서 환위험을 개별 통화가치변동에서 야기되는 현금흐름의 기변성이라고 정의하였다. 이때 국제현금흐름의 원천을 ① 부채, 지급채무와 받을 채권 등에서 야기되는 '계약에 의한 현금흐름contractual cash flows'과 ② 환율변동뿐 아

개별실체들의 최적화문제가 간과될 수 있다는 한계가 있다.

(2) 해외자회사 경영자의 관점

해외단위사업체로서 해외현지법인으로 해외에서 영업활동(생산과 판매 등)을 할 목적으로 설립한 해외자회자 등의 경영자의 관점에서는 개별사업단위의 경영성과와 재무상태를 극대화하기 위해 매진하는 것은 당연한 이치이다. 그러므로 이 경우 노출되는 문제는 첫째 경영자는 해외자회사의 자산, 부채와 현금흐름에만 관심을 집중한다는 점, 둘째 모기업의 개별통화별 집중관리방침과 괴리가 생길 수 있다는 점, 셋째 해외자회사 경영자의 주장대로 국가별 환노출관리가 중요한 것이 아니라 개별통화 매출관리[7]가 보다 중요하다는 논쟁대상이 될 수 있다.

어느 기업이든 주주의 입장[8]에서는 당연히 연말결산시에 자신에게 분배되는 배당 등 회계적 손익에 일차적 관심을 보일 것이며, 다음에 향후에 기업이 거둘 수 있는 기대수익에 관심을 보일 것이며, 다음에 향후의 기업이 거둘 수 있는 미래의 기대수익에 관심을 가질 것이다. 후자의 경우 투자모기업경영자의 입장과 우사한 방향으로 가게 된다.

3. 환위험의 유형

환위험이란 환율변동으로 야기되는 미래의 기업가치의 변동가능성이라 할 수 있다. 환위험을 산정하는 방법은 관점에 따라 여러 경우로 나눌 수 있다.

니라 불확실한 미래의 매가(賣價), 노무비, 수요와 공급요인 등에 의해 좌우되는 즉 매출원가에서 야기되는 기대수익인 '계약에 의거하지 않는 현금흐름 non-contractual cash flows'으로 나누어 설명한다.

7) Don S. Gull(1975), "Composite Foreign Exchange Risk", *Columbia Journal of World Business*, pp.51~69. 이에 따르면 포트폴리오이론을 개별통화별 구성에 적용하여 환위험을 최소화하는 방법론으로 제고하고 있다.

8) 이때 주주의 입장에서는 투자수익을 극대화하기 위해 ① 상이한 통화로 분산투자함으로써 환위험을 분산시키는 방법과 ② 상이한 통화에 의한 분산투자가 가능하지 않을 경우 저위험-저수익성을 가진 증권에 투자함으로써 위험을 분산시킨다.

3-1. 제 1의 견해

(1) 회계적 환위험accounting exposure

(2) 현금흐름 환위험cash flow exposure

3-2. 제 2의 견해

(1) 환산환위험

(2) 거래적 환위험

(3) 국제활성거래통화위험

(4) 국제비활성거래통화위험

(5) 약세통화위험

(6) 강세통화위험

3-3. 일반적 견해

일반적으로는 환위험을 인식하는 대상은 재무제표항목이지만 그것을 각각 어떤 경우에 어느 시점에서 어떠한 방법으로 측정하고 그 실현성여부를 결정할 것인가는 상당한 논의가 존대한다. 그러나 대개의 경우 환위험을 거래적 환위험translation exposure, 환산환위험translation exposure, 경제적 환위험economic exposure 등으로 분류한다.

(1) 거래환위험이 발생하는 경우

거래환위험이란 외화표시 무역거래를 체결한 시점과 결제시점이 다를 경우 환율변동이 두 시점간에 발생한 경우 이 환율변동으로 인하여 계약대금과 결제대금이 괴리가 생김으로써 야기되는 차액을 가리킨다. 이때에 거래통화가 자국통화인 경우에는 환율변동이 일어났다 해도 자국의 수출입업자 등이 지급하거나 영수하는 대금은 일정하므로 문제가 생기질 않는다. 단지 외국통화표시거래일 경우에는 환위험에 노출되며, 또한 환율변동으로 인해 향후의 수출입원자재가격의 변동과 공급탄력성 등으로 인하여 영향을 받는다는 것이다. 환율변동으로 발생한 거래환위험이 기업의 거래 수익과 가치변동에 미치는 영향을 거래내용별로 살펴보면 〈표III-1〉와 같다.

〈표III-1〉에서 살펴보는 바와 같이 자국통화로 거래하는 경우는 환율변동의 영향을 받지 않으므로 환위험에서 자유롭다. 또한 외화표시거래 계약시점과 결제시점이 다른 경우 계약시점은 미래환율변동에 무관하나지만 계약과 결제시점 중간에 환율변동이 생김으로써 결제시점에서 결국 외환차손익 문제가 발생했다. 그러나 한가지 지적할 것은 결제시점이 대차대조표 결산일을 초과하는 시점일 경우 결산일이전에 발생된 환율변동의 경우에는 당기의 환산환위험으로 취급해야 하지만 결산일이후 결제일간에 발생한 환율변동으로 인한 환위험은 결산일 당시에는 인식하지 못한다는 점이다.

(2) 환산환위험이 발생하는 경우

환산환위험이란 국제영업활동을 하고 있는 다국적기업 집단의 모기업 관점에서 그룹전체의 당해 회계연도의 경영성과와 재무제표를 통괄하여 기업의 이해관계자집단에게 보고할 목적으로 투자모기업과 해외자회사의 재무제표를 결산일에 연결시키려고 할 때 해외자회사의 기능통화와 투자모국통화가 상이하고 또한 이들 통화간에 형성되어 온 환율이 변동하였을 경우 이로 인한 각 재무제표항목의 가치변동을 가리킨다.

이렇게 해외자회사의 자산, 부채, 자본, 수익, 비용 등의 항목은 각기 현지국host country 통화로 표시되어 있으므로 연결재무제표consolidated financial statements를 작성하기 위해 이를 투자모국home country 통화로 전환하는 작업 말하자면 외화표시항목의 환산시 발생하는 각 항목의 가치변동을 말하는 데, 이때 환율변동으로 인하여 영향을 받는 항목의 범위를 어떻게 하는가에 따라 즉 각 항목에 대해 환율변동전의 환율(historical rate)과 환율변동후의 환율(current rate) 중 어느 것을 적용할 것인가에 따라 ① 유동성·비유동성법(Current-Non-current method) ② 화폐성·비화폐성법(Monetary-Non-monetary method) ③ 시제법(Temporal method) ④ 현행환율법(Current-Non-current method) 등 네가지로 나눈다.

이러한 외화환산방법들은 이론적·개념적으로만 주창되어진 것이 아니라 미국을 비롯한 선진국들의 기업들이 해외투자를 진행해 온 역사적 성장과정에 따라 변천되어 왔다. 여기서는 이들 각 환산방법이 환율변동에 따라 기업의 손익에 어떠한 영향을 미치는가 하는 것을 〈표III-2〉를 통해 비교하여 보자.

〈표III-1〉 거래환위험이 기업에 미치는 영향(S_0 =₩1,149.5/U$)

(현찰매도율₩1172.38/U$, 현찰매도율₩1126.62/U$)

거래계약유형 \ 환율변동방향			원화의 평가절하 (S_1 =₩1,160/£)	원화의 평가절상 (S_1 =₩1,120/£)
무역거래		한국기업이 달러로 수출대금회수시	+	-
		한국기업이 달러로 수입대금회수시	-	+
		한국기업이 달러로 수출입결제시	0	0
외화차입		한국기업이 달러로 차입한 시점(t_0)	0	0
		달러로 차입이자 자급시	-	+
		차입원금 상환시(t_n)	-	+
해외투자	해외직접투자 ($계약)	투자원금인도시	-	+
		현지로부터의 과실송금	+	-
	해외간접투자	미국기업주식 매입시(t_0)	0	0
		미국기업채 매입시(t_0)	0	0
		투자기업으로부터 배당과 이자수령시	+	-
선물환계약 (선물환율=F_n)	원화대가로 달러선물매입(매도)계약(t_0)		0	0
	위 계약완료시점 (t_n)	$S_0 > F_n > S_n$	-(+)	+(-)
		$S_0 > S_n > F_n$	+(-)	-(+)
		$F_n > S_0 > S_n$	-(+)	+(-)
		$F_n > S_n > S_0$	-(+)	+(-)
		$S_n > S_0 > F_n$	+(-)	-(+)
		$S_n > F_n > S_0$	+(-)	-(+)

㈜ 여기서 +는 외환차익, -는 외환차손, 0은 외환차손익이 없음을 의미함

〈표III-2〉 외화환산방법이 기업손익에 미치는 영향

(S_o =₩1,000/U$, S_1 =₩900/U$, 단위: 백만)

환산전의 B/S(해외자회사의 현지국통화표시 B/S)	계정과목	환율변동전·환산후 B/S	현지통화(U$)의 10% 평가절하시			
			유동성·비유동성법	화폐성·비화폐성법	시제법	현행환율법
	자산					
U$ 300	현금	₩300,000	*₩270,000*	*₩270,000*	*₩270,000*	*₩270,000*
200	매출채권	200,000	*180,000*	*180,000*	*180,000*	*180,000*
600	재고자산(시가)	600,000	*540,000*	600,000	*540,000*	*540,000*
1,500	고정자산	1,500,000	1,500,000	1,500,000	1,500,000	*1,350,000*
2,600	*자산합계*	2,600,000	2,490,000	2,550,000	2,490,000	2,340,000
	부채·자본					
U$ 500	단기부채	₩500,000	*₩450,000*	*₩450,000*	*₩450,000*	*₩450,000*
1,000	장기부채	1,000,000	1,000,000	*900,000*	*900,000*	*900,000*
1,100	자본	1,100,000	1,040,000	1,200,000	1,140,000	900,000
2,600	*총자본합계*	2,600,000	2,490,000	2,550,000	2,490,000	2,300,000
	*환산손익	0	*₩(60,000)*	*₩100,000*	*₩40,000*	*₩(110,000)*

(3) 경제적(영업) 환위험이 발생하는 경우

경제적 환위험이란 환율변동으로 야기되는 현재 및 미래의 기업의 경제적 가치와 기업의 미래 이윤창출능력 현금흐름에 미치는 영향을 말한다.

기업의 경제적 가치나 미래의 이윤창출능력 현금흐름의 측정방법에 현가법(net present value: NPV)을 적용하여 보자. t시점에 실제 수익 즉 현금유입액(cash inflows:CIF)과 이를 산출하기 위해 투입된 t시점의 실제 비용 즉 현금유출액(cash outflows:COF)의 차액을 투자손익 즉 순현금흐름(net cash flows)라고 하자. 해외에 투자되고, 해외로부터 유입되는 수익이므로 현지통화local currency로 표시되어 있을 것인 바, t_n시점 환율로 자국통화로 환산하고, 이를 할인discount rate하여 t_0시점의 경제적 가치인 순현가(NPV)로 산정할 수 있다. 즉 t_0시점에서 t_n시점까지의 다국적기업의 순현가를 식으로 나타내면 다음과 같다.

$$NPV_o = \sum_{t=0}^{n} \frac{\widetilde{CIF} - \widetilde{COF}}{(1+r)^t} \cdot S_t \quad \text{------------------(a)}$$

단, NPV: 자국통화(모국통화) 표시 순현가

$\widetilde{CIF_t}(\widetilde{COF_t})$: t시점에서의 현지통화표시 기대현금유입(출)액

S_t: 현지통화 1단위당 자국(모국)통화 표시 환율

r : 할인율(해외자회사에 투자한 대가로 획득하는 모기업의 수익률)

n: 현금흐름이 종료될 것으로 기대되는 시점

① 현금유입 측면(기업총수익의 영향)

환율변동으로 야기되는 미래의 기대현금유입액($\widetilde{CIF}$)에 영향을 미침으로써 기업의 경제적 가치의 변동을 가져오는 흐름의 합계를 NPV_afk 하면 다음과 같이 나타낼 수 있다.

$$NPV_a = \frac{\widetilde{CIF_0}}{(1+r)^0}S_0 + \frac{\widetilde{CIF_1}}{(1+r)^1}S_1 + \cdot\cdot\cdot\cdot + \frac{\widetilde{CIF_n}}{(1+r)^n}S_n \qquad \text{-----------(b)}$$

$$= \sum_{t=0}^{n} \frac{\widetilde{CIF_t}}{(1+r)^t}S_t$$

이 (b)식은 (a)식의 경제적 가치 측정에 적극적인 부분으로 참여하는 것으로서 말하자면 기업의 수익에 영향을 미치는 측면이다. 따라서 기업의 수익에 영향을 미치는 변수를 규명해 보아야 한다.

(i) 시장의 규모가 미치는 영향

현지통화(수입국통화)의 평가절상이나 평가절하로 인하여 현지시장의 규모(크기)가 환율변동전에 비하여 변화함으로써 NPV_a에 영향을 미치게 된다.

(ii) 시장점유율이 미치는 영향

모기업의 해외자회사와 수출업체가 환율변동전에 보유한 현지시장점유율이 환율변동으로 인하여 변화함으로써 NPV_a에 영향을 미치게 된다.

투자모기업이나 수출기업의 경우 총수익에 미치는 영향을 분석하기 위해 환

율변동시 예상되는 수요의 가격탄력성 측정과 공급의 가격탄력성 문제를 해결해야 한다.

② 현금유출 측면(기업 총투자비용의 영향)

환율변동으로 인하여 미래의 기대현금유출액(COF)에 영향을 미침으로써 기업의 경제적 가치에 변화를 가져오는 현금흐름의 합계를 NPV_b라고 하면 다음과 같이 나타낼 수 있다.

$$NPV_b = \frac{\widetilde{COF_0}}{(1+r)^0} \cdot S_0 + \frac{\widetilde{COF_1}}{(1+)^1} \cdot S_1 \quad \cdot \cdot \cdot \quad \frac{\widetilde{COF_n}}{(1+r)^n} \cdot S_n$$

$$= \sum_{t=0}^{n} \frac{\widetilde{COF_t}}{(1+r)^t} \cdot S_t \qquad \text{------------}(c)$$

이 (c)식은 식(a)의 경제적 가치 측정에 소극적인 부분으로 참여하는 것으로써, 기업의 (투자)비용에 영향을 미치는 측면이다. 따라서 기업의 비용에 영향을 미칠 수 있는 변수(매출원가요소)를 중심으로 분석해 보아야 한다.

비용의 주된 부분은 매출원가이며 매출원가는 재료비, 노무비와 경비 등으로 구성된다.

(i) 재료비에 미치는 영향

해외자회사의 경우 원자래를 현지조달하느냐 또는 외국에서 수입할 것인가 아니면 모국에서 가져갈 것인가에 따라 환율변동으로 인한 영향을 측정하는 것이 달라진다. 수출기업의 경우 수입원자재냐 국산원자재이냐에 따라 현금유출에 미치는 영향이 다르다.

(ii) 노무비에 미치는 영향

해외자회사의 경우 현지근로자와 제3국 근로자와 모국기술자와 관리자의 임금지급비율이 어떤가에 따라 영향이 다르다. 수출기업의 경우 큰 문제는 없으나 외국고용 기술자의 봉급지급액이 영향을 받는다. 환율변동으로 인한 국내인플레이션으로 노무비 상승압박을 어느 정도 산정해야 할 것인가 측정해야 한다.

(iii) 경비에 미치는 영향

이때 경비를 어떻게 정의하느냐에 따라 환율변동으로 인한 경제적 가치의 변화를 달리 인식할 수 있다. 예를 들어 해외자회사가 현지조달local borrowing을 하여 운전자본에 충당했을 경우 이 차입자금의 만기는 언제인가 또는 다국적기업이나 수출업체의 경우 해외 금융기관이나 현지에서 외화차입으로 자금 조달을 하느냐 또는 국내금융기관으로부터 자금조달을 했느냐에 따라 달리 인식해야 한다.

③ 경제적 가치의 측정

위를 종합하면 (b)식과 (c)식으로 식(a)를 유도하면 다음과 같다.

$$
\begin{aligned}
NPV_0 &= NPV_a - NPV_b \\
&= \sum_{t=0}^{n} \frac{\widetilde{CIF_t}}{(1+r)^t} \cdot S_t - \sum_{t=0}^{n} \frac{\widetilde{COF_t}}{(1+r)^t} \cdot S_t \\
&= \sum_{t=0}^{n} \frac{\widetilde{CIF_t} - \widetilde{COF_t}}{(1+r)^t} \cdot S_t \qquad -------- (a)
\end{aligned}
$$

어쨌든 환율변동으로 인한 다국적기업의 경제적 가치의 측정시 ⓐ 수요와 공급탄력성에 따른 영향을 먼저 살펴야 하며 ⓑ 다음, 이로 인한 현지국의 가격통제 등의 정책으로 얼마나 영향을 받는지 ⓒ 마지막으로 환율변동으로 인한 경제적 가치의 변동을 측정할 수 있을 경우, 이에 따른 경제적 가치를 높이기 위해 기업의 경영전략은 어떻게 수립할 것인가에 대한 방찬을 제시할 수 있어야 한다.

④ 경제적 환위험의 가상 예제

판매시장과 매출원가의 구성항목이 다른 8개의 유형[9]의 한국 모기업을 상정하였다. 각 기업의 판매지역이 해외시장이냐 국내시장이냐, 원자재구매지역이 해외현지이냐 국내시장이냐, 자금조달원천이 해외현지(예: 미국)이나 국내(한국)이냐에

---

9) 이런 분석방법에 대한 첫 창안자는 민상기교수(서울대 명예교수)이다.

따라 환율변동으로 인해 수익 및 비용항목이 영향을 받는 기업의 유형은 8가지로 도출된다. 현재시점(t_o)에서의 환율 즉 환율변동전의 환율이 ₩1,000/U$ 이고 환율변동후의 원달러환율이 ₩1,100/U$라고 하자.

모국통화가 현지통화에 비해 평가절하하는 경우, 가장 불리한 이익구조를 갖는 기업은 A형기업이다. 원화가 달러에 비해 평가절하되어 100% 해외에서 달러표시로 수입하고 있고, 자금도 국제금융시장에서 달러로 조달하고 있으므로 A형기업은 매출원가가 1,005원이 소요된다. 그럼에도 불구하고, 생산된 제품은 국내시장에 출하하고 있고 원자재 가격인상에 대한 환율변동분을 판매가격에 반영하지 않고 여전히 1,000원에 판다면, 오히려 개당 5원씩의 순손실이 발생하게 되어 가장 불리한 수익구조를 가진 기업이 된나는 의미이다.

달러대비 원화평가절하가 단기는 물론 중장기에도 지속될 것으로 예상된다면, A형기업은 도대체 어떻게 해야 할 것인가? 그것은 세가지 방법이 존재한다.

첫째, 수입원자재를 국산원자재로 대체하여 원자재의 국산화율을 높이는 방법이다. 100% 국산화가 이루어진다면, 비록 수입원자재와 가격이 등가(等價)라고 하더라도, C형기업으로 전환된다. 그리하면 영업손실에 시달리는 구조적인 적자기업에서 탈피하고, 개당 45원씩의 이익을 남기게 되어 한계기업에서 벗어나게 된다.

둘째, 해외에서 차입하였기에 외화로 금융이자를 지급할 때 원화의 평가절하로 인한 손실이 가중되었으므로, 외화차입액을 상환하고 이를 국내 금융기관에서 동일금리조건으로 조달하는 통화스왑을 성공적으로 마무리할 경우, 영업손실이 발생하는 최악의 사태는 면할 수 있게 된다. 그렇다고 해서 초과이익은 창출되지 않지만, 정상이윤은 누릴 수 있게 된다. 원가구조를 바꾸거나, 수입선을 다변화하거나, 판매시장을 다각화하는 경영전략을 활용하지 않고서도 가능한 경영관리의 성과라고 할 수도 있다. 이 유형은 B형기업이 된다.

셋째, 시간이 다소 소요될 지라도, 지금까지 국내시장에 출하하면서 쌓아온 제품의 신뢰와 기술축적을 바탕으로 전세계 해외시장을 대상으로 모든 네트워크를 가동하여, 해외시장에 판로를 개척하는 전략을 선택한다. 판매시장을 국내로부터 해외로 100%전환할 경우, 이 기업은 E형이 된다. 성공할 경우, 한계기업에서 탈피함은 물론 개당 95원씩의 순이익을 창출하여 매우 수익구조가 양호한 기업으로 전환된다.

마지막으로 수입원자재도 국산원자재로 100%국산화하고, 해외차입도 국내차입으로 성공적으로 통화스왑을 이루는 한편 해외시장에 올인all-in 하여 국제기업으로 재탄생하는 경우, H형기업으로 환골탈태(換骨奪胎)함으로써 가장 경쟁력있는 글로벌 (강소)기업이 되는 것이다. 환율 변동이 기업의 경영전략을 새로이 재편할 수 있으며, 글로벌시대의 기업은 환율변동으로 인한 환위험을 지혜롭게 활용하는 긍정적인 전략적 선택이 요구된다고 본다.

〈표III-3〉 경제적 환위험이 기업유형별 미래현금흐름에 미치는 영향

	기업의 유형		A형	B형	C형	D형	E형	F형	G형	H형
	판매시장		국내	국내	국내	국내	해외	해외	해외	해외
	매출원가	재료비	수입	수입	국내	국내	수입	수입	국내	국내
		노무비	내국인	내국인	내국인	내국인	내국인	내국인	내국인	내국인
		금융이자	외화차입	국내	외화차입	국내	외화차입	국내	외화차입	국내
환율변동전 (₩1000/U$)	매출액		1000원	1000원	1000원	1000원	1달러	I달러	1달러	1달러
	매출원가	재료비	50센트	50센트	500원	500원	50센트	50센트	500원	500원
		노무비	400원	400원	400원	400원	400원	400원	400원	400원
		금융이자	5센트	50원	5센트	50원	5센트	50원	5센트	50원
	순손익		50원	50원	50원	50원	50원	50원	50원	50원
모국(자국)통화 평가절하 (10%)	매출액		1000원	1000원	1000원	1000원	1100원	1100원	1100원	1100원
	매출원가	재료비	550원	550원	500원	500원	550원	550원	500원	500원
		노무비	400원	400원	400원	400원	400원	400원	400원	400원
		금융이자	55원	50원	55원	50원	55원	50원	55원	50원
	순손익		-5원	0원	45원	50원	95원	100원	145원	150원
경제적 환위험 효과			제일 불량	불량	불량	영향 없음	양호	양호	양호	제일 양호

3-4. 환위험유형에 대한 제언

환위험이 발생하는 경우, 그 분류에 대한 견해는 다양하다. 그러나 통상적으로는 거래환위험, 환산환위험가 경제적 환위험 세가지이다. 이들은 환위험의 본질상 다음과 같이 구별된다.

첫째, 거래환위험은 외화표시의 이행, 환산환위험은 해외자회사와 연결재무제표의 작성시에 각기 발생되나, 경제적 환위험은 해외자회사, 수출업체와 국내판매업체(수입원자재사용)에도 발생된다.

둘째, 거래환위험과 환산환위험은 정태적 및 인위적 환위험인 데 비해 경제적 환위험은 동태적 환위험이다.

여기서 거래적 환위험은 계약시점과 결제시점간에 환율이 변동했다는 것이지, 결제일이저네 결제일이 도래된 것만을 대상으로 하는 것은 아니다. 따라서 거래환위험은 장부상 기재된 것과 장부에 미기재된 것 두 종류가 존재한다. 이를 종합하면 〈제 1의 견해〉처럼 환위험은 크게 2유형으로 회계적 환위험과 경제적 환위험으로 대별할 수 있다. 이 두 종류 환위험은 집합공간에서 서로 보집한과계가 아니라 경제적 환위험이 회계적 환위험acconting exposure[10]을 포함하고 있다. 즉

첫째, 회계적 환위험은 당해 회계연도 등 단위기간uni-period적인 데 비해, 경제적 환위험은 다기간multi-period적이다.

둘째, 회계적 환위험은 회계원칙에 입각하여 일정시점(예: 결산일)을 기준으로 산정되는 데 비해, 경제적 환위험은 기간적인 개념으로 측정된 현금흐름cash flows으로 파악되어야 한다.

셋째, 이미 논의한 것처럼 회계적 환위험과 경제적 환위험은 별개의 것이 아니라, 경제적 환위험이 회계적 환위험을 포괄한다.

4. 학자들이 분류한 환위험의 유형

4-1. 환위험의 유형

수출입, 해외직접투자, 외국인투자, 전략적 제휴, 합작투자, 기술도입과 이전 등 국제경영활동을 수행하는 무역업체와 글로벌기업 등이 모기업과 해외현지법인이 경험하는 환위험의 유형을 학자별로 정리하여 보자.

(1) Robert K. Ankrom(1974)

① 경제적 환노출economic exposure

---

10) 거래환위험과 환산환위험은 당해 회계연도를 기간으로 발생하는 환위험을 측정하므로 회계적 환위험에 포괄된다.

ⓐ 환산환노출translation exposure

ⓑ 거래적 환노출transaction exposure

(2) Andreas R. Prindle(1976)

① 회계적 환노출accounting exposure

ⓐ 미실현 손익unrealized gain or loss

ⓑ 실현 손익realized gain or loss

② 경제적 환노출economic exposure

(3) Ian H. Giddy(1977)

① 회계적 환노출accounting exposure

② 경제적 환노출economic exposure

ⓐ 계약적 현금흐름contractual cash flows

ⓑ 비계약적 현금흐름non-contractual cash flows

(4) Laurant L. Jaque(1979)

① 회계적 환노출accounting exposure

ⓐ 환산환노출translation exposure

ⓑ 거래적 환노출transaction exposure

② 경제적 환노출economic exposure

(5) MacRae, T.W. & D.P.Walker(1980)

① 회계적(환산)환노출accounting (translation) exposure

- 외화표시 자산과 외화표시부채의 소유비율만큼의 환노출에 기인한 환위험

② 거래적 환노출transaction exposure

- 외화표시거래로 잉태된 환노출에 기인한 환위험

③ 경제적 환노출(현금흐름환노출)economic(cash flow) exposure

(6) Class Whilborg & Richard M. Levich(1980)

① 회계적 환노출accounting exposure

ⓐ 환산환노출translation exposure

ⓑ 거래환노출transaction exposure

② 경제적 환노출economic exposure

(7) Adler, Michael & Bernard Dumas(1981)

① 회계적 환노출eccounting exposure

② 경제적 환노출economic exposure

(8) Eiteman, David K. & Arthur I. Stonehill(1982)

① 환산환노출translation exposure

② 거래환노출transaction exposure

③ 경제적 환노출economic exposure

(9) Alan C. Shapiro(1982)

① 회계적(환산) 환노출accounting(translation) exposure

② 경제적 환노출economic exposure

ⓐ 거래적 환노출transaction exposure

ⓑ 실질 환노출real exposure

(10) Levi(1983)

① 외화표시자산부채 잔액환노출exposure on existing foreign assets/liabilities

ⓐ 환산환위험translation risk

ⓑ 거래적 환위험transaction risk

② 미래소득 환노출(경제적 환위험)exposure on future income(economic risk)

(11) Rodriguez, Rita M. & Eugene Carter(1984)

① 환산환노출translation exposure

② 거래적 환노출transaction exposure

③ 경제적 환노출economic exposure

(12) Lessard, Donald R.(1985)

① 회계적 환노출accounting exposure

ⓐ 환산환노출translation exposure

ⓑ 거래적 환노출transaction exposure

② 경제적 환노출(영업환노출)economic exposure(operating exposure)

(13) 조대우(1985)[11]

기업이 봉착하는 환위험은 의외로 중요하고 막대한 손익을 가져오는 경우가 많다. 그럼에도 불구하고 종래의 전통적 분류에 의한 환노출에 입각하여 환위험관리를 수행할 경우, 관리대상에서 제외되거나, 정교한 관리가 요구되는 데도 불구하고 경제적 환위험으로 분류되어 관리를 소홀히 함으로써 기업의 경제적 가치에 유의적인 영향을 미칠 수 있다. 조대우(1985)는 이에 착안하여 환위험은 언제 인식되어야 하는가(환위험 인식시점, when to recognize)와 환율변동으로 인해 노출된 환위험관리대상이 무엇인지(환노출 측정대상, what to measure)을 기준으로 5가지의 환위험 유형을 제시하였다. 이 분류에 의하면 전통적인 환위험인 거래적 환위험, 환산환위험과 경제적 환위험이 모두 포함되면서도, 아직 미발굴되어 환위험관리 대상이 되지 못하여 온 2가지의 환위험을 새로이 제시하였다. 실증검증을 통해 이들의 존재를 확인하고자 했다.[12]

① 현재확정환위험(회계적 환위험, A형)

ⓐ 현재실현환위험(거래적 환위험, A-1형)

---

11) Cho, Dae-Woo(1985), "The Classification and Nature of Foreign Exchange Risk", 「경상논집」, 제7권, 제1호, 충남대학교 경영경제연구소, p.10.

12) 조대우, "한국기업의 환위험관리 통괄모델 설정에 관한 연구", 「경영논집」, 제 1권, 충남대학교 경영경제연구소, p.291-345.

ⓑ 현재미실현환위험(환산환위험, A-2형)

② 현재미확정환위험(B 형)

③ 미래확정환위험(C형)

④ 미래미확정환위험((협의의) 환위험, 경제적 환위험, D형)

⑤ (광의의) 환위험(E형)

조대우(1985)의 새로운 환위험분류에 의해 기존 학자들의 환위험관련 이론적 설명력을 비교해 보면 〈표III-4〉와 같다.

〈표III-4〉 조대우 분류에 따른 기존 학자들의 환위험 분류 설명력[13)]

환노출 유형 / 학자	A형		B형	C형	D형	E형
	A-1형	A-2형				
Ankrom, Robert K.(1974)		o			o	△
Prindle, Andreas R.(1976)	o	o	△		o	
Giddy, Ian H.(1977)	o	o	△		o	
George, Abraham(1978)		o			o	△
Jaque, Laurant L.(1979)	o	o			o	
McRae, T.W. & D.P.Walker(1980)	o	o	△		o	△
Wihlborg, Class & Richard M. Levich (1980)	o	o	△		o	
Adler, Michael & Bernard Dumas(1981)	o	o	△		o	
Eiteman, David K. & Athur I. Stonehill(1982)	o	o	△		o	
Shapiro, Alan C.(1982)	o	o	o		o	
Levi(1983)	o	o	△		o	
Rodriguez, Rita M. & Eugene Carter(1984)	o	o	△		o	
Lessard, Donald R.(1985)	o	o	o		o	∆
조대우(1985)	o	o	o	o	o	o

(각주) o은 해당 환위험 유형을 잘 설명하는 경우
△나 ∆은 당해 환위험 유형을 부분적으로 설명하고 있는 경우
C형 환위험과 같이 공란인 경우에는 기존 학자들이 당해 환위험의 존재를 간과하고 있거나 아직 인식하지 못하고 있는 경우

13) 조대우(1985), ibid, pp.148.

(14) 조대우(1994)[14]

조대우(1994)는 조대우(1985)에서 새로이 제시하였던 환위험의 정의와 분류가 합리적인 논거와 실증적 검증에 의해 증명이 되었는지 지난 9년간 세차례에 걸쳐 확인하였다. 이와 동시에 개념적 정의로 부여하였던 환위험의 유형별로 적합한 이름을 명명하였다. 예를 들어 B형 환위험인 현재미확정환위험은 무역환위험(foreign trading risk, 또는 counter offer risk), C형환위험인 미래확정환위험은 프로젝트 환위험(project risk 또는 revolving risk)으로 새로운 이름을 부여했다. 미래미확정환위험인 D형 환위험은 순수하게 (협의의) 경제적 환위험으로 남아 진정한 기업경영자의 전략적 판단과 전문적 경험과 경륜에 의해 맡겨 두게 되었다. 이렇게 새로이 정리한 환위험 분류를 제시하면 다음과 같다.

① 회계적 환위험accounting risk
 ⓐ 거래적 환위험transaction risk
 ⓑ 환산환위험translation risk
② 무역환위험foreign trading risk, counter offer risk
③ 프로젝트 환위험project risk, revolving risk
④ (협의의)경제적 환위험pure economic risk
⑤ (광의의)경제적 환위험economic risk

---

14) 조대우(1994), "우리 나라 제조기업의 환위험관리 특성 분석", 「경영논집」 제 X권 제2호, 충남대학교 경영경제연구소. 이는 조대우가 1994년도 한국국제경영학회 춘계학술발표대회에서 발표된 내용을 토대로 수정·보완한 것이다.

참고문헌

1. Adler, Michael and Bernard Dumas(1981), "Should Exposure Management Depend on Translation Accounting Methods?", *Euromoney*.
2. Aliber, Robert Z. and Clyde P. Stickney(1975), "Accounting Measure of Foreign Exchange Exposure: The Long and Short of It", *Accounting Review*.
3. Ankrom, Robert K.(1974), "Top-Level Approach to the Foreign Exchange Problem", *Harvard Business Review*.
4. Antl, Borris(1979), "Measuring Foreign Exchange Risk", *Foreign Exchange Management*, Euromoney Publication.
5. Carter, E. Eugene and Rita M. Rodriguez(1978), "What 40 US Multinationals Think", *Euromoney*.
6. Davis, Henry A. and Frederick C. Militello, Jr(1995), *Foreign Exchange Risk Management: A Survey of Corporate Practices*, Financial Executive Research Foundation.
7. Frizsimoms, Robert B.(1979), "Exposure Management is Too Important to be Left to the Treasure", *Euromoney*.
8. Frankel, Jefferey A.(1979), "The Diversifiability of Exchange Risk", *Journal of International Economics*.
9. Giddy Ian H.(1976), "An Integrated Theory of Foreign Exchange Equilibrium", *Journal of Financial and Quantitative Analysis*.
10. Gull, Don S.(1975), "Composite Foreign Exchange Risk", *Columbia Journal of World Business*.
11. Heckerman, Donald(1972), "Translating Foreign Currencies", *Harvard Business Review*.
12. Henry, Robert J.E. and Antl Borris(1979), "Exposure in a Dynamic Environment", *Euromoney*.
13. Jacobs, Rodney L.(1982), "The Effect of Errors in Variables on Tests for a Risk Premium in Forward Exchange Rates", *The Journal of Finance*.
14. Lessard, Donald R.(1985), *International Financial Management: Theory and Application*, 2nd, John Wiley & Sons.
15. Makin, John H.(1978), "Portfolio Theory and the Problem of Foreign Exchange Risk", *The Journal of Finance*.
16. Meierjoham, Friedrich W.(1978), "First Identify Your Exposure", *Euromoney*.
17. Remey, Claude(1977), "Sophisticated Management Can Minimize Exchange Risk", *Euromoney*.

18. Ruediger, Naumanne-Etienne(1977), "Exchange Risk in Foreign Operations of Multinational Corporations", *Unpublished Ph.D. Dissertation*, University of Michigan.
19. Shapiro, Alan C.(1975), "Defining Exchange Risk", *The Journal of Finance.*
20. Shapiro, Alan C.(1975), "Exchange Rate Changes, Inflation and the Value of the MNC', *The Journal of Finance.*
21. Srinivasulu, Seetharalla(1983), "Foreign Exchange Risk Management in Multinational Corpoations: An Integrated Approach. *Unpublished Ph.D. Dissertation*, University of Michigan.
22. Tran, Vinh Quang(1978), "Foreign Exchange Management in Multinational Firms", *Unpublished Ph.D. Dissertation*, University of Michigan, UMI.
23. Wihlborg, Class and Richard M. Levich(1980). *Exchange Risk and Exposure*, D.C. Heath: Lexington Books.
24. Wyploz, C. A.(1983), "The Exchange and Interest Rate Term Structure under Risk Aversion and Rational Expectations", *Journal of International Economics, Vol. 14.*

제 4 장

한국기업의 환위험관리: 1980년대

| 본 장의 목표 |

1. 1980년대 당시 한국기업이 경험하던 환노출 대상의 원천거래는 무엇인가?
2. 환위험에 노출되는 거래들을 담당하는 부서들은 어떤 곳이었나?
3. 다양한 환위험에 대해 기업의 오너, CEO, 관리담당자들의 인식은 어느 정도였나?
4. 한국의 금융기관(시중은행과 지방은행)의 인식수준은 어떠했나?
5. 한국의 제조기업(대기업과 중소기업)의 인식수준은 어떠했나?
6. 한국의 무역회사(종합무역상사와 일반무역회사)의 인식수준은 어떠했나?
7. 금융기관, 제조기업, 무역회사 등 업종별로 환위험관리에 대한 인식수준이 다른가?
8. 업종별, 규모별로 환위험 인식수준과 선호하는 환위험관리전략이 다른가?

1. 머리말

1980년 1월 12일자로 종래의 달러연계제도에서 탈피하여 복수통화환율제도를 선택하였다. 당일 대미 한국은행집중기준율을 달러당 484원에서 580원으로 19.33% 만큼 원화의 대폭적인 평가절하조치를 단행했다. 환율제도 변경이유는 달러라는 단일통화연계제도가 갖고 있는 결점을 보완하고 원화의 국제경쟁력을 잘 반영할 수 있도록 하자는 데 있었다.

첫째, 달러연계제도하에서는 달러와 원화가 고정됨으로써 달러화의 가치변동은 곧 자동적으로 여타통화에 대한 원화가치를 변동시킴으로써 원화의 달러에 대한 국제경쟁력 괴리에 따른 대내경제정책의 효율적 수행에 저해요인이 되었다는 점이다.

둘째, 달러연계제로 인한 환율변동의 경직성과 누적된 환율변동요인[1]으로 인해 대폭적인 환율변동이 불가피하게 되어 대내경제에 미치는 환율변동영향을 분산시키고자 하였다.

따라서 복수통화연계제도는 SDR 연계제도와 한국의 독자적인 통화바스켓방식을 복합한 환율제도였다. SDR연계제도가 세계의 무역추세를 잘 반영하여 그 역할이 증대되고 있었으나, 한국의 무역구조를 대변하는 데 한계가 있으므로 SDR연계제도의 장점과 당시 한국 실정을 반영하는 주요교약대상국의 무역량을 가중한 고유의 통화바스켓의 장점을 복합하여 아래와 같이 한국형 복수통화연계제도를 구축하였다.

$$\text{기준환율} = \alpha \cdot \text{SDR바스켓} + \beta \cdot \text{한국고유바스켓} + \gamma \quad (\text{단}, \alpha+\beta=1)$$

즉 기준환율은 SDR율로써 달러 교차환율을 산정하고 한국의 독자적인 바시켓 환율을 산출하여 각기 α, β 의 가중치를 곱하여 구한다. 다만 필요하다고 판단될 경우 γ라는 실제시세반영치가 가감될 수 있다.

---

1) 예를 들면 각국의 인플레이션 차이로 인한 통화의 구매력 변화 등

당시 한국의 환율제도는 3단계에 걸쳐 진화되어 왔다. 1단계는 1945년 해방 이후 1973년 3월까지의 고정환율제도, 2단계로 1973년 3월 이후 1980년 2월까지의 미국달러 연계제도를 거쳐 3단계인 복수통화환율제도가 1980년 3월부터 수행되고 있었다.

[1 단계 : 고정환율제도 시기: 1945.8.~1964.4.]

당시 미국달러는 다른 통화와 고정되는 금환본위제도였고, 원화는 미국 달러에 고정되어 있었기에 결국 원화는 외국통화와 고정환율로 연결되어 있었다. 당시 한국의 대외교역량과 대외거래가 크지 않았으나, 미국은 만성적인 국제수지 적자가 누적되던 시기였다. 그러나 달러의 금태환성 문제가 노출되지는 않던 시기였다.

[2 단계: 관리유동환율제도: 1964.5~1974.11]

한국은 1964년 5월 3일, 단일유동환율제도unitary floating exchange rate system를 재택하였다. 즉 외환증서시장에서 외환증서수급상황에 따라 환율이 결정되도록 하였다. 그러나 정부의 의도처럼 외환증서가 자기 기능을 발휘하지 못했으며, 한국의 외환시장이 미성숙하여 시장매커니즘에 의한 환율결정은 용이하지 않았다. 따라서 사실상 달러에 연계되어 있었는데, 때마침 브레튼우즈체제가 붕괴함에 따라 원화 역시 달러가치변동이상의 변동을 맛보지 않을 수 없었다.[2] 모두 다섯차례의 큰 변경이 있었다.

첫째, 1964년 5월 3일에 단일유동환율제도를 채택했다. 동시에 기준환율을 ₩130/U$에서 ₩255/U$로 원화를 평가절하했다.

둘째, 1965년 3월 22일에 법률상 유동환율제도를 채택했다. 동시에 IMF로부터 930만달러의 스탠드바이 차관을 도입했다.

---

[2] 1960년대 후반부터 1970년대 초까지 미국 달러에 발생했던 일련의 사태 즉 ① 국제수지 적자누적 ② 미국 금보유량의 급감(1960년 180억달러에서 1970년 110억달러로 급감하고, 대외채무가 금보유량의 2배를 초과하게 되었음) ③ 닉슨 대통령의 금태환중지선언(1971년 8월 15일) ④ 미 달러의 평가절하(1971년 12월 17일-18일, 스미소니언협정에서 금 1온스당 35달러에서38달러로 평가절하함) ⑤ 자유유동변동환율제도의 인정(1973년 2월 27일 이후) 등으로 미달러에 고정되었다는 이유로 원화는 함께 가치변동이 일어났던 것이다.

셋째, 1969년 11월 3일 미달러 대비 원화를 4.5% 평가절하했다.(₩291.90/U$ ⇒ ₩305.10/U$). 양국간 인플레이션 차이로 발생한 괴리를 줄이고, 원화가 지속적으로 평가절하하자 선지급·후지급(leading & lagging)현상이 발생했기 때문이었다.

넷째, 1971년 6월 28일에 원화가 ₩328.90/U$에서 ₩371.60/U$로 다시 대폭 절하되었다.

다섯째, 대미 달러환율을 ₩400/U$로 유지하기로 했다.

여섯째, 원달러환율은 또 다시 ₩400/U$에서 ₩484/U$로 변경되어, 원화가치가 대폭 절하되었다. 이는 1974년도에 발발한 제 1차 오일 쇼크로 수출이 부진하게 됨에 따라 국제수지 개선이 시급했기 때문이었다.

[3단계: 달러연계제도: 1974.12~1980.2]

1974년 12월 7일 원달러환율은 ₩400/U$에서 ₩485/U$로 무려 21.25%가 상승하여 대폭적인 원화 평가절하가 이루어졌다. 이 이후 1980년 2월까지 원화를 달러에 고정시킨 달러연계제도를 채택함으로써 대외거래 및 무역결제시 달러 가치 변동과 고락을 같이 하였다. 1976년 킹스턴체제가 도입됨으로써 세계의 환율제도는 유동환율제도가 일반화되었다. 이런 추세와는 달리 원화는 달러에 고정됨으로써 달러와 여타통화간 환율이 변동되면 원화 역시 덩달아 변동되고 있었다. 달러의 국제경쟁력이 원화와 동일할 경우에는 원화의 바로메터로서 달러연계는 의의가 컸지만 그렇지 못할 경우에는 통화간 구매력차이가 발생하게 되는 것은 자명한 이치였다. 특히 1978년 달러가 일본 엔화에 지속적인 약세를 보임으로써 대일무역거래 비중이 큰 한국의 경우 달러의 대 엔화 약세가 가세함으로써 원화의 대 엔화 약세가 배가되는 문제가 실제로 발생하게 되었다.

이후 1990년도에 시장평균환율제도가 새로이 시행될 때까지 이미 설명한 것처럼 복수통화연계제도가 채택되었다[제 4단계].

2. 환노출액에 대한 인식 논쟁[3)]

무역회사나 다국적기업들은 투자모국과 현지국이나 교역대상국과 수출입 및 국제경영활동 등 비즈니스를 통해 발생한 자산 및 부채와 수익 및 비용 항목이 계약 및 투자싯점의 가치와 결제 및 투자회수싯점의 가치간에 차이가 발생할 경우, 환위험 노출범위를 어느 범위로, 노출시점을 언제로 할 것인지에 대해 견해가 상충한다.

환율변동으로 영향을 받는 미래의 불확실성에 노출되는 대상을 확정하기 위해서는 ① 환위험의 인식 주체의 관점 확립 ② 환율변동의 영향이 인식되는 시점 ③ 환율변동의 영향 대상 확정 등이 필요조건이다.

기업 실체별 환위험 인식문제와 인식대상의 범위에 대한 것이다. 이는 환율변동으로 인한 영향이 단기적으로 즉각 반영되느냐, 장기적으로 인플레이션 영향으로 연계되느냐에 따라 구분된다. 이에 대해 Aliber와 Sticikney(1975)[4)], Giddy(1977)[5)] 등이 지속적으로 거론해 왔다. 가장 잘 환율변동을 설명해줄 수 있는 것에 대해, '상대가격의 변동'으로 인식한 경우에는 구매력평가이론Purchasing Power Parity으로, 상대적 이자율 차이로 인식한 경우에는 피셔효과Fisher Effect로 설명하였다. Aliber와 Sticikney(1975)는 변동후 환율이 구매력평가이론과 피셔효과에 의해 산정된 이론환율과 편차를 갖게 되면, 이 편차만큼이 바로 환율변동으로 야기될 수 있는 환위험으로 인식해야 한다고 주장했다.

한편 환율변동에 따른 환위험에 노출되는 대상은 첫째 이미 해외에 투자한 자본이 체화되어 있는 자산과 조달된 부채항목, 둘째, 해외영업활동 수행상 보유하고 있고 주로 거래에 의해 발생하는 자산과 부채항목 및 수익과 비용항목, 셋째,

---

3) 조대우(1982), "환위험관리 통괄모델 설정에 관한 연구", 「경상논집」, 충남대 경영경제연구소

4) Aliber, Robert Z. and Clyde P. Stickney, "Accounting Measures of Foreign Exchange Exposure: The Long Short of It", *The Accounting Review, No. 50.* pp.44~57.

5) Giddy, Ian. H.(1977), "Exchange Risk: Whose View?", *Financial Management, No. 6.* pp.23~33.

미래의 기업 현금흐름에 영향을 미칠 수 있는 항목 등으로 파악한다. 이를 위해서는 환노출의 원천별로 체계적인 환노출관리를 하여야 한다(〈표IV-1〉).

〈표IV-1〉 환노출의 제 원천

물가, 환율 및 상대가격간의 상호관계	기업에 영향을 미치는 원천	영업이익에 부가되는 수량효과	환노출대상이 되는 기업의 유형
인플레이션과 환율변동과의 균형(장기적 관점)	없음	없음	없음
구매력평가이론과의 편차(단기적 관점)	(a) 해외송금의 실질가치	없음	다국적기업
	(b) 제품의 국내가격 대비 외국가격	수요는 평가절하된 수출품에 따라 변동	모국의 수출기업 및 다국적기업의 수출기능을 하는 해외자회사, 수출기업 및 상대수입경쟁기업
교역조건이 환율변동과 상관관계를 갖는 경우(단기 관점)	(a) 수출국에서 가격이 결정될 때 평가절하로 인하여 교역조건이 악화된 경우	공급은 수입경쟁기업에서 수출기업으로 이동	수출기업 및 상대 수입경쟁기업
	(b) 수출국에서 가격이 결정될 때 평가절하로 인하여 교역조건이 변동하는 경우	생산량 조정	수출기업 및 상대 수입경쟁기업
	(c) 교역조건이 변동하는 경우 투입원가가 제품가격에 비해 상승 또는 하락하는 경우	없음	해외원자재(제품)를 수입하여 수출품(원자재)을 수출하는 기업
	(d) 기업의 제품가격이 주주의 배당에 따라 변동하는 경우	없음	모든 기업
인플레이션율이 상대가격과 상관관계를 갖는 경우(단기선지급 또는 후지급)	(a) 임금을 제품가격보다 선지급 또는 후지급함	생산량 조정	인플레이션 및 평가절하가 행해지는 국가에서 생산활동을 하는 모든 기업
	(b) 투입가격을 제품가격보다 선지급 또는 후지급함	생산량 조정	인플레에션 및 평가절하가 행해지는 국가에서 생산활동을 하는 모든 기업
	(c) 명목조건으로 결정된 계약	생산량 조절	고정가격계약을 맺은 모든 기업

(자료) Richard M. Levich and Class G. Wihlborg(1980), "Exchange Risk and Exposure? Heath and Company, p.32

3. 한국 기업의 환위험관리 실태 조사[6)]

3-1. 표본설계

한국기업의 환위험관리를 정형화하기 위해서는 먼저 환율변동으로 인한 환위험에 노출되는 기업을 유형화해야 한다. 업종별로 무역회사, 제조기업 및 금융기관으로, 규모별로 대기업과 중소기업으로 분류하면 전체 6개의 기업유형이 도출된다. 즉 무역회사군에는 종합무역상사와 일반무역회사로, 제조기업군에는 국제제조기업과 국내제조기업으로, 금융기관군에는 국책은행 및 시중은행 등 외환금융은행과 지방은행 등 내국금융은행으로 유형화된다.

적정표본으로 선정된 150개 기업에 대해 설문지를 발송하였으며, 회수되어 유용하게 활용할 수 있는 기업은 총 45개로 30%의 설문활용율을 보였다.

〈표IV-2〉 표본기업의 구성

업종	기업유형	표본기업체 수	비고
무역회사	종합무역상사	4	-
	일반무역회사	16	구로공단 입주업체
제조기업	국제제조기업	4	-
	국내제조기업	12	충남지역 중소기업
금융기관	외환금융은행	6	국책은행(2), 시중은행(4)
	내국금융은행	3	지방은행

위 표에서 보는 바와 같이 고려합섬을 제외한 당시 종합무역상사 총 8개중 4개기업, 외환금융기업의 경우 국책은행이 2개, 시중은행이 4개였다. 국제제조기업의 경우 한국을 대표하는 굴지의 대기업이 선정되었으므로 대규모기업의 표본설계는 대표성이 담보된다고 할 수 있다. 한편 일반무역회사는 수출 및 해외매출액 비중이 총매출의 80% 이상 점유하는 구로공단 입주업체 16개를 선택하였고, 국내

6) 조대우·윤이호(1985), "한국기업의 환위험관리통괄모델 설정에 관한 연구", 경영논집 제 1권, 충남대 경영경제연구소.

제조기업은 충남소재 중소기업 12개가 표본으로 추출되었다. 내국금융은행은 국내 총 9개중 3개의 지방은행을 선택하였으므로, 각 표본집단이 업종별, 규모별로 유형화되어 있다고 본다.

3-2. 조사방법 및 내용

한국기업의 환위험관리 실태를 조사하기 위해 설문지법Questionaire을 활용하였다. 물론 의문이 있는 답변사항에 대해서는 답변자에게 전화 및 면담 등으로 확인하여 내용을 보완하였다. 조사기간은 1985년 9월초부터 같은 해 11월 중순까지였다. 설문조사내용을 요약하면 〈표 Ⅳ-3〉과 같다.

〈표Ⅳ-3〉 환위험관리 실태 조사내용 체계

	조 사 내 용
[일반사항] (문항종류 1~5; 총 36개)	(1) 업종 (2) 취급업무 (3) 매출액(규모, 해외매출액의 상대적 비율, 거래통화별 빈도, 판매가격 결정방법, 환율변동에 따른 가격탄력성 및 지체시간 등) (4) 매출원가(구성요소별 비율, 환율변동에 따른 수입원자재 가격탄력성 및 지체시간, 원자재 조달 방법 등) (5) 경영의사결정의 내용.
[외환관련 취급업무] (문항종류 1~7; 총 9개)	(1) 거래원천(연불금융, 현지금융 등) (2) 해외지사평가기준 (3) 해외사무소 자금송금내용 (4) 선물환계약 목적 및 선호이유 (5) 외국장기차관 및 단기차관의 내용
[환위험관리 내용] (문항종류 1~34; 총 71개)	(1) 환위험에 대한 인식(문항 1~3) (2) 환위험관리 프로그램 내용(총 1~4; 총 41개 문항) ① 환위험관리 프로그램 내용(총 14개 문항) ② 환율예측(총 11개 문항) (공급원천, 대상통화, 예측치의 형태, 예측대상기간, 예측빈도, 정보원천의 중요도 순위, 예측지표, 최고경영자의 만족도, 책임부서 등) ③ 환위험정보관리(총 17개 문항) (담당부서의 기능, 정보체계 부재이유, 외환손익 발생원인, 외환 손실 발생원인, 보고 빈도, 정보원의 내용, 외환관리지침, 업무범위, Dealer의 업무, 외환업무에 대한 인식, 통괄부서 등) ④ 환위험관리전략(총 6개 문항) (환위험관리전략 지침평가 및 책임자, 환위험관리 직능부서 및 투입시간, 환위험관리방법, 환위험관리수단 등) ⑤ 환위험관리 목표(총 14개 문항) (환위험관리 목표, 환위험관리 대상, 환위험관리 목표의 수, 환위험관리 목표의 지위 등)

3-3. 한국기업의 환위험에 대한 인식측정

(1) 환위험의 새로운 분류에 대한 시도

일반적으로 환위험foreign exchange risk은 거래적 환위험transaction risk, 환산환위험translation risk 및 경제적 환위험economic risk 등으로 분류한다. 거래적 환위험과 환산환위험을 묶어 회계적 환위험accounting risk라고 한다. 이 전통적 개념의 환위험 유형은 일정한 기준에 준거하여 분류된 것이 아니라 당해 회계연도내 실현된 환위험이나, 미실현되었으나 당해연도말에 측정가능한 환위험 즉 회계적 환위험과 현재를 포함하여 미래·불특정한 기간동안 환율변동으로 영향을 받는 환위험의 크기를 추상적·개념적으로 측정한 환위험을 경제적 환위험[7]으로 불렀다. 거래적 환위험과 환산환위험은 실제적 개념으로, 경제적 환위험은 의사결정을 위한 추상적 개념으로 활용되어 개념분류의 일관성이 없었다.

따라서 한국 기업의 환위험관리 실태조사를 통해 새로이 발견한 환위험의 유형을 설명할 수 있도록 분류기준을 명확히 하기로 했다. 즉 환위험을 환노출foreign exchange exposure이라는 중립적 개념과는 차별적으로 첫째, 현재 및 미래의 불확실성 개념과, 둘째 관리대상으로서의 의미인 사전적ex-ante 개념이 녹아 있다. 따라서 이를 환위험의 인식시점when to recognize이 특정일definite target date인지 미래의 불특정일indefinite future date인지를 분류기준의 한 축으로 했다. 한편 환위험관리의 측정대상what to measure을 현재거래current transaction인지 미래거래future transaction인지에 따라 분류기준의 다른 축으로 선택했다. 두가지 분류기준으로 2x2매트릭스를 만들어 보면 5가지의 환위험이 도출된다(〈표 IV-4〉). 종래의 3가지 유형에서 확장되어 2개의 환위험이 새로이 나타난 것이다. 실제로 존재하여 온 것임에도 불구하고 전통적인 환위험분류에서 배제되어 왔기 때문에 지금까지 환위험관리대상에서 공식적으로 제외되어 온 환위험이다. 실제로 환위험관리 대상으로 인식되어 관리되어야 할 환위험이 그동안 방치되어 온 것이다.

---

7) 후에 영업환위험 operating risk이라 부르기 시작한다.

〈표Ⅳ-4〉 새로운 환위험 분류

<table>
<tr><th>(환위험) 인식시점 / (환위험) 측정시점</th><th colspan="3">특정일①</th><th>미래의 불특정일②</th></tr>
<tr><td rowspan="2">현행거래③</td><td rowspan="2">현재확정 환위험(A)</td><td>현재실현환위험 (A-1)</td><td rowspan="3">(광의의) 환위험(E)</td><td rowspan="2">현재미확정환위험 (B)</td></tr>
<tr><td>현재미실현환위험 (A-2)</td></tr>
<tr><td>미래거래④</td><td colspan="2">미래확정환위험(C)</td><td>미래미확정환위험 (D)</td></tr>
</table>

㈜ ① 특정일이란 당해연도내에 만기가 도래하는 거래의 결제일 또는 결산일을 의미함
② 미래의 불특정일이란 당해 회계연도 이후에 다가 올 확정되지 않은 임의의 일자를 가리킴
③ 현행거래란 (a) 지난 해에 거래가 발생하여 당해연도에 결제될 거래 (b) 당해연도에 거래가 발생하여 당해연도에 결제된 거래와 (c) 과년도 또는 당해연도에 거래가 발생하였으나 차기에 결제되기로 되어 있는 거래 등을 포함함
④ 미래거래란 아직 발생하지 않았으며, 또한 계약이 체결되지 않은 거래를 말함.

A) 현재확정환위험

현재확정환위험(A형 환위험)이란 당해연도의 특정일에 결제가 이루어짐으로써 외환손익이 확정되는 현재실현환위험(A-1형 환위험)과 당해연도말(결산일)에 외환손익이 측정되는 현재미실현환위험(A-2형 환위험)으로 구성된다. 이때 현재실현환위험을 전통적으로는 거래적 환위험transaction risk라고 하고, 현재미실현환위험은 환산환위험translation risk이라 한다. 또한 현재미실현환위험의 범주에는 외화표시 대차대조표 항목들에 환율변동으로 인한 영향을 반영하여 새로이 평가할 경우에 발생하는 환위험도 포함한다.

B) 현재미확정환위험

이 환위험은 거래계약은 맺었으나, 상대방의 선적전 또는 선적후 환율변동으로 인한 거래가격이 변동했을 경우, 새로이 반대오퍼counter offer에 의해 가격조정price adjustment을 해오거나, 거래량의 매출이 생기거나, 이미 맺은 계약의 취소행위 등으로 인해 발생하리라 기대되는 환위험으로 재해석할 수도 있었다.

C) 미래확정환위험

미래확정환위험(C형)은 아직 공식 계약은 이루어진 거래는 아니면서 동시에

아직 실현되진 않았으나, 지속적으로 영위되는 동종거래의 경우나 거래에 의사결정을 내리기로 확정이 되어 있는 프로젝트 실행일이나, 반복적으로 행해지는 거래[8] 등의 경우 인식되는 환위험을 말한다. 이는 외환손익에 대한 기회손익의 개념으로 측정되는 것이 일반적이나, 미래 경여의사결정을 내린다는 점에서 매우 중요한 환위험관리 대상이 될 수 있다.

D) 미래미확정환위험

이 환위험(D형 환위험)은 환율변동의 영향이 미래에 얼마나 오랫동안 미치며, 어느 정도만큼 미치는가를 계속기업going concern 동안 '잠재적 미래현금흐름potential future cash flows'으로 측정하는 것을 말하며, '협의의 경제적 환위험economic risk'라고 새로이 규정하고자 한다.

E) (광의의) 환위험

이 환위험(E형 환위험)은 환율변동으로 야기되는 현재 및 미래의 기업의 모든 경제적 가치의 변동가능성을 통칭하며 이를 '광의의 경제적 환위험'으로 정의하고자 한다. 일반적으로 지칭되는 환위험이며, 위에 말한 A~D형까지의 모든 환위험을 포괄적으로 지칭하므로 환위험으로 인식하고 측정가능하여, 관리가능대상인 환위험(A~C형 환위험)과 미래의 불확실성으로 인해 전략적 선택영역으로 남게 되는 환위험(D형 환위험)이 혼재되어 있다.

(2) 한국기업의 환위험에 대한 인식측정

환위험의 인식에 대해 확인하기 위해, 먼저 환위험을 언제 인식해야 하는 지에 대해 물었다. '해외자회사와 연결재무제표 작성시', '새로운 투자사업 선택시' 등 9개 문항을 제시했다. 현재 환위험을 경험하고 있는 실태를 파악하기 위해서도 질문했다. '환율이 일정이상 변동만 하면 환차손이 발생한다', '외환차손익과 외화평가손익은 관리가능한 것이다' 등 6개 문항을 제시했다. 총 15개 문항을 통해 살펴본 바, 전통적으로 알려져 온 환위험분류에 의한 인식측정과 새로이 제시한 환위험분류에 의한 환위험 인식 및 측정에 의해 분석하였다. 환위험에 대한 인식이 매

---

8) 예를 들면 회전신용장 발급거래 등의 경우를 말함

우 낮은 경우 그 이유는 무엇인지에 대해서도 파악하고자 했다.

① 전통적 환위험 분류에 의한 환위험 인식측정

〈표 Ⅳ-5〉에서 보는 바와 같이 첫째 무역회사, 제조기업, 금융기관 등 업종에 관계없이 외화거래표시규모가 큰 대규모기업의 경우 환위험에 관한 전통적 분류에 의한 인식을 하고 있었다. 둘째, 중소규모 기업은 환위험에 노출되는 거래빈도가 높은 무역업종의 경우에는 환위험인식정도가 높지만, 제조기업 및 금융업종에서는 환위험문제보다는 판매시장의 확보, 운전자금의 조달 등 문제해결에 관리가 집중되어 환위험에 대한 인식정도가 낮거나 거의 없는 상태였다.

〈표Ⅳ-5〉 전통적 분류에 의한 환위험인식

대상업체 / 빈도 / 전통적 환위험 유형	무역회사		제조기업		금융기관	
	종합 무역상사	일반 무역회사	국제 제조기업	국내 제조기업	국책 및 시중은행	지방은행
	4	16	4	12	6	3
거래적 환위험	3	7	3	6	2	-
환산환위험	3	4	2	1	3	-
경제적 환위험	4	9	4	-	3	1
무응답	-	3	-	2	2	2
환위험인식 분석내용	종합무역상사의 거래는 규모가 크고 빈도가 잦아 외환손익이 크게 발생하므로 전통적 분류에 의한 환위험 전부를 인식하고 있음	환산환위험보다 거래적 환위험과 경제적 환위험에 대한 인식이 높은 데, 이는 해외사업장의 수와 규모가 적은 데 기인함. 따라서 연결재무제표작성이 크게 필요치 않으며, 외화차관 사용량이 상대적으로 적은 데 기인함.	위의 3가지 환위험 전부를 인식하고 있으며, 이는 원자재의 수입 및 해외판매 등 외화거래 금액이 커서 환위험에 노출되는 량이 많음을 의미함	외화표시거래 규모가 작고, 판매시장의 확보와 내부 운영자금 조달문제 등이 선결과제이므로 환위험에 대한 인식이 부재한 상태임.	위의 3가지 환위험을 대체로 모두 인식하고 있음. 이는 표본은행 모두 '갑류 외국환은행'임에 기인함. 1980년대 들어서 금융국제화에 발맞춰 외환업무가 은행의 주요 기능이 되었다고 인식하고 있음	외환취급업무가 상대적으로 적을 뿐 아니라 '을류 외국환은행'업무를 수행하고 있으므로 환위험에 대한 인식이 상대적으로 낮은 편임

② 새로운 환위험 분류에 의한 환위험 인식 측정

전통적 환위험 분류는 역사적· 경험적으로 도출된 것일 뿐, 분류의 기준이 명확하지 않아 기업의 경영성과를 높이기 위해 반드시 관리해야 할 대표적인 위험관리의 하나인 환위험관리를 불완전하게 관리할 수 밖에 없게 된다. 따라서 새로운 기업환위험 인식 유형을 채택함으로써 모습을 드러낸 새로운 환위험 유형에 대해 과연 표본기업들이 이들을 인식하고 있는가 확인하는 것은 매우 중요한 의미가 있다. 한국기업들에 실태조사를 통해 새로운 환위험 유형의 존재가 확인된다면, 반드시 이를 관리하기 위한 방안을 모색해야 하기 때문이다.

〈표 IV-6〉에서 정리한 바와 같이 첫째, 종합무역상사와 국제제조기업은 새로운 분류에 의한 환위험의 모든 유형을 인식하고 있는 것을 확인할 수 있다. 한편, 외환금융운행인 국책 및 시중은행의 경우 '현재미확정환위험(B형 환위험)'에 대한 인식은 부족하였다. 이는 미래불특정 시점에 발생하는 외화표시계약의 변경 및 파기 등의 경험 및 빈도가 낮다는 것을 반증한다. 둘째, 이에 비해 일반무역회사는 제품수출입시에 이미 계약한 상품의 가격이 계약후 결제시점까지의 환율변동에 의해 가격변경[9] 등에 주로 노출되는 바, 현재미확정환위험을 특히 강하게 인식하고 있었다. 셋째, 내국국제제조기업 및 지방은행 등은 외환관계거래 취급빈도가 낮아 전반적으로 인식이 매우 낮은 편이었다.

---

9) 예를 들면 '역오퍼 conter offer'가 있을 수 있다.

〈표IV-6〉 새로운 분류에 의한 환위험 인식

<table>
<tr><th rowspan="3">대상업체 / 빈도 / 새로운 환위험 유형</th><th colspan="2">무역회사</th><th colspan="2">제조기업</th><th colspan="2">금융기관</th></tr>
<tr><th>종합 무역상사</th><th>일반 무역회사</th><th>국제 제조기업</th><th>국내 제조기업</th><th>국책 및 시중은행</th><th>지방은행</th></tr>
<tr><th>4</th><th>16</th><th>4</th><th>12</th><th>6</th><th>3</th></tr>
<tr><td>현재확정환위험 (A형)</td><td>3</td><td>7</td><td>3</td><td>5</td><td>3</td><td>-</td></tr>
<tr><td>-현재실현환위험 (A-1 형)</td><td>3</td><td>7</td><td>3</td><td>5</td><td>2</td><td>-</td></tr>
<tr><td>- 현재미실현환위험 (A-2 형)</td><td>3</td><td>4</td><td>2</td><td>1</td><td>3</td><td>-</td></tr>
<tr><td>현재미확정환위험(B형)</td><td>4</td><td>15</td><td>2</td><td>8</td><td>-</td><td>-</td></tr>
<tr><td>미래확정환위험 (C형)</td><td>3</td><td>8</td><td>2</td><td>-</td><td>3</td><td>1</td></tr>
<tr><td>미래미확정환위험(D 형)</td><td>4</td><td>9</td><td>3</td><td>-</td><td>3</td><td>1</td></tr>
<tr><td>(광의의) 환위험 (E점)</td><td>4</td><td>10</td><td>3</td><td>4</td><td>3</td><td>1</td></tr>
<tr><td>무응답</td><td>-</td><td>1</td><td>-</td><td>2</td><td>2</td><td>2</td></tr>
<tr><td rowspan="2">환위험인식 분석내용</td><td>외화거래의 규모가 클 분 아니라, 그 발생형태가 다양하므로 위의 새로운 환위험분류체계에 의한 환위험 전부를 인식하고 있음</td><td>구로공단 입주업체인 일반무역회사의 대부분은 직접 제조하여 수출하는 형태이므로 위의 환위험중에서 특히 환율변동으로 인한 수출가격변경시 발생할 수 있는 '현재미확정환위럼'에 대한 거의 모든 기업이 환위험을 인식하고 있음</td><td rowspan="2">거의 모든 기업이 새로운 분류에 의한 환위험에 대해 인식하고 있음.
이는 국제제조기업의 경우 내수판매외에 수출시장 의존도가 전체 매출액의 약 40~60%를 점유하는 데 기인함</td><td rowspan="2">환위험에 대한 인식이 상대적으로 부재하지만, '현재미확정환위험'의 경우 10개 표본기업중 8개가 인식하고 있으며, C형 및 D형 환위험은 국내제조기업의 해외프로젝트의 규모 및 경영전략의 장기성 부재에 기인함</td><td rowspan="2">다른 환위험 분류에 대해서는 전부 인식하고 그 비중도 크다 하겠으나, B형 환위험의 경우는 전혀 인식이 없는 것은 '외화표시계약의 변경 및 중간해지' 등으로 발생하는 환위험의 비중이 작음을 확인할 수 있음</td><td rowspan="2">전반적으로 환위험에 대한 경험 및 인식이 매우 낮음</td></tr>
<tr><td colspan="2">표본기업 모두가 '현재미확정 환위험(B형 환위험)에 대해 인식하고 있으며, 이에 전적으로 노출되어 있음을 확인하였음.</td></tr>
</table>

③ 환위험 인식이 부재한 이유

위와 같이 환위험에 대한 경험 및 인식을 조사한 후에 만약 귀 회사나 경영자가 환위험에 대한 인식이 매우 낮거나 부재하다면 그 이유가 무엇인지 질문하였다. 종합무역상사는 환위험 인식이 매우 높다고 답변하였으나, 일반무역회사는 환위험에 노출되어 있음에도 불구하고 외환손익 발생시 책임담당자가 없기 때문이라고 했다. 물론 지방은행이나 국내제조기업의 경우 환위험발생규모가 매우 작을 뿐 아니라 외환관련업무 취급 제한에도 원인이 있는 것으로 나타났다.

〈표IV-7〉 한국 기업의 환위험 인식 부재 이유

대상업체 / 빈도 / 항목	무역회사		제조기업		금융기관	
	종합 무역상사	일반 무역회사	국제 제조기업	국내 제조기업	국책 및 시중은행	지방은행
	4	16	4	12	6	3
환위험발생거래의 과소	-	5	1	4	-	1
외환손익규모의 과소	-	5	1	4	2	1
외환손실에 대한 정부차원의 보상	-	-	-	-	-	-
환차손익발생에 대한 책임자 부재	-	4	1	1		-
환위험관리방법에 대한 무지	-	1	1	3	2	-
기타	2	-	-	-	-	-
무응답	2	5	2	2	3	1
결과의 분석	기타에 답변한 종합무역상사의 경우 환위험 인식이 높으므로 부재하지 않다고 강변하고 있음	일반무역회사의 경우 외환손익의 규모 및 환위험발생거래가 작아서 인식이 부족한 것이나 사실은 외환손익 발생시 책임당사자가 없다는 것에 기인함	대개의 기업은 환위험 인식이 높은, 이에 답변한 기업은 건설업으로서 건설업 특유의 거래 속성에 기인한 것으로 보임	국내기업의 경우는 환위험 발생거래 및 규모가 작고, 환위험이 발생한다고 환위험관리방법을 모른다고 답변함	대부분의 국채 및 시중은행도 외환손익의 규모에 대해 대수롭지 않게 여기며, 환위험 관리기법 사용에 자신이 없어함.	지방 은행의 경우는 환위험인식이 부재함에도 표본의 과소로 인하여 밝힐 수은 없으나, 환위험발생 거래 및 규모의 과소로 인식이 안되어 있음

(3) 한국기업의 환위험인식에 대한 평가

앞서 여러 표를 통해 살펴 본 바, 한국기업의 환위험 인식을 평가하면 다음과 같이 요약된다.

첫째, 전통적 환위험 분류에 의해 분류될 수 없은 많은 환위험들이 새로운 환위험 분류체계에 의해 분류됨으로써 '관리해야 할 환위험'으로 새로 등단했다는 점이다. 이는 한국기업들에 의해 이미 발생하고 경험하고 있는 '현재미확정환위험(B형 환위험)'과 '미래확정환위험(C형 환위험)' 등을 새로운 환위험분류체계에서는 분류할 수 있음을 의미한다. 나아가 각 유형별로 적절한 환위험관리를 수행할 수 있음을 보여준다.

둘째, 한국기업의 환위험에 대한 인식은 외화표시 거래규모 및 빈도에 의하여 차이가 있음을 나타내고 있다. 즉 외화표시거래 규모가 크거나 거래빈도가 높은 기업은 환위험에 대한 인식도가 높으나, 반대로 외화표시 거래규모나 빈도가 낮은 기업은 환위험에 대한 인식도가 낮게 나타났다.

셋째, 업종별로 살펴 보면, 무역회사의 경우 빈번한 외화표시거래로 말미암아 많은 양의 환노출이 불가피하여 환위험에 대한 인식도가 높았다. 제조기업의 경우, 국제제조기업은 원자재의 수입규모나 제품의 수출규모가 커서 대부분 환위험에 대한 인식이 높았으나, 외화표시 거래규모가 작은 국내제조기업은 그 인식이 매우 낮았다. 또한 금융기관의 경우, 국책 및 시중은행 등 외환금융은행은 대부분 환위험에 대한 인식이 높았으나, 외화표시 거래규모가 매우 작은 지방은행은 그 인식이 매우 낮았다.

이리하여, 한국기업의 환위험에 대해 업종별·규모별로 망라하여 그 인식 정도가 높은 순으로 서열화하면 ① 종합무역상사 ② 국제제조기업 ③ 외환금융은행(국책 및 시중은행) ④ 일반무역회사 ⑤ 국내제조기업 ⑥ 내국금융은행(지방은행) 등의 순으로 평가할 수 있다.

3-4. 한국기업의 환위험관리 프로그램의 실태

한국기업들의 환위험관리 프로그램의 실태와 수준을 측정하고자 1977년에 발표한 MIchael Jilling과 William R. Folks, Jr.가 미국의 다국적기업에 대해 조사[10]한 환위험관리 설문문항을 활용하였다. 이를 토대로 분석한 결과를 집약하면 〈표IV-8〉과 같다.

〈표IV-8〉 한국기업의 환위험관리 프로그램 실태

대상업체 / 답변의 정도 / 설문 내용	무역회사						제조기업						금융기관					
	종합 무역상사 [4]			일반 무역회사 [16]			국제 제조기업 [4]			국내 제조기업 [12]			외환금융 은행[6]			지방은행 [3]		
	①	②	③	①	②	③	①	②	③	①	②	③	①	②	③	①	②	③
a. 과거 4년동안 환위험관리를 위해 전사적으로 노력을 경주해 왔다.	4	-	-	2	6	6	2	-	2	-	-	-	3	1	1	1	1	-
b.1980년대 이래 환율예측을 위해 정보자료를 수집을 늘려왔다.	4	-	-	10	1	3	3	1	-	-	-	-	4	-	1	2	-	-
c. 과거 4년간 환율예측에 대한 우리 기업의 기법이 매우 발달해 왔다.	2	-	-	3	5	6	2	1	-	-	-	-	2	1	2	1	1	-
d. 우리 기업의 기법이 예전보다 큰 문제점이 환위험부서에서 발견되었다.	3	-	1	6	3	5	3	-	1	-	-	-	4	-	1	-	2	-
e. 환위험관리로 기대되는 기회이익보다 환위험관리비용이 더 크나.	1	-	3	1	4	9	-	-	3	-	-	-	1	1	3	-	1	1
f. 투자모기업의 규모로 인하여 현지국에서 더 효율적인 환위험관리를 수행할 수 있다.	1	1	1	1	4	5	1	1	-	-	-	-	1	-	3	-	-	-
g. 회사의 환위험관리 수단으로 말미암아 현지국의 외환정책이 영향을 받은 경우 이에 대한 도의적 책임이 있나.	-	2	1	3	2	6	-	1	1	-	-	-	1	2	1	-	-	-
h. 아직까지 환율예측 문제는 환위험관리 프로그램에서 가장 연계성이 낮다.	2	2	2	4	5	2	-	2	1	-	-	-	3	-	2	-	-	2
i 환위험이란 구체적 대안이 없는 골치아픈 문제이다	-	-	4	5	2	7	-	-	3	-	-	-	5	-	-	-	1	1
j. 환위험은 막대한 위험이지만 만족할만한 해결수단을 갖고 있다.	4	-	-	1	5	8	2	1	-	-	-	-	3	2	-	-	2	-
k. 외환차손익, 외화평가손익 등은 다른 회계계정과 다름없이 정규항목으로 취급한다.	4	-	-	9	1	2	4	-	-	-	-	-	5	-	-	2	-	-

10) Jilling, Michael and William R. Folks, Jr.(1977), "A Survey of Corporate Exchange Rate Forecasting Practices", *Working Paper No.3*, Center for International Business Studies, University of South Carolina, Columbia.

(계속)

대상업체 / 답변의 정도 / 설문 내용	무역회사						제조기업						금융기관					
	종합 무역상사 [4]			일반 무역회사 [16]			국제 제조기업 [4]			국내 제조기업 [12]			외환금융은행[6]			지방은행 [30		
	①	②	③	①	②	③	①	②	③	①	②	③	①	②	③	①	②	③
l. 환위험은 중요시하지 않고 무시할 경우 골치아픈 문제가 발생할 수 있다.	4	-	-	11	1	2	3	-	-	-	-	-	5	-	-	2	-	-
m. 환율변동을 이용한 환투기적 이익은 영업활동에 포괄시키지 않고 있다.	2	1	1	6	1	5	-	-	2	-	-	-	1	-	4	1	-	1
n. 1970년대~1980년대의 달러와 엔 등의 가치변동으로 인한 손실 때문에 최고경영자의 환위험에 대한 인식이 새로워졌다.	4	-	-	11	3	-	3	-	-	-	-	-	4	-	-	-	1	1
분석 결과 요약	환위험관리를 위해 전사적으로 노력하고 있으며, 환위험관리 프로그램개발에 진력하고 있음			환위험의 중요성은 인식하고 있으나, 전문인력 등 부족으로 구체적 노력은 미흡한 상태임			환위험의 중요성을 인식하고 관리를 위해 노력하고 있음			환위험관리 프로그램이 없음			환위험 관리의 필요성에 긍정적이며 특히 투기적 환위험 관리에 긍정적임			환위험 관리 프로그램이 확실치 않음		

3-5한국기업의 환율예측부문의 실태

한국 기업이 환위험관리를 위한 전초적 작업이라 할 수 있는 환율예측에 대한 실태를 파악하기 위해 환율예측조직, 예측대상통화, 예측대상기간, 예측치의 형태, 예측을 위한 정보원 및 예측지표 등의 속성을 분석하였다. 이를 하나의 표로 집약한 것이 〈표IV-9〉이다.

따라서 한국 기업의 환율예측부문에 대한 실태조사 결과 ① 종합무역상사 ② 국제제조기업 ③ 국책 및 시중은행 ④ 일반무역회사 ⑤ 지방은행 및 ⑥ 국내제조기업의 순으로 낮아짐을 알 수 있었다.

〈표IV-9〉 한국기업의 환율예측 실태

<table>
<tr><th>업종
대상기업 유형
조사항목</th><th colspan="2">무역회사</th><th colspan="2">제조기업</th><th colspan="2">금융기관</th></tr>
<tr><th></th><th>종합
무역상사</th><th>일반
무역회사</th><th>국제
제조기업</th><th>국내
제조기업</th><th>국책 및
시중은행</th><th>지방은행</th></tr>
<tr><td rowspan="2">a. 환율
예측조직</td><td>외환업무부서에서 담당하며 일차적 책임도 부담</td><td>무역부에서 주로 담당하며 형식상 일차적 책임을 지나 실질적으로는 책임지는 자가 없음</td><td>외환업무부서에서 담당하나, 책임지는 자가 없음</td><td>특별한 담당부서가 없음</td><td>국제부에서 주로 담당하며, 책임을 지고 있음</td><td>최고경영자는 주로 외환관계 실무진으로부터 환율예측치를 보고 받으며 책임지는 자가 없음</td></tr>
<tr><td colspan="6">몇몇 대기업 외에는 환율 예측을 위한 조직 및 책임 소재의 명확성이 결여되어 있음</td></tr>
<tr><td rowspan="2">b. 환율
예측통화</td><td>중요한 환노출을 야기하는 모든 통화에 대해 예측(U$, Yen, 유럽통화 등)</td><td>중요한 통화에 대해서만 예측(71%)(U$, Yen, 유럽통화 등)</td><td>중요한 환노출을 야기시키는 모든 통화에 대해 예측(U$, Yen, 유럽통화)</td><td>환율예측을 거의 하지 않음</td><td>중요한 환노출을 야기하는 모든 통화에 대해 예측(U$, Yen, 유럽통화)</td><td>중요한 통화에 대해서만 예측(U$, Yen, 유럽통화)</td></tr>
<tr><td colspan="6">(a) 대규모 기업의 경우 중요한 환노출을 야기하는 모든 통화에 대해, 중소규모 기업의 경우 중요한 통화에 대해서만 예측하고 있음
(b) 여기서 유럽통화란 ₤, DM, FFr, SFr 등임</td></tr>
<tr><td rowspan="2">c.
환율예측
대상기간</td><td>업무상 가장 중요한 통화에 대해 1~3개월의 단기예측에 주력</td><td>1~3개월</td><td>1~3개월</td><td>-</td><td>1~3개월</td><td>1~3개월</td></tr>
<tr><td colspan="6">(a) 대부분의 기업이 업무상 주요통화에 대해 1~3개월동안의 단기예측에 의존함
(b) 이에 비해 Jilling과 Folks(1977)의 연구에 의하면 미국 다국적기업의 경우 1년 이상 예측하는 기업이 45%였음</td></tr>
<tr><td rowspan="2">d.
환율예측
치의 형태</td><td>대부분 환율예측방향만 예측</td><td>환율변동 방향</td><td>환율변동 방향</td><td>-</td><td>환율변동 방향</td><td>환율변동 방향</td></tr>
<tr><td colspan="6">(a) 대부분의 기업들이 미래환율변동의 방향만을 예측하고 있음. 이는 환율예측기법이 보잘 것 없다는 것을 반증하는 것임
(b) 미국의 경우(Jilling과 Folks(1977)), 환율변동방향(37.4%), 미래 다수일의 점추정치(19.6%), 미래 특정일의 점추정치(11.2%), 환율변동구간(8.4%) 등으로 다양하였음</td></tr>
</table>

(계속)

<table>
<tr><th rowspan="2">업종
대상기업
유형
조사항목</th><th colspan="2">무역회사</th><th colspan="2">제조기업</th><th colspan="2">금융기관</th></tr>
<tr><th>종합
무역상사</th><th>일반
무역회사</th><th>국제
제조기업</th><th>국내
제조기업</th><th>국책 및
시중은행</th><th>지방은행</th></tr>
<tr><td rowspan="2">e.
환율예측빈도</td><td>U$와 Yen에 대해 일별, 주별 예측</td><td>U$와 Yen에 대해 주별 예측이 대부분</td><td>U$와 Yen에 대해 일별, 주별로 예측</td><td>U$에 대해 주별, 월별로 예측</td><td>U$와 Yen에 대해 일별, 주별로 예측</td><td>U$와 Yen에 대해 주별, 월별로 예측</td></tr>
<tr><td colspan="6">(a) 대규모 기업의 경우 업무상 중요한 U$와 Yen에 대해 일별, 주별로 예측
(b) 중소규모 기업의 경우 U$와 Yen에 대해 주별, 월별로 예측</td></tr>
<tr><td rowspan="2">f.
환율예측정보원</td><td>(a) 대규모 국제은행 포함, 금융기관
(b) 금융전문지
(c) 기업내부 수학적 모델의 순</td><td>(a) 금융기관
(b) 금융전문지
(c) 경영자문기관, 고문의 순</td><td>(a) 금융기관
(b) 금융전문지
(c) 내부 수학적 모델의 순</td><td>(a) 금융기관
(b)금융전문지
(c)직관적 방법</td><td>(a) 금융기관
(b) 금융전문지
(c) 경영자문기관, 고문의 순</td><td>(a)금융기관
(b) 금융전문지
(c) 수학적 모델</td></tr>
<tr><td colspan="6">(a) 기업의 규모나 업종에 관계없이 대규모 국제은행을 포함한 금융기관 및 금융전문지의 정보를 선호하고 있음
(b) 기업 자체의 독자적인 환율예측을 않고 있음을 보여줌</td></tr>
<tr><td rowspan="2">g.
환율예측에 사용하는 지표</td><td>(a) 이자율변동
(b)통화공급 신장율
(c) 국제수지</td><td>(a) 국제수지
(b) 무역수지
(c) 시계열 자료</td><td>(a) 국제수지
(b) 시계열 자료
(c) 이자율 변동</td><td>-</td><td>(a) 국제수지
(b) 이자율변동
(c) 국제수지</td><td>(a) 시계열자료
(b) 이자율 변동
(c) 국제수지</td></tr>
<tr><td colspan="6">한국 기업이 가장 중요시 하는 지표는 국제수지였음. 중소규모의 기업이 단순한 환율변동 시계열 자료를 선호하는 것은 대기업에 비해 예측력이 약함을 보여주는 것임</td></tr>
</table>

3-6 한국기업의 환위험정보관리의 실태

한국기업이 얼마나 환위험관리를 효율적으로 수행하는가를 확인하기 위해 기업자체에서 취급하고 있는 외환관계업무의 내용을 살펴 봄과 동시에 기업내부의 환위험정보관리의 수행정도를 조사하였다. 먼저 환위험에 노출되는 외환관계 업무내용으로 설문에 제시된 것은 연불금융, 해외지점을 위한 현지금융, 해외지사와의 D/P, D/A거래, 해외회사채발행, 해외사무소에 대한 현금의 송금, 외화간 선물환계약, 원화선물환계약, 외화대부, 외국 장기차관, 환율변동에 대한 예측, 해외지사의 영업성과에 대한 평가, 해외투자에 대한 의사결정 등이다. 환위험정보관리 실태를 조사하기 위해서는 첫째, 외환손실발생거래, 둘째 외환손익의 발생원인, 셋째, 외환부서의 통일적 체계 부족 사유, 넷째, 환노출에 관한 정보수집 등에 관련된 항목 들을 조사하였으며, 이를 분석하고 집계한 것이 〈표IV-10〉이다.

〈표IV-10〉 한국기업의 환위험 정보체계의 실태

대상업체 / 설문 내용	무역회사		제조기업		금융기관	
	종합 무역상사 [4]	일반 무역회사 [16]	국제 제조기업 [4]	국내 제조기업 [12]	외환금융 은행[6]	지방은행 [30]
a. 외환손실 발생거래	외화표시 수출입거래	외화표시 수출입거래	외화표시 수출입거래	외화표시 수출입거래	외화표시 수출거래	외화표시 수출거래
b. 외환손익 발생원인	(a) 환율예측 미비 (b) 환위험관리 부서의 미비	(a) 환위험관리 부서의 미비 (b) 환율예측 미비	(a) 환율예측 미비 (b) 환위험관리 부서의 미비	(a) 환위험관리 부서의 미비 (b) 환율예측 미비	(a) 환율예측 미비 (b) 환위험관리 부서의 미비	(a) 환위험관리 부서의 미비 (b) 환위험관리 모델의 미비
c. 외환손익의 통일적 체계 부족 사유	전문인력 부족	(a) 전문인력 부족 (b) 책임소재 불명	(a) 전문인력 부족 (b) 책임소재 불명	(a) 전문인력 부족 (b) 책임소재 불명	전문인력 부족	전문인력 부족
d. 환노출정보의 수집	재무제표 작성시	정보수집 체계미비	필요시 또는 재무제표 작성시	정보수집 체세미비	정기적 환노출보고서가 작성됨	정보수집 체계미비

여기서 무역 및 제조기업의 경우에는 수입거래에서, 금융기관의 경우에는 수출에서 외환차손이 크게 발생하고 있는 것[11]은 원화의 대외환율이 계속 상승하였음에 기인한 것이었다. 한국기업의 외환손익이 다발적인 것은 대부분 환율예측과 환위험관리부서의 미비에 기인한 것이었다. 외환업무 취급부서에 대한 통일적 체계가 부족한 것은 〈표 IV-11〉에서 보는 바와 같이 규모와 업종을 막론하고 환위험관리 전문인력이 부족하고, 전문인력 양성 및 경영의사결정체계내에 환위험관리문제를 도입할 수 있는 체계를 갖추지 못한 것에 기인한다고 본다. 또한 대규모기업의 경우 정기적으로 환노출정보 보고가 이루어지며, 국책 및 시중은행의 경우 일별로 환노출 산정표가 작성되고 있으나, 중소규모기업은 환노출에 대한 인식부족으로 환노출정보체계가 갖추어져 있지 않은 실정이다.

한국 기업의 환위험정보 관리체계가 환위험에 대한 경험과 인식에 못미치고 있는 주된 이유는 환위험 관리부서의 미비에 있다고 결론지을 수 있다. 환위험에

11) 응답업체의 절반이상(53%)이 외화표시 수출입거래로부터 외환손실이 발생한다고 함.

노출되는 외환취급업무들을 어느 부서에서 실제로 담당하고 있는가를 살펴봄으로써 정보관리체계의 미비를 확인할 수 있다. 이를 표본기업을 대상으로 정리해 보면 〈표IV-11〉과 같다. 이러한 분석을 토대로 정보관리체계의 순위를 살펴보면, ① 국책 및 시중은행 ② 종합무역상사 ③ 국제제조기업 ④ 일반무역회사 ⑤ 지방은행 ⑥ 국내제조기업의 순이 된다.

〈표IV-11〉 외환관계업무의 취급부서

외환업무내용 \ 담당부서	국제영업부	외환부	자금부	해외영업부.(해외관리부)	경리부(재경부)	무역부	기획조정실	금융부	업무부	영업부	대부과	자재부	심사부	국제부	해외사업본부	총무부	외자부	이사회	합계
연불금융	2	3	1		1			1	1					3					12
해외지점을 위한 현지금융	3	4	2			2		1	1	1		1	1	2		1			19
해외지사와의 D/P, D/A거래	1	1	2			6		1	1	2		1		2					18
해외회사채 발행	2		1											1					4
해외사무소에 대한 자금의 송금	1	1	3	6		4		1	3					4		1			25
외화와 다른 외화간 선물환계약	4	3	1		2			1		1				3					15
원화와 외화간 선물환계약	1	4	2		2				1	1				3					14
외화대부	3	1		1	3	2		3	4	1				2					21
외국장기차관	3	2							1					2			1		9
외국단기차관	1	1						1						2					5
외화표시 수출입거래	1	3	1			8		1	3	1				2					20
외화딜링업무	2	4	1							1				4					12
예금딜링업무	1	2	3					1		1				3					11
모기업 또는 해외자회사와의 대차상태	1	1		1	1			1		1				1					7
환율변동에 대한 예측	3	4	1		1	4		1	2	1				5					22
해외지사의 영업성과에 대한 평가	1	1		3		3	2			1				2	1				14
해외투자에 대한 의사결정	1	1		1		1				2				3	1			3	13

3-7 한국기업의 환위험관리전략의 실태

앞서 분석에서 '광의의 환위험관리 전반에 관한 실태'를 살펴 본 바 있다. 여기서는 과연 관리대상으로서의 환위험 유형은 어떤 유형인지, 이를 관리하기 위한 수단으로 선호되는 환위험관리기법은 무엇인지, 어느 부서에서 어떠한 방법으로 환위험관리 의사결정과정을 거치는지를 확인하였다. 이를 정리한 것이 〈표IV-12〉이다.

〈표IV-12〉 한국기업의 환위험 관리의 실태

업체 / 대상기업 유형 / 조사항목	무역회사		제조기업		금융기관	
	종합 무역상사	일반 무역회사	국제 제조기업	국내 제조기업	국책 및 시중은행	지방은행
환위험 관리기법	(a) 기업외환부서에서 관리 (b) 금융기관으로부터의 도움	(a)기업외환부서에서 관리 (b) 금융기관으로부터의 도움 (c)즉흥적으로 관리	(a) 기업외환부서에서 관리 (b) 금융기관으로부터의 도움	(a) 즉흥적으로 관리 (b) 내부의사결정체계 이용	(a) 외환부서 (b) 금융기관 도움	(a) 즉흥적으로 관리 (b) 내부의사결정과정 이용
환위험관리기법의 선호도	(a) 외환시장의 선택 (b) 내부기법 활용 - 매칭 -포트폴리오	(a) 외환시장의 선택 (b) 내부기법 활용 - 선지급·후지급 방법 - 매칭	(a) 외환시자의 선택 (b) 내부기법 활용 - 선지급·후지급 방법 - 포트폴리오	특별한 관리대책이 없음 (a) 내부기법 활용 - 자산부채 조정기법 - 포트폴리오	(a) 외환시장의 선택 (b) 금융시장의 선택	(a) 외환시장의 선택 (b) 금융시장의 선택
환위험 관리부서	외환관계 부서	무역부	외환관계 부서	경리부	국제부	국제부

〈표 IV-12〉에서 보는 바와 같이 대규모기업은 기업내 외환관리부서에서 환위험을 관리하고 있으며, 외부금융기관의 도움을 받고 있다, 중소규모기업은 그때그때 즉흥적으로 관리하며, 금융기관의 도움을 받거나 내부의사결정체계를 이용하고 있다. 체계적인 수준높은 환위험관리모형을 활용하고 있다고 한 곳은 국제제조기업 중 단 한 군데 뿐이었다. 또한 가장 선호하는 관리기법은 외환시장을 통한 선물환계약이었으며, 그 다음이 매칭matching, 거래통화의 선택, 선지급·후지급 등의 기업내부기법의 순이었는데, 금융기관에서는 자산부채조정기법이 선호되고 있었다. 특히 한국 기업의 특징은 환율예측, 환노출액의 산정, 환위험관리수단의 지

침 및 평가, 방어용 환위험관리수단의 선택을 모두 같은 부서에서 수행하고 있다는 면에서 효율적인 환위험관리를 위해서는 상호견제와 균형이 이루어질 수 있도록 재편성이 필요하다고 본다. 이에 따라 기업유형별 환위험관리수준을 정리하면 ① 국책 및 시중은행 ② 종합무역상사 ③ 국제제조기업 ④ 일반무역회사 ⑤ 지방은행 ⑥ 국내제조기업의 순이 된다.

3-8 한국 기업의 환위험관리목표의 조사

마지막으로 한국 기업이 환위험관리 목표를 갖고 있는가, 갖고 있다면 상위 개념으로서의 기업의 경영목표에 대비하여 어느 수준으로 인식하고 있으며, 구체적으로 어떠한 환위험 관리 목표를 갖고 있는가를 조사하였다. 그 결과 〈표IV-13〉과 같이 일반적으로 대규모기업이 중소규모기업보다 환위험관리를 중요시하고 있으며, 국책 및 시중은행의 경우 적극적인 환위험관리목표를 세워놓고 있었다. 따라서 외환금융은행은 보다 건실한 환위험정보관리를 토대로 투기적 환위험관리도 실행하고 있는 수준이었다.

〈표IV-13〉 한국 기업의 환위험관리 목표

업종 / 대상기업 유형 / 항목 내용	무역회사		제조기업		금융기관	
	종합 무역상사	일반 무역회사	국제 제조기업	국내 제조기업	국책 및 시중은행	지방은행
a. 환위험관리의 목표	전사적 목표와 동등	환위험관리 목표개념이 없음	전사적 경영목표의 하위개념	실제로는 고려하지 않음	전사적 경영목표의 하위개념	환위험관리 목표개념이 없음
b. 목표의 구체적 내용	-환차익의 극대화 -환차손의 극소화	-환차익의 극대화 -환차손의 극소화	-환차손의 극소화	-환차손의 극소화	-환차익의 극대화	불명확함

이를 토대로 기업유형별 환위험관리 목표의 수준을 순위화한다면 ① 종합무역상사 ② 국책 및 시중은행 ③ 국제제조기업 ④ 일반무역회사 ⑤ 지방은행 ⑥ 국내제조기업의 순으로 확인되었다.

3-9 종합: 한국 기업의 환위험관리 실태에 대한 기업유형별 수준 판정

지금까지 1980년대 당시 환위험에 노출된 한국 기업을 업종별·규모별로 6가지 유형으로 분류하고, ① 환위험에 대한 인식수준 ② 기업의 환위험관리 프로그램의 체계화정도 ③ 환율예측부문의 실태 ④ 환위험정보관리의 실태 ⑤ 환위험관리전략의 수준 및 ⑥ 환위험관리 목표에 대한 인식 및 수준 등을 환위험관리 체계적 관점에서 개별적으로 분석하였다. 이를 토대로 기업유형별로 상대적으로 어떠한 관리체계수준인지를 종합하여 종합적으로 비교하면 〈표 IV-14〉와 같다.

〈표IV-14〉 한국 기업의 유형별 환위험관리 실태의 수준 종합평가

업종 / 유형 / 환위험 관리수준	무역회사		제조기업		금융기관	
	종합 무역상사	일반 부역회사	국제 제조기업	국내 제조기업	국책 및 시중은행	지방은행
a.환위험 인식수준	①	③	②	⑤	④	⑥
b.환위험 관리목표	①	③	④	⑥	②	⑤
c.환위험 관리전략	②	③	④	⑥	①	⑤
d.환위험 관리 프로그램	①	③	②	⑥	④	⑤
e.환율예측 부문 수준	①	③	②	⑥	④	⑤
f. 환위험 정보관리	②	③	④	⑥	①	⑤

㈜ 기업유형 6가지 중 환위험관리 비교수준별 우월한 순으로 ①~⑥까지로 나열하였음

〈표IV-14〉에서 보는 바와 같이 종합무역상사의 경우는 환위험에 대한 인식이 어떤 기업유형보다 높을 뿐 아니라 환위험관리목표도 전사적 차원의 경영목표와 동일한 수준에 있는 바, 이에 준거하여 환율예측 및 환위험관리 프로그램의 체계수준이 가장 높았던 데 비해, 환위험정보관리와 환위험관리전략 수준은 외환금융

은행(국책 및 시중은행)에 비해 뒤졌다. 한편 국제제조기업은 환위험에 대한 인식수준, 환율예측과 환위험관리 프로그램 수준은 종합무역상사 다음으로 높았으나, 환위험관리목표를 기업의 전사적 경영목표의 하위개념으로 인식하고 있어 환위험정보관리와 환위험관리전략 수준이 외환금융은행보다 낮은 세 번째 그룹을 형성하고 있었다. 따라서 이를 개선하여 '전사적 차원의 환위험관리전략'을 수립하는 것을 제안한다.

또한 외환금융은행(국책 및 시중은행) 유형은 은행이라는 특수한 지원시스템의 속성으로 말미암아 환위험정보관리수준이 종합무역상사 다음으로 두 번째였다. 그러나 반드시 갖추어야 할 정보지원시스템으로서의 속성인 환율예측과 환위험관리 프로그램 수준이 세 번째 그룹으로 상대적으로 낮은 수준이었다. 이에 비해 일반무역회사는 환위험의 인식, 환위험관리목표 등 모든 환위험관리체계상의 비교속성이 6개 유형 중 네 번째였다. 마지막으로 지방은행과 국내제조기업들이 환위험관리수준이 모두 최하위였다. 국내제조기업은 지방은행보다 환위험에 대한 인식은 업무상 직접적인 경험으로 인해 다소 나았을 뿐, 정작 환율예측, 정보관리 등 환위험관리, 환위험관리 프로그램과 환위험관리 목표 등 모든 항목에서 지방은행보다 뒤떨어지고 있었다.

6가지 기준으로 종합적으로 판단하면 한국 기업의 환위험관리 실태수준은 ① 종합무역상사 ⇨ ② 외환금융은행(국책 및 시중은행) ⇨ ③ 국제제조기업 ⇨ ④ 일반무역회사 ⇨ ⑤ 지방은행 ⇨ ⑥ 국내제조기업의 순이었다.

참고문헌

1. Adler, Michael and Bernard Dumas(1982), "Translation Methods and Operational Foreign Exchange Risk Management", *International Financial Management.*
2. Adler, Michael and Bernard Dumas(1984), "Exposure to Currency Risk: Definition and Measurement", *Financial Management 13.*
3. Ankron, Robert K.(1974), "Top-Level Approach to the Foreign Exchange Problems", *Harvard Business Review, July-August 1974.*
4. Artus, J. R. and R.R. Rhomberg(1973), " A Multinational Exchange Rate Model", *IMF Staff Papers.*
5. Artus, J. R. and R.R. Rhomberg(1982), "A Revised Version of the Multinational Exchange Rate Model", *IMF Staff Papers.*
6. Cho, Dae-Woo(1985), "The Classification and Nature of Foreign Exchange Risk", 경상논집 제 VII권 제 I호, 충남대학교 경영경제연구소.
7. Cornell, Bradford(1980), "Inflation, Relative Price Changes and Exchange Risk", *Financial Management.*
8. Cornell, Bradford and Alan C. Shapiro(1983), "Managing Foreign Exchange Risk", *Midland Corporate Financial Journal.*
9. Dufey, Gunter and S.L. Srinivasulu(1984), "The Case for Corporate Management of Foreign Exchange Risk", *Financial Management.*
10. Eaker, Mark R.(1981), "The Numerative Problem and Foreign Exchange Risk", *Journal of Finance.*
11. Gull, Don S.(1975), "Composite Foreign Exchange Risk", *Columbia Journal of World Business.*
12. Heckman, Donald(1972), "The Exchange Risks of Foreign Operations", *The Journal of Business.*
13. Heckman, C. R.(1983), "Measuring Foreign Exchange Exposure: A Practical Theory and its Application", *Financial Analysist Journal.*
14. Hodder, James. E.(1982), "Exposure to Exchange Movements", *Journal of International Economics.*
15. Howlett, Keth(1977), "Forward Hedging Does Pay: Because the Long-Run is too Long", *Euromoney.*
16. Jilling, Michael and Wiliam R. Folks Jr.(1977), "A Survey of Corporate Exchange Rate Forecasting Practices", *Working Paper No.3.* Center for International Business Studies, University of South Carolina.

17. Keyon, Alfred(1981), *Currency Risk Management*, John Wiley & Sons.
18. Kohlhagen, Steven W.(1978),"A Model of Optimal Foreign Exchange Hedging Without Exchange Rate Projects", *Journal of International Studies.*
19. Lessard, Donald R.(1985), *International Financial Management: Theory and Application, 2nd, ed.* John Wiley & Sons.
20. Levi, Haim(1981), "Optimal Portfolio of Foreign Currencies with Borrowing and Lending", *Journal of Money, Credit and Banking, Vol. 13. No.3.*
21. Lietaer, Barnard A.(1971), "Financial Management of Foreign Exchange: An Optimal Techniques to Reduce Risk", *The MIT Press.*
22. Madura, Jeff and E. Joe Nosari(1984), "Utilizing Currency Portfolios to Mitigate Exchange Rate Risk", *Columbia Journal of World Business.*
23. Makin, John H.(1978), "Portfolio Theory and the Problem of Foreign Exchange Risk", *The Journal of Finance.*
24. Remy, Claude(1977), "Sophisticated Management Can Minimize Exchange Risk", *Euromoney.*
25. Rodriguez, Rita M.(1979), "Measuring and Controlling Multinational Exchange Risk", *Financial Analyst Journal.*
26. Ruediger, Naumann-Eitenne(1977), "Exchange Risk in Foreign Operations of Multinational Corporations", *Unpublished Ph.D. Dissertation,* University of Michigan.
27. Schulman, R.B.(1970), "Are Foreign Exchange Risk Measurable?", *Columbia Journal of World Business.*
28. Shapiro, Alan C.(1975), "Exchange Rate Changes, Inflation and the Value of the Multinational Corporations", *The Journal of Finance.*
29. Shapiro, Alan C. and Rutenberg David P.(1976), "Managing Exchange Risks in a Floating World", *Financial Management.*
30. Srinivasulu, Seetharalla(1983), "Strategic Response to Foreign Exchange Risk", *Columbia Journal of World Business.*
31. Srinivasulu, Seetharalla(1983), "Classifying Foreign Exchange Exposure", *Financial Executive.*
32. Srinivasulu, Seetharalla(1983), "Foreign Exchange Risk Management in Multinational Corporations: An Integrated Approach", *Unpublished Ph.D. Dissertation,* University of Michigan.
33. Wheelwright, Steven C.(1975), "Applyig Decision Theory to Improve Corporate Management of Currency Exchange Risk" *California Management Review.*
34. 조대우(1982), "환위험관리 통괄모델 설정에 관한 연구", 「경상논집」 제 IV권 제 1호. 충남대 경영경제연구소.

제 5 장

한국기업의 환위험관리: 1990년대*

| 본 장의 목표 |

1. 1985년도(1차 조사)에 비해 1994년 당시 기업의 환위험에 대한 인식이 달라졌는가?
2. 환위험의 인식, 환율예측, 환위험정보관리, 환위험관리프로그램, 환위험관리목표 등 기업의 총체적인 관리역량을 업종별(무역, 금융, 제조 등), 규모별(대규모, 중소규모)로 비교하여 보라.
3. 새로운 환위험 유형으로 제시한 미래미확정환위험과 현재미확정환위험은 여전히 존재하고 있는가?
4. 종합무역상사, 국제제조기업과 시중은행은 위의 환위험관리의 부문별 역량면에서 상호 차이가 존재하는가? 그 이유를 살펴 보라.

* 조대우(1994), "우리나라 제조기업의 환위험관리 특성 분석", 「경영논집」 제 X권 제 2호. 충남대 경영경제연구소. 이 장은 필자가 1994년도 한국국제경영학회 춘계 학술발표대회에 발표된 내용을 토대로 수정·보완한 것임.

1. 머리말

1980년대의 복수통화환율제도가 1990년대를 접어들면서 시장평균환율제도로 전환됨에 따라 기업은 보다 환율변동위험에 크게 직면하게 되었다. 또한 한국기업에 환위험관리 실태를 조사한 1994년 당시 환율은 달러당 700원대에 진입하였다. 이런 원화절상추세는 일시적인 현상이 아니라 장기적일 것으로 예측됨에 따라 종래 원화가치가 낮아 가능했던 가격경쟁력은 더 이상 기대하기 어렵게 되어 기업이 체감하는 환위험 정도는 더욱 커지고 있었다. 더욱이 한국이 OECD 가입을 위해 외환시장의 대대적인 개방을 공표함으로써 정부는 더 이상 환위험을 보전시켜 줄 수 있는 방패로서의 기능을 효과적으로 수행할 수 없을 것이며, 향후 세계 경제는 필연적으로 자유화, 개방화 물결에 휩싸일 것이므로 우리나라에도 많은 외화자금이 유입될 것으로 예상되어 원화의 절상압력은 계속될 것으로 예상되고 있었다.

그럼에도 불구하고 1990년대의 격동적인 경영환경에 비해 한국 기업의 환위험관리능력은 기업별로 수준차는 있었으나, 1980년대에 비교하여 큰 차이를 보이지 않고 있었다. 실제 한국의 제조기업 전체의 연간 당기순이익에 육박하는 환차손이 발생하고 있음에도 불구하고 기업들의 환위험에 대한 인식도는 매우 낮아 개별기업들의 외환손실방지를 위한 환위험관리 시스템구축 및 관련전문 인력양성 노력이 시급한 것으로 지적되었다. 1993년 한국의 주요 제조업체 265개사를 조사한 결과 환차손은 1조 1,500억원, 환차익은 5,88억원으로 1993년 한해만 6,400억원에 달하는 순외환손실을 부담했다. 이 같은 손실규모는 1992년 전체 제조업 외환 손실액 3,500억원의 2배에 육박하는 규모였다. 한편 지난 1992년도 한국 제조업 전체의 환차손은 1조 278억원으로 경상이익 2조 9,400억원의 35%에 달했다. 반면에 환차익은 6,700억원에 불과하여 한국 제조업체들은 11.9%인 3,500억원의 외환손실을 부담한 것으로 나타났다.[1)]

실제 한국 기업 중 소수의 개기업을 제외하고는 환위험을 관리불가능한 구조적인 문제로 보고 있었다. 설사 관리가능하다고 해도 내부적인 능력의 결여로

1) 매일경제신문 1994년 5월 1일자.

인해 환위험손실을 감내한다는 의식이 팽배했던 실정이었다. 그러나 환위험은 관리불능요인으로 치부하기엔 그 손실이 지나치게 크고 결국 한국의 대외경쟁력을 약화시키는 주요요인이 될 것이다. 따라서 복수통화환율제도가 시행되고 있던 1985년 당시 조사했던 환위험관리 실태조사를 새로운 환율제도가 정착된 1994년 시점에서 동일문항의 설문지를 통해 실태조사해 봄으로써 그 한국기업의 환위험관리 실태를 진단해 보고자 한다.

첫째, 효과적인 환위험관리를 위해서는 환위험의 실체는 무엇이고 이를 어떻게 정해야 할 것인가에 관한 명확한 정의가 있어야 한다. 관리대상으로서의 환위헌을 정의하는 데는 기존학자들이 아직도 금과옥조로 여기고 있는 3가지 환위험 즉 회계적 환위험(거래적 환위험, 환산환위험)과 경제적 환위험으로는 부족하다는 것이 조대우(1985)의 연구에서 확인된 바 있다. 따라서 이번 실태조사에서는 새로운 환위험 분류기준에 따른 환위험관리가 지금 시점에서도 유용한지 분류타당성을 검토하고자 한다.

둘째, 조직적이고 체계적인 환위험관리는 관리목적을 설정하고 관리 프로그램에 따라 구체적인 전략을 수립하여 운용하는 일련의 과정을 밟게 된다. 이러한 과정에서 기업은 환위험관리에 관련된 공식적인 조직을 정비하게 되며, 환위험 관리대상과 환위험 관리기법이 명확하게 나타날 수 있게 된다. 따라서 한국 기업들이 실제 수행하고 있는 환위험관리 실태를 정확하게 분석하기 위해 기업군을 유형화하여 분석하고자 한다.

셋째, 조대우(1985)가 실시했던 당시와 동일한 설문을 토대로 근 10년동안의 한국 기업의 환위험에 대한 인식, 목표, 관리방법 등이 어떻게 달라졌는지 확인하고자 한다. 동시에 1차 설문조사시 한국이 채택하고 있던 환율제도는 복수통화 환율제도였다. 이와는 달리 1994년 당시 한국의 환율제도는 시장평균환율제도였다. 따라서 한국 기업들이 환율제도가 변경됨에 따라 환위험에 관한 인식, 목표, 전략, 정보관리, 관리프로그램 및 환율예측 등에서 차이가 생겼는지 확인하는 것은 환위험관리실무면에서 의의가 있다고 본다.

2. 기업 환위험관리 실태 연구

2-1. Carter와 Rodriguez의 연구[2)]

Carter와 Rodrigues(1978)는 1976년도 매출액이 최저 4억달러에서 평균 20억달러 수준의 미국 다국적기업 40개를 대상으로 환위험관리모형을 경영의사결정기법으로 사용하는가 등의 설문조사를 하였다. 실태조사결과 환위험관리를 위해 환노출 관리모형을 활용한다는 다국적기업은 9개였다. 환노출 정보획득을 위해 컴퓨터 프로그램을 사용한다는 기업은 12개였다. 총 40개 기업중 21개, 53%의 기업이 기업의 환위험관리를 위해 환위험관리모형과 컴퓨터 프로그램을 활용하고 있음을 확인해 주었다. 이것이 당시와 비교하면 15년전의 일이었다.

2-2. Mathur의 연구[3)]

Mathur(1982)는 Dun & Bradstreet's Directory of International Companies에 속하면서 Fortune 500대기업 중에서 임의추출한 300개 기업에 대해 45개 문항의 설문지를 보냈다. 설문분석결과 다국적기업은 대부분 외환관리정책을 모기업에서 실행하고 있었다. 그리고 외환거래손실 및 환산손실의 최소화에 그 목표를 두고 있었다. 또한 사내에서 자체 개발한 환율예측치를 대가를 받고 팔고 있었으며, 환율예측시 시계열분석 못지 않게 주관적 방법을 많이 쓰는 것으로 나타났다. 특히 네팅netting과 리딩·래깅leading & lagging 방법 등이 사내 헤징기법으로 잘 활용되고 있었으며, 현지금융 등 외부시장을 이용하는 외부 헤징기법도 매우 선호되고 있다는 것을 확인할 수 있었다.

---

2) Carter, E.E. and R.M. Rodriguez(1978), "What 40 Multinationals Think", *Euromoney.*

3) Muthur, I.(1982), "Managing Foreign Exchange Risk Profitably", *Columbia Journal of World Business.*

2-3. Collier와 Davis의 연구[4)]

Collier와 Davis(1985)는 Time Top 200에서 발취한 74개의 영국 다국적기업을 대상으로 모기업의 조직통제와 환위험관리간의 관계 실태를 조사하였다. 그들은 기업의 조직통제형태를 ① 완전 중앙통제형 ② 특정지침 전달형 ③ 일반지침 전달형 ④ 자율권 부여형 등 4가지로 분류하였다. 실태조사 분석결과를 정리하면

첫째, 영국 다국적기업의 대부분은 그룹차원의 환위험관리와 공식적인 환노출관리정책간에 중앙통제정도가 존재한다는 것.

둘째, 중앙통제는 영국자회사에서 보다도 외국자회사에 현저하게 작게 나타난다는 것

셋째, 환위험관리의 공식책임자와 정책기조간 연계성 뿐만 아니라, 환위험정도와 책임자간에도 상관관계가 존재한다는 것을 밝혀주고 있다.

2-4. Belk와 Glaum의 연구[5)]

Belk와 Glaum(1990)은 1988년도에 17개의 영국의 주요 다국적기업에서 환위험관리를 담당하는 당사자(예: treasurer)를 대상으로 직접 면접법을 실시하여 ① 회계적(환산) 환노출관리 실태 ② 거래적 환노출관리 실태 ③ 경제적 환노출관리 실태 ④ 기업의 환위험관리 조직 특성 ⑤ 기업 경영목표 등에 관해 분석했다. 연구결과는 5가지로 요약된다.

첫째, 통념상 회계적(환산) 환노출은 기업환위험 관리전략상 별로 유용하지 않다고 생각했으나, 영국 다국적 기업들은 회계적 환노출에 큰 관심을 갖고 있었다.

둘째, 14개 기업에 대해 인터뷰한 결과 거래적 환노출은 매일 매일 관리하며, 환위험관리의 핵심부분으로 인식하고 있었다.

셋째, 경제적 환노출은 미래(장기)의 기업의 경제적 가치를 극대화하자는 목표

4) Collier, P. & E.W. Davis(1985), "The Management of Currency Transaction Risk By U.S. Multinational Companies", *Accounting and Business Research.*

5) Belk, P. A. and M. Glaum(1990), "The Measurement of Foreign Exchange Risk in U.K. Multinationals: An Empirical Investigation", *Accounting & Business Research Vol.21., No.81.*

와 일치하며, 16개 기업 중 9개 기업이 기대 미래현금 흐름관리와 실제 거래적 환노출이 밀접하게 관련되어 있다고 답변했었다.

넷째, 16개의 다국적 기업이 그들의 환위험관리를 어느 정도 중앙통제하고 있으나, 해외자회사는 부분적으로 중앙통제되고 있고, 16개 기업중 7개 기업은 거래적 환노출에 대한 헤징의사결정을 자회사에 권한위양하고 있었다.

다섯째, 영국의 다국적 기업은 위험회피형으로 규정할 수 있으며, 기업의 재무위험 최소화가 기업의 목표였다. 따라서 기업을 안정적으로 운영하기 위해서는, 기업의 주요 손실을 야기할 수 있는 환율변동의 영향을 최소화해야 하므로 투기적 목적으로 외환거래를 하진 않는다고 결론지었다.

2-5. Batten과 Mellor의 연구[6]

Batten과 Mellor(1993)는 오스트레일리아의 New South Wales의 기업을 대상으로 Salescan List를 통해 500개 기업을 선택하여 설문지를 송부했다. 표본기업은 모두 매출액 1천만 A$ 이상인 기업만 선택했다. 또 설문지는 환위험관리와 이자율 위험관리 두 부문으로 구성되어 있다.

이들은 기업의 특성(매출액 회전율, 국제경영활동, 외국인 소유비율, 공사기업 형태 등)과 환위험 관리실무(금융상품 활용정도, 중앙집중 정도, 장단기 자금조달수단, 환위험 관리기법 등)간에 관계를 규명하고자 했다. 실태분석은 크게 두가지로 요약된다.

첫째, Mathur(1982)는 미국 기업의 25% 만이 거래적 환노출 최소화를 지향한다고 했는데, 이 연구에서는 58%의 오스트레일리아 기업이 거래적 환노출의 최소화를 지향하고 있어 양국간 정도차이가 있음을 확인했다.

둘째, 환위험관리를 위하여 이용하는 금융수단은 선물, 옵션 및 스왑거래 등 파생상품 이용도보다 현물환거래와 선물환거래 등 본원적 거래를 중점적으로 활용하고 있었다. 이는 Mathur(1982)의 연구와 동일한 결과이다.

---

6) Batten, J. and R. Mellor(1993), "Foreign Exchange Risk Management Practices and Products Used by Australian Firms", n.p.

2-6. 조대우의 연구[7)]

조대우(1985)는 환위험에 노출되는 업종을 무역업, 제조업, 금융업으로 대분류하고, 업종별로 규모기준을 도입하여, 무역업은 대규모기업인 종합무역상사와 중소규모기업인 일반무역회사로 나누었다. 제조업은 대규모기업은 국제제조기업으로, 중소규모는 국내제조기업(충남지역)으로 분류했다. 금융업은 국책 및 시중은행 등 외환금융기업으로, 지방은행은 중소 금융기관으로 세분류했다. 총 6개 기업유형에 대해 총 150개의 설문지를 보내 50개를 회수하였으나 불성실한 답변을 한 5개 기업은 제외한 45개를 최종 표본으로 하였다. 이 연구결과를 요약하면 크게 7가지가 있다.

첫째, 거래적 환위험 및 경제적 환위험 등 전통적 환위험 분류체계는 더 이상 유용하지 않았다. 관리대상으로서의 환위험을 정의한다면, 연구자가 제시한 새로운 환위험분류 체계가 더욱 더 의미가 크다는 것을 보여준다.

둘째, 환위험의 인식정도는 종합무역상사를 필두로 국제제조기업 ⇨ 일반무역회사 ⇨ 시중은행 ⇨ 국내제조기업의 순으로 중요시하였다.

셋째, 환위험관리 목표수준 역시 종합무역상사를 선두로 시중은행 ⇨ 일반무역회사 ⇨ 국제제조기업 ⇨ 지방은행 ⇨ 국내제조기업의 순이었다.

넷째, 환위험관리 전략수준은 시중은행 ⇨ 종합무역상사 ⇨ 일반무역회사 ⇨ 국제제조기업 ⇨ 지방은행 ⇨ 국내제조기업의 순이었다.

다섯째, 환위험관리 프로그램 및 환율예측의 수준은 종합무역상사를 필두로 국제제조기업 ⇨ 일반무역회사 ⇨ 시중은행 ⇨ 지방은행 ⇨ 국내제조기업의 순이었다.

여섯째, 환위험정보관리수준은 시중은행이 제일 높았으며, 종합무역상사 ⇨ 일반무역회사 ⇨ 국제제조기업 ⇨ 지방은행 ⇨ 국내제조기업의 순이었다.

이렇게 기업의 환위험관리수준을 종합하여 평가하면, ① 종합무역상사가 가장 높았으며 다음이 ② 시중은행 ⇨ ③ 국제제조기업 ⇨ ④ 일반무역회사 ⇨ ⑤ 지방은행 ⇨ ⑥ 국내제조기업의 순이었다.

---

7) 조대우(1985), "한국 기업의 환위험관리 통괄모델 설정에 관한 연구", 「경상논집」, 충남대 경영경제연구소.

2-7. 민상기의 연구[8)]

민상기(1991)는 종합무역상사와 국제제조기업의 환위험관리수준이 가장 높다는 조대우(1985)의 연구결과에 따라, 한국의 5대 그룹의 대표기업 2개씩, 10개사를 대상으로 인터뷰를 실시하였다. 이중 관리체계가 미비한 1개 그룹을 제외하고, 나머지 4개 그룹에서 관리형태가 독특하고 수준이 높은 4개 기업(종합무역상사 3개사, 전자부품 제조기업 1개사)을 선택하였다. 사례연구 분석체계를 ① 환위험관리정책(관리목적, 관리대상) ② 조직체계(조직구조, 내부통제) ③ 정보체계(환율예측, 환노출 파악) ④ 의사결정체계(의사결정 흐름, 내부통제) 등 4가지(8가지 평가항목)로 구성했다.

사례분석 결과 환위험관리를 위한 제언으로 다음 4가지를 제시했다.

첫째, 환위험관리 지침상 환위험관리목적과 관리대상 환노출의 범위가 명시되어 있지 않다는 점이다. 따라서 지침상 노출의 범위를 명시하고 환율변동에 따라 탄력적으로 운영할 필요가 있다고 제언한다.

둘째, 조직체계면에서 보면, 환위험관리 전담조직의 규모와 수준이 낮고 관련현업부서와의 조정을 위한 최고경영자층 차원의 제도적 장치가 미비하다는 점이다. (최고)경영자 스스로가 깊이 인식하며 통합적인 정보시스템의 구비, 지침상의 명확한 책임권한 규정과 함께 재무담당임원을 위원장으로 하는 조직차원의 외환대책위원회를 설치하여 전사적 차원의 환위험관리를 해야 한다.

셋째, 최고경영자 자신이 환위험 관리에 직접 참여할 수 있어야 한다. 즉 환율의 최근 동향, 기업의 환노출내용, 환위험관리 내역을 수시보고서를 통해 파악하고 카버범위 등에 지침을 제시할 필요가 있다.

마지막으로, 환위험관리부문의 관리성과를 평가할 수 있도록 평가체계가 마련되어야 하며, 성과 결과에 따라 동기부여를 할 수 있는 제도적 장치가 요구된다고 제언했다.

---

8) 민상기(1991), "한국기업의 환위험관리",「국제재무관리 연구논문집」, 서울대학교 경영대학.

3. 실태조사 표본 설계

3-1. 표본 규성

1985년도에 실시한 1차 설문조사 결과와 1994년 행한 2차 설문조사 결과를 비교하고자 한다. 이를 위해 1차 설문지 내용과 동일한 설문 문항을 2차 설문시에도 활용하였다. 한국 기업의 환위험관리를 정형화하기 위해서는 먼저 환위험에 노출되는 기업의 유형화가 선결되어야 한다. 환위험에 노출되는 업종형태는 무역업, 제조업과 금융업 3가지를 선택하고, 동일업종내에서는 규모, 국제화수준, 업무영역 등을 기준으로 세분류하였다.

1차 설문조사시는 1985년 9월초부터 동년 11월 중순까지 이루어졌으며, 총 150개 기업에 발송하여 50개사로부터 설문지를 회수했다. 이중 답변이 부실한 5개 설문지를 제외하고 남은 45개사의 설문지를 활용하여 분석했다.

2차 설문조사는 1994년 5월 16일 발송하여 동년 6월 7일 회수 완료했다. 무역업체에 48부(종합무역상사 8개사, 일반무역회사 40개사), 제조업체에는 110부(국제제조기업 30개사, 국내제조기업 80개사), 금융기관에 83부(특수 및 시중은행 24개사, 지방은행 10개사, 외국은행 국내지점 49개사)를 포함하여 총 230개 업체에 설문지를 발송했다. 이중 89개의 설문지가 회수되었으나, 답변이 부실하거나 업종분류가 불명한 4개를 제외한 85개 업체의 설문지를 분석에 활용했다. 무역업과 제조업의 선정은 매일경제신문사에서 발행한 회사연감(1993.7)을 활용하였으며, 일반무역회사의 경우는 구로공단 입주업체를, 국내제조기업의 경우는 대전상공회의소에서 발행한 「1994 기업체총람」(1993.12)을, 금융기관은 FOREX클럽 회원명단을 이용하여 설문지를 발송했다.

금융기관에 발송했던 83부는 제외하고 무역업과 제조업에 발송한 158부중 설문지를 회수한 것은 총 55개사로부터였다. 2차 설문조사 결과의 표본구성 내용은 〈표V-1〉에 정리하였다.

〈표V-1〉 2차 한국기업의 환위험관리 실태 조사 표본

업종	기업 유형		표본 기업체수	발송 업체수	회수율 (%)	비고
무역업	종합무역상사		5	8	62.5	1994년 6월 현재
	일반무역회사		12	40	41.4	구로공단 입주업체
제조업	국제제조기업		8	30	26.7	-
	국내 제조 기업	대기업	4	20	20.0	-
		중기업	11	30	36.7	충청남도 중소기업
		소기업	15	30	50.0	
합계			55	158	34.8	부실설문지 4부제외

㈜ 일반무역회사: 총매출액 중 수출비율이 80% 이상인 업체
국제제조기업: 연간 총매출액이 3억달러 이상이며, 총매출액 중 수출과 해외 현지매출액 비중이 60%~80%인 업체
대기업: 연간 매출액이 3억달러 이상이며, 수출과 해외 현지매출액 비중이 40%미만인 업체
중기업: 연간 총매출액이 3천만 달러 이상 3억달러 미만인 업체
소기업: 연간 총매출액이 3천만 달러 미만인 업체

3-2. 분석틀과 분석방법

보편적으로 알고 있는 거래적 환위험, 환산환위험, 경제적 환위험이란 환위험분류체계로는 한국 기업의 환위험관리 실태를 분석하는 필요한 준거를 제시하지 못한다. 한국 기업이 경험하고 당면하고 있는 환위험은 위 3가지 환위험보다는 훨씬 다양하고 복잡하였다. 1985년 1차 설문조사때도 제시한 5가지의 새로운 환위험 분류가 1994년도에도 그대로 나타나고 있다면, 기존 환위험외에 새로이 등장한 B형과 C형 환위험에 대해 반드시 관리대상으로 만들어야 한다.

따라서 ① 새로운 환위험 분류체계의 적합성 ② 한국 기업의 환위험관리 실태의 유형화 ③ 1980년대 중반과 1990년대 중반 양 시점간의 횡단적 분석을 할 필요가 있다. 이를 위해 설문지는 ① 단답 선택형 ② 복수 선택형 ③ 순위형 ④ 인지도 판별형 ⑤ 기술형 등 질문유형으로 구성되어 있으며. 분석결과는 빈도, 중요도 순위, 집단간 차이분석 결과 등을 도출할 수 있다. 실제 설문조사는 1985년도와 동

일업종에 국내 외국은행지점까지 포괄하였으나, 그중 무역업과 제조업만을 분석대상으로 하였다. 따라서 집단 분류는 무역업과 제조업의 업종에 따른 분류와 기업규모의 두 가지 기준에 따라 2개 집단과 국내제조기업은 3개 집단으로 나누었다.

4. 분석결과 및 해석

4-1. 한국 기업의 환위험 인식 문제

(1) 환위험 인식 수준

한국 기업 특히 종합무역상사와 국제제조기업, 대기업의 최고경영자들의 환위험에 대한 인식은 1990년대 이후 달라졌다고 긍정적인 응답을 했다. 그러나 다른 기업군들의 환위험에 대한 인식변화는 그다지 높지 않은 것으로 나타났다(〈표 V-2〉). 이로써 미루어 볼 때, 기업규모가 클수록 환위험에 대한 중요성을 크게 인식하게 있음을 시사한다. 또한 다른 문항에서는 순위는 비슷하지만 훨씬 큰 값을 보였는 데, 이는 1990년대 들어 특별히 환위험 인식이 새로워졌다기 보다 이전부터 환위험은 기업에게 중요한 경영상의 의미를 갖고 있었다는 것을 반증한다.

환위험인식수준은 국제제조기업이 가장 높았으며, 다음이 종합무역상사, 국내대기업과 중기업 등의 순으로 나타났다. 특기할 것은 일반무역회사의 경우 가장 환위험 인식이 낮았고, 1985년 당시 가장 인식수준이 높았던 종합무역상사 마저 국제제조기업보다 인식도가 낮은 것은 10여년 사이 급격하게 성장한 국제제조기업과 국내대기업군이 환위험에 대해 높은 관심을 보인 것은 역시 기업규모와 환위험 인식간에 높은 상관관계가 있다는 증거이다.

종합적으로 보면, 한국 기업은 업체의 특성과 규모에 따라 정도의 차이는 있지만 전반적으로 환위험에 대한 인식을 강하게 하고 있는 것을 확인할 수 있었다. 그러나 이런 결과는 현실적으로 한국 기업의 낮은 환위험관리수준에 비추어 볼 때 환위험 인식이 높다고 높은 관리수준을 담보하지는 않고 있음을 반증한다.

〈표 V-2〉 한국 기업의 환위험 인식 수준

(5점 척도)

인식내용 \ 대상업체	종합 무역상사	일반 무역상사	국제 제조기업	국내제조기업		
				대기업	중기업	소기업
a. 1990년대 이후 달러와 엔 등의 가치변동으로 인한 손실 때문에 최고경영자의 환위험에 대한 인식이 새로워 졌다	4.00 (0.71)	3.00 (1.25)	3.87 (0.35)	4.00 (0.00)	3.00 (1.26)	3.30 (0.82)
b. 환율예측은 기업경영상 매우 중요한 문제이다.	4.40 (1.34)	3.73 (1.01)	4.75 (0.46)	4.50 (0.58)	4.09 (1.14)	4.00 (0.94)
c. 환위험이란 중요시 않고 무시한 경우 골치아픈 문제가 발생할 수 있다.	4.80 (0.45)	3.80 (0.92)	4.88 (0.35)	4.25 (0.50)	4.36 (0.67)	4.00 (1.00)
평 균	4.40	3.51	4.50	4.25	3.82	3.77

㈜ 척도점수(표준편차)

(2) 한국 기업의 환위험 인식 유형화

보편적인 환위험분류가 갖고 있는 이론적 한계는 확인한 바, 새로운 환위험 분류기준에 의해 환위험 인식을 측정하여 한국 기업이 경험하고 인식하고 있는 환위험을 규명하여 보자. 그러려면 환위험 측정대상 거래를 발굴해내야 한다. 과연 기업은 언제 환위험을 인식해야 하는가? 전통적인 회계적 환위험에 해당하는 A형은 이미 발생한 거래이면서 환위험이 발생한 일자가 명확하게 결정되어 있는 경우이다. 예를 들어 해외자회사와 연결재무제표를 작성할 경우 환위험을 고려하는 것은 전통적인 회계적 환위험의 전형이다. 종합무역상사는 응답기업의 80%가 이를 경험하고 있다고 응답했다. 국제기업과 국내대기업 등 해외에 자회사를 보유한 기업규모가 큰 기업들이 주로 이같은 환위험 인식을 하고 있었다. 반면에 중소기업들은 인식이 낮았다. B형 환위험은 환율변동으로 인해 수출가격이 변동하는 경우인데 전통적 거래적 환위험과 일견 유사해 보이지만 거래적 환위험은 거래시점과 결제시점간 환율변동으로 인한 환위험으로서 결제시점이 확정된 거래와는 다른 의미를 갖는다. 즉 환율변동으로 인해 수출가격이 변동하면 계약시점과 결제시점이 확정된 것이 아니라 그 기간동안에 최종 결제가격이 달라질 수도 있다. 그 예가 바로 '환율변동에 의한 가격 전가foreign exchange pass-through'이다. 전반적으로 B형 환위험에 대한 인식은 상대적으로 높았다. 특히 응답한 모든 종합무역상사는 B형 환위험을 인식하고 있었다.

C형 환위험은 〈표 V-3〉의 '새로운 신규 해외투자사업'의 선택시 발생하는 환위험과 〈표 V-4〉의 동일거래가 반복되는 경우 등 두가지 모두를 포괄하는 환위험으로 기회손익의 개념이 발현된다. C형 환위험은 다수의 응답기업들이 환위험으로 인식해야 한다는 견해를 보였다.

협의의 경제적 환위험인 D형 환위험은 종합무역상사가 가장 높게 인식하고 있었다. 국제기업과 대기업이 상대적으로 높은 인식도를 보였다.

〈표 V-3〉 한국기업의 환위험 고려 시점

환위험 유형	기업형태 / 고려시점	무역회사		제조기업			
		종합무역회사	일반무역회사	국제기업	대기업	중기업	소기업
A형	해외자사회와 연결재무제표 작성시	4 (80.0)	1 (8.3)	2 (25.0)	1 (25.0)	1 (9.1)	0 (0)
C형	새로운 투자 사업의 선택시	4 (80.0)	4 (33.3)	7 (87.5)	4 (100)	2 (18.2)	6 (40.0)
B형	환율변동으로 인한 수입원자재 가격 변동시	5 (100)	4 (33.3)	8 (100)	1 (25.0)	7 (63.6)	9 (60.0)
B형	환율변동으로 인한 수출상품 가격 변동시	5 (100)	6 (50.0)	7 (87.5)	1 (25.0)	6 (54.5)	8 (53.3)
A-1형	이미 발생된 계약의 실현으로 인한 대금 수령 및 시급시	2 (40.0)	8 (66.7)	4 (50.0)	1 (25.0)	3 (27.3)	2 (13.3)
D형	환율변동으로 인한 미래현금흐름 변동에 대한 추정치	4 (80.0)	3 (25.0)	4 (50.0)	2 (50.0)	3 (27.3)	2 (13.3)
D형	기업 자체의 환위험관리모형애 의한 정규적 관리수행시	3 (60.0)	2 (16.7)	1 (12.5)	0 (0)	0 (0)	1 (6.7)
A-2형	월, 분기, 반기, 회계연도별 및 수시적 필요시	4 (80.0)	2 (17.7)	4 (50.0)	1 (25.0)	6 (54.5)	1 (6.7)

㈜ 복수응답빈도(비율)

〈표 V-4〉 환위험에 대한 인식

환위험 유형	기업형태 / 고려시점	무역회사		제조기업			
		종합무역상사	일반무역상사	국제제조기업	대기업	중기업	소기업
A형	환율이 일정이상 변동만 하면 환차손이 발생한다	2 (40.0)	8 (66.7)	2 (25.0)	4 (100)	7 (63.6)	4 (26.7)
A-2형	외환차손익과 외화평가손익은 관리불가능변수이다	-	2 (18.7)	1 (12.5)	1 (12.5)	3 (27.3)	5 (33.3)
A-1형	외화표시거래만 하면 외환차손익이 발생한다	2 (40.0)	4 (33.3)	5 (62.5)	3 (75.0)	4 (36.4)	3 (20.0)
A-2형	외환차익 또는 외화평가손익은 당기순이익에 계상되고 외환차손은 당기순손실에 계상한다.	2 (40.0)	4 (33.3)	5 (62.5)	2 (50.0)	5 (45.5)	2 (13.3)
A-1형	환위험은 실현되어야만 손실이므로 미실현된 것은 계상하지 않는다	-	3 (25.0)	1 (12.5)	-	2 (18.2)	3 (20.0)
C형	동일유형의 거래가 미래에 발생할 수 있는 것도 환위험이다.	4 (80.0)	4 (33.3)	4 (50.5)	2 (50.0)	5 (45.5)	3 (20.0)

㈜ 복수응답빈도(비율)

이 같이 〈표 V-3〉과 〈표 V-4〉의 내용을 1차 실태조사(1985년) 결과와 비교하면 〈표 V-5〉와 같다. 1차 실태조사 결과를 요약하면, 종합무역상사와 국제제조기업은 새로운 분류에 의한 환위험의 모든 유형을 인식하고 있었다. 일반무역회사는 제품 수출입시에 이미 계약한 상품의 가격이 계약후 결제시점까지의 환율변동을 이유로 거래 상대방에 의해 '역오퍼counter offer'에 의한 가격변동위험[9] 등에 주로 노출되는 바, '현재 미확정환위험'을 특히 강하게 인식하고 있었다. 국내제조기업은 외환관계거래 취급빈도가 적어 전반적인 인식수준이 매우 낮은 편이었다.

한편 2차실태조사(1994년) 역시 업종과 기업특성에 관계없이 B, C형 환위험거래를 하고 있었다. 특히 종합무역상사와 국제제조기업의 경우 B형 환위험과 C형 환위험에 대부분 노출된 경험이 있는 것으로 확인되었다. 이는 새로운 분류에 의한 환위험들이 3가지의 전통적 환위험이 카바하지 못하는 B, C형 환위험영역을

9) 이런 현상을 환율변동에 의한 가격전가 현상 foreign exchange pass-through라고 한다.

'관래대상 환위험'영역속에 포괄할 수 있음을 확인시켜 주고 있다.

또한 1차 설문시점에 비해 국내제조기업의 환위험에 대한 인식이 괄목할 만큼 높아졌다는 것도 주목할 만하다. 특히 지방은행의 경우 전통적인 환위험인 '회계적 환위험(거래적 환위험과 환산환위험)'에 대한 인식이 보편화되었다는 것도 특기할만하다. 국내제조기업의 경우에는 미래지향적인 경영활동과 관련있는 B형과 C형 환위험에 대한 노출경험을 실제로 하고 있음을 확인할 수 있었다.

〈표 V-5〉 새로운 분류에 의한 환위험인식: 기간비교

대상업체	종합 무역상사		일반 무역회사		국제 제조기업		국내제조기업			
							중소	대	중	소
설문조사시기	I	II	I	II	I	II	I	II		
표본수 / 환위험유형	4	5	16	12	4	8	12	4	11	15
현재확정환위험(A형)	3	4	7	8	3	5	5	3	6	3
현재확정실현환위험 (A-1형)	3	3	7	8	3	5	5	3	4	3
현재확정미실현환위험 (A-2형)	3	4	4	3	2	3	1	1	6	1
현재미확정환위험(B형)	4	5	15	6	2	8	8	1	7	9
미래확정환위험(C형)	3	5	8	4	2	7	0	4	5	6
미래미확정환위험(D형)	4	4	9	3	3	4	0	2	3	2
총체적환위험(E형)	5	5	16	8	4	8	10	4	11	15

㈜ I싯점: 1985년 12월
II싯점: 1994년 12월

이들을 정리하며 내린 종합적인 결론은 다음과 같다.

첫째, 실태조사시점과 관계없이 전통적 환위험 분류에 의해 분류될 수 없는 많은 환위험들이 새로운 환위험 분류체계에 의하여 분류됨을 확인할 수 있었다. 이는 한국 기업들에 의해 이미 발생하고 경험하고 있는 여러 환위험(예: B형인 현재미확정환위험, C형인 미래미확정환위험)들을 새로운 환위험 분류체계에서 분류할 수 있었다는 것을 의미하며, 나아가 각 유형별 적정한 환위험관리를 수행할 필요가 있음을 보여준다. 한국기업의 환위험 인식은 설문싯점에 관계없이 종합무역상사와 국제제조

기업 등 외화표시 거래규모와 빈도가 높은 기업에서 특히 높았다. 1차 실태조사시에는 동일업종내에서는 규모가 큰 기업이 작은 기업보다 환위험 인식이 유의적으로 높았다. 2차 실태조사시에도 종합무역상사는 일반무역회사보다, 국제제조기업은 국내중소기업보다 인식도가 상대적으로 높아 1차조사시와 전반적으로 유사한 결과를 보여주었다.

4-2. 한국 기업의 환위험관리 목표

환위험관리목표는 환위험관리 방법 및 형태를 결정하는 지침 역할을 한다. 또한 기업내부의 경영의사결정상 환위험관리가 갖는 지위를 나타낼 수 있다는 것에 의미가 있다. 〈표 V-6〉과 같이 종합무역상사는 환차익을 극대화한다는 적극적인 목표를 갖고 있는 기업이 20%였고, 나머지 기업은 아직도 소극적이고 방어적인 환위험관리 목표를 갖고 있는 것으로 확인되었다. 일반무역회사는 국내소규모기업중 3곳은 환위험을 고려하지 않고 있다고 응답하여 기업 경영을 함에 있어 환율변동으로 인한 환위험관리를 위해서는 아무런 준비없이 무방비 상태에서 환위험을 감내하고 있음을 보여 주었다.

종합적으로 보면 한국 기업은 외환손익을 제로화하는 소극적인 전략과 환차손을 최소화하려는 방어적인 환위험관리 전략을 수행하고 있다고 결론지을 수 있다.

〈표V-6〉 한국기업의 환위험관리 목표

기업형태 / 관리목표	무역회사		제조기업			
	종합	일반	국제	대규모	중규모	소규모
외환손익의 제로화	2 (40.0)	3 (25.0)	3 (37.5)	-	2 (18.2)	3 (20.0)
환차익의 극대화	1 (20.0)	2 (16.7)	1 (12.5)	2 (50.0)	-	2 (13.3)
환차손의 극대화	2 (40.0)	5 (41.7)	2 (25.0)	2 (25.0)	7 (63.6)	2 (13.3)
환위험을 고려하지 않음	-	1 (8.3)	-	-	-	2 (13.3)

㈜ 단일응답빈도(비율)

4-3. 한국 기업의 환위험관리 프로그램

한국 기업의 환위험관리 프로그램의 실태와 수준을 측정하기 위해서 Michael Jilling과 W.R. Folks Jr.(1977)의 설문조사 내용을 토대로 분석하였다. 1차 조사(1985) 결과는 종합무역상사의 경우 환위험관리를 위해 전사적 노력을 하고 있었다. 환위험관리 프로그램 개발에도 진력을 하고 있었다. 이와는 달리 일반무역회사는 환위험의 중요성은 인식하고 있었으나, 전문인력의 부족으로 구체적인 노력은 미흡한 상태였다. 또한 국제제조기업의 역히 환위험의 중요성은 인식하고 있어 환위험관리를 위헤 노력을 하고 있었던 반면 국내제조기업은 환위험관리 프로그램은 물론 환위험관리 개념조차 형성되어 있는 않은 실정이었다.

2차 실태조사는 1994년 5월에 실시되었다. 한국 기업의 환위험관리 실태 파악을 위해 5점 척도로 측정한 결과는 〈표 V-7〉에 정리하였다. 종합무역상사의 경우 환위험관리 프로그램이 효과적으로 구축되어 만족할만한 해결수단을 보유하고 있는 것으로 확인되었다. 국제제조기업과 국내대기업도 이에 관해 긍정적인 응답을 했다. 그러나 일반무역회사와 국내중소기업은 환위험관리를 위해 만족할 만한 수단을 갖지 못하는 것으로 나타나 기업규모에 따른 환위험관리능력에서 차이를 보였다.

환위험관리를 위한 전사적 노력에 대해서도, 종합무역상사와 국제제조기업의 경우 지속적인 노력을 경주했으나, 나머지 기업은 환위험관리에 대한 두자가 낮은 것으로 드러났다. 환위험관리를 위해 소요되는 비용과 그 이익을 비교한 결과, 국내소기업을 제외하고는 모든 기업이 환위험관리의 효과를 인정하고 있었다.

〈표 V-7〉 한국 기업의 환위험관리 프로그램

(5점 척도)

대상업체 / 환위험관리 프로그램	종합무역상사	일반무역회사	국제제조기업	국내제조기업		
				대기업	중기업	소기업
환위험은 막대한 위험이지만 만족할 만한 해결 수단 보유함	4.60 (0.89)	2.70 (1.16)	4.25 (0.71)	3.75 (0.05)	2.82 (1.08)	2.80 (1.03)
과거 4년간 환위험 관리를 위해 전사적으로 노력함	4.00 (0.71)	2.20 (0.42)	3.75 (0.89)	2.33 (0.58)	2.27 (1.27)	2.33 (0.71)
과거 4년동안 환율예측에 대한 우리 기업의 기법이 매우 발달하여 왔음	4.00 (0.71)	2.60 (0.84)	3.50 (1.07)	3.67 (0.58)	2.80 (0.92)	2.60 (0.84)
환위험관리로 기대되는 기회이익보다 환위험 관리비용이 더 큼	4.40 (0.55)	3.22 (0.44)	4.13 (0.83)	3.75 (0.96)	3.33 (0.87)	2.88 (0.99)
환위험관련계정은 다른 회계계정과 다름 없이 정규항목으로 취급함	4.20 (0.45)	3.56 (1.13)	4.63 (0.52)	4.25 (0.96)	3.60 (1.07)	3.43 (0.79)

㈜ 5점 척도로서 5점에 가까울수록 환위험관리 프로그램이 발달된 것임. 척도점수(표준편차)

4-4. 한국 기업의 환위험 관리전략

한국 기업의 환위험 관리전략에 관한 1차 실태조사(1985) 결과는 종합무역상사, 국제제조기업 및 국내대기업은 기업내 외환관리부서에서 환위험을 관리하고 있고, 외부금융기관으로부터도 자문을 받고 있었다. 이와는 달리 국내 중소기업은 그때 그때 즉흥적으로 환위험관리를 하고, 금융기관의 도움을 받거나 내부의사결정체계를 이용하고 있었다. 또한 환위험관리모형을 사용하고 있었던 곳은 국제제조기업중 한곳 밖에 없었다. 가장 선호하는 환위험관리기법은 외환시장을 통한 선물환계약이며, 다음으로 매칭, 거래통화의 선택, 선지급·후지급 등의 기업내부기법의 순으로 나타났다. 한국 기업의 특징은 환율예측, 환노출액의 산정, 환위험관리수단의 지침 및 평가, 방어용 환위험관리수단의 실행을 모두 동일한 부서에서 수행하고 있다는 점에서 보다 조직적이고 전문화된 조직의 재편 필요성이 제기된다.

〈표 V-8〉은 환위험 관리방법을 나타내는 것으로 각 문항을 각기 선택할 수 있는 복수응답 선택형으로 구성되어 있다. 조사 대상의 모든 기업이 특정 항목에 몰리지 않고 고루 분포되어 있는 것은 기업별로 상이한 환위험 관리방법을 구사하는 것으로 보이며, 같은 기업인 경우에도 여러 가지 항목에 응답한 것은 아직 한국 기업은 환위험관리에 관한 명확한 지침과 체계적인 활동이 이루어지지 않고 있다고 유추할 수 있었다.

전반적으로 볼 때 한국 기업은 즉흥적인 방법으로 그때 그때 환위험관리 활동을 수행하며, 외부전문기관의 조력을 받는 것으로 보인다. 특기할 것은 종합무역상사는 환위험관리 모형이 기업내에 존재하였으나, 반면에 국제제조기업이나 국내대기업은 환위험관리 모형이 존재하지 않고 문제가 발생할 때마다 즉흥적인 해결수단을 찾는다는 것도 확인할 수 있었다.

〈표 V-8〉 한국기업의 환위험관리방법

기업형태 / 관리방법	무역회사		제조기업			
	종합	일반	국제	대규모	중규모	소규모
즉흥적으로 결정함	2 (40.0)	6 (50.0)	2 (25.0)	2 (25.0)	7 (63.)	3 (20.0)
외부자문을 받은	3 (60.0)	3 (25.0)	5 (62.5)	4 (100)	5 (45.5)	2 (13.3)
금융기관의 도움을 받음	3 (60.0)	-	7 (87.5)	2 (50.0)	2 (18.2)	-
사내 의사결정 체계를 활용	1 (20.0)	1 (8.3)	1 (12.5)	-	1 (9.1)	-
자동적 환위험관리 모형 존재	1 (20.0)	-	-	-	-	-
환위험 관리모형을 보유하고 있으나, 예외적인 문제 발생시 최고경영자가 직접 수행함	3 (60.0)	-	-	-	-	-
외부 용역결과와 기업 내부 판단 종합	-	-	-	-	1 (9.1)	1 (6.7)
사례별로 담당부서에서 결정함	1 (20.0)	2 (16.7)	1 (12.5)	-	1 (9.1)	1 (6.7)

㈜ 복수응답빈도(비율)

1994년 5월 당시 한국 기업이 환위험관리를 위해 사용하는 수단은 기업이 활용할 수 있는 역량에 따라 달랐다. 〈표 V-9〉에서 보는 바와 같이 종합무역상사를 비롯하여 국제제조기업과 국내대기업 등 3집단은 환위험관리를 위해 외환시장을 가장 많이 활용한다고 응답했다. 특히 종합무역상사와 국내대기업은 이의 활용수준이 동등한 것으로 나타났다. 반면 규모가 작은 기업일수록 외환시장에 대한 접근이 잘 이루어지지 않고 있음이 드러났다. 조직내부의 환위험관리수단도 소규모 기업을 제외하곤 각 기업이 여러 가지 수단을 다양하게 활용하고 있었다. 소규모 기업은 선지급·후지급법lead & lag을 이용하고 있었으나, 나머지 환위험관리기법은 전혀 활용하지 않고 있었다. 국내소기업은 대부분 별다른 환위험관리전략을 수립하지 않고 있었다. 전체적으로는 통화의 선택이 가장 많이 활용하고 있었으며, 매칭과 네팅도 비슷한 수준으로 선호되고 있었다(〈표 V-10〉).

〈표 V-9〉 한국 기업의 환위험 관리수단

기업형태 / 관리수단	무역회사		제조기업			
	종합	일반	국제	대규모	중규모	소규모
금융시장 이용	②	①	④	②	①	②
외환시장 이용	①	②	①	①	③	③
외환선물, 외환옵션	③	④	②	③	④	④
기업내부 해결	④	②	③	④	②	①

㈜ 각 란의 숫자는 이용순위를 나타냄

〈표 V-10〉 한국 기업 조직내부의 환위험 관리수단

기업형태 / 관리수단	무역회사		제조기업			
	종합	일반	국제	대규모	중규모	소규모
거래통화의 선택	4 (80.0)	3 (25.0)	6 (75.0)	2 (50.0)	5 (45.5)	0
네팅 netting	3 (60.0)	2 (8.3)	5 (62.5)	1 (25.0)	1 (9.1)	0
매칭 matching	3 (60.0)	1 (8.3)	6 (75.0)	2 (50.0)	2 (18.2)	0
리딩·래깅 leading & lagging	1 (20.0)	4 (33.3)	5 (62.5)	2 (50.0)	3 (27.3)	4 (26.7)
자산부채조정기법ALM, asset & liability management	1 (20.0)	1 (8.3)	2 (25.0)	1 (25.0)	2 (19.2)	0
이전가격 transfer pricing	0	1 (8.3)	0	1 (25.0)	1 (9.1)	0

㈜ 복수응답빈도(비율)

4-5. 종합: 1990년대 환위험관리 실태 분석

한국 기업이 경험하고 있는 환위험의 유형은 당시 선진국 기업이 경험하고 있던 것보다 매우 다양하고 복합적이었다. 그것은 당시 세계 최고수준의 수출입 경험을 갖고 성장한 국가였을 뿐 아니라 이를 바탕으로 글로벌 시대가 도래함에 따라 OECD국가에 진입하면서 더욱 해외시장에 적극적으로 진출함으로써 새로이 경험하기 시작한 환위험도 있었을 것으로 판단된다, 필자가 새로이 제시한 환위험 분류는 한국 기업의 환위험관리수준을 평가함에 있어 1890년대(1985년)와 1990년대(1994년) 양 기간의 비교를 통해 지난 10년간 한국 기업의 환위험관리능력의 진화여부를 확인하는 데도 큰 의미가 있었다고 본다.

먼저 한국 기업의 환위험 인식은 업종과 규모에 따라 정도 차이는 있었지만 여전히 매우 주요한 경영요소로 판단하고 있었다. 그러나 이러한 인식에 비해 관리능력은 매우 저조한 것으로 나타났다. 체계적이고 종합적인 환위험관리를 위해 새로운 환위험분류체계의 유용성은 1차 실태조사때에서도 확인할 수 있있지만, 현재미확정환위험(B형)과 미래확정환위험(C형) 등은 2차 실태조사때는 더욱 더 보편적으로 경험하는 환위험이 되고 있었다. 따라서 이제부터는 전통적인 3가지 환위험에 입각한 환위험관리보다는 새로운 환위험분류에 의거한 환위험관리로 전환될 필요가 있다고 판단된다. 이는 환위험의 이론정립, 기업환위험관리에 대한 재무회계적 문제해결과 관리회계적 문제해결 모두에도 유용할 것으로 본다. 이를 통해 새로운 환위험관리전략이 구축될 필요가 있다.

또한 당시 한국 기업의 환위험관리 수준을 정리해보자.

첫째 한국 기업의 환위험관리목표는 환위험관리를 통한 적극적인 이익획득보다는 환손실을 최소화하거나 환차익을 제로로 하는 방어적·소극적 목표를 갖고 있었고, 환위험관리는 기업의 다른 목표에 비해 하위개념이거나 목표불명으로 나타났다. 이는 환위험관리를 하고자 하는 의식은 갖고 있으나, 기업내에서 환위험관리가 명확한 지위를 확보하지 못하고 있었던 것으로 보여진다.

둘째, 환위험관리 프로그램이 정형화된 것은 종합무역상사는 상당한 수준으로 발달했으며 국제기업과 국내대기업도 환위험 관리 프로그램은 구축되어 있으나 실제 운용면에서는 문제점이 있는 것으로 확인되었다.

셋째, 환위험관리방법은 주로 외부의 전문기관에 의존하고 있었다. 관리수단은 기업규모가 클수록 외환시장과 금융시장을 주로 이용했으나, 중소기업은 사내 능력부재와 외부적인 요인에 의해 이런 시장에의 접근이 어려워 내부적으로 해결한다고 응답했다. 그러나 실제로는 별다른 대책없이 그대로 환율변동으로 인한 환위험에 노출되고 있었다.

마지막으로 환위험관리 조직면에서 보면, 외환관련부서가 환위험관리 업무를 담당하는 곳이 다수 있었으나, 전산부서 담당자나 최고경영자가 직접 관리하는 경우도 상당수 있어, 환위험에 대한 조직적인 대처가 미흡한 것으로 확인되었다.

이를 종합하면, 1990년대 당시 한국 기업은 환위험에 대한 인식은 상당히 진화되었으나 관리의지와 능력은 매우 낙후되어 있었던 것으로 파악된다. 종합무역상사의 경우 환위험인식과 관리능력이 다른 유형의 기업에 비해 절대적인 우위에 있었다. 그러나 특정부문에 있어서는 종합무역상사도 후진성을 면치 못하고 있었다. 국내 중소기업의 경우 여타 기업에 비해 절대적인 열위를 보였으나, 몇몇 소수의 기업들은 각 부문에서 탁월한 면도 보였음을 고려하면 환위험이란 기업규모나 국제화 정도 여부를 떠나 기업경영자의 성숙한 의지와 조직적인 배려가 있을 경우 관리가능한 영역으로 전환된다는 교훈을 주었다고 본다.

참고문헌

1. Batten, J. and R. Mellor(1993), "Foreign Exchange Risk Management Practices and Products Used by Australian Firms", n.p.
2. Belk, P.A. and M. Glaum(1990), "The Measurement of Foreign Exchange Risk in U.K. Multinationals: An Empirical Investigation", *Accounting and Business Research*, Vol.21.No.81., n.p.
3. Carter E.E. and R.M. Rodriguez(1978), "What 40 U.S. Multinational Think", *Eurominey.*
4. Cho, D.W.(1985), "The Classification and Nature of Foreign Exchange Risk", 「경상논집」, 충남대 경영경제연구소.
5. Collier, P. and E.W. Davis(1985), "The Measurement of Currency Transaction Risk by UK Multinational Companies", *Accounting and Business Research.*
6. Jilling, M. and W.R. Folks, Jr.(1977), "A Survey of Corporate Exchange Rate Forecasting Practices", *Working Paper,* University of South Carolina, Columbia.
7. Jorion, P.(1990), "The Exchange Rate Exposure of U.S. Multinationals", *Journal of Business.*
8. Lierar, B.A.(1970), *Financial Management of Foreign Exchange-An Operational Technique to Reduce Risk*, The MIT Press.
9. Mathur, I.(1982), "Managing Foreign Exchange Risk Profitability", *Columbia Journal of World Business.*
10. Prindle, A.R.(1976), *Foreign Exchange Risk,* John Wiley & Sons.
11. Rodriguez, R.M.(1981), "Corporate Exchange Risk Management: Theme and Aberrations", *The Journal of Finance.*
12. Ruediger, M.E.(1977), "Exchange Risk in Foreign Operations of Multinational Corporations", *Ph.D. Dissertation,* The University of Michigan.
13. Shapiro, A.C.(1993), "Defining Exchange Risk", *The Journal of Business.*
14. Srinivasulu, S.L.(1981), "Strategic Response to Foreign Exchange Risks" *Columbia Journal of World Business.*
15. Srinivasulu, S.L.(1983), "Foreign Exchange Risk Management in Multinational Corporations: Ab Integrated Approach", *Ph.D. Dissertation,* University of Michigan.
16. Srinivasulu, S.L.(1983), "Classifying Foreign Exchange Exposure", *Financial Excutive.*
17. Tran, V.Q.(1980), *Foreign Exchange Management in Multinational Firms*, UMI Press.
18. Wihlborg, C. (1980), "Economics of Exposure Management of Foreign Subsidiaries of MNCs', *Journal of International Business Studies.*
19. 민상기(1991), "한국 기업의 환위험관리", 국제재무관리 연구논문집, 서울대 경영대학.

20. 조대우(1983 & 수정판 1989), 「외환관리론」, 충남대학교 경영경제연구소.
21. 조대우(1987), "환율변동이 한국 정부—산업—기업의 대응전략", 「경상논집」, 충남대 경영경제연구소.
22. 조대우(1985), "한국 기업의 환위험관리통괄모델 설정에 관한 연구", 「경상논집」, 충남대 경영경제연구소.
23. 조대우(1985), "환위험관리 통괄모델 설정에 관한 연구", 「경상논집」, 충남대 경영경제연구소, 1982.

제 6 장

한국 제조기업의 환위험관리: 2000년대*

| 본 장의 목표 |

1. 제조기업의 경우 종래 대기업과 중소기업으로 분류하던 것을 대기업, 중견기업, 소기업 세집단으로 분류하여 조사했다. 집단간에 차이가 있겠는가? 업종별로도 여전히 차이가 존재하는가? 있다면 환위험관리를 20여년 가까이 진행하는 데도 쉽사리 바뀌지 않는 이유는 무엇인가?
2. 1985년부터 가설적으로 제시한 새로운 환위험인 미래확정환위험과 현재미확정환위험에 대해 각기 새로운 이름을 부여했다. 전자는 프로젝트환위험, 후자는 무역환위험이 그것이다. 명명한 이유는 이들 환위험에 대해 적극적인 방법으로 관리를 하자는 데 있다. 실태조사결과를 토대로 논의하여 보라.
3. 1980년대, 1990년대, 그리고 2000년대의 한국 기업의 환위험관리 특성을 비교하여 보라.

---

* 조대우(1994), "우리나라 제조기업의 환위험관리 특성 분석", 「경영논집」 제 X권 제 2호. 충남대 경영경제연구소. 이 장은 필자가 1994년도 한국국제경영학회 춘계 학술발표대회에 발표된 내용을 토대로 수정·보완한 것임.

1. 머리말

한국기업에 대해 환위험관리 실태를 분석하기 위해 약 9년을 간격으로 세 번째 조사를 실시하였다. 1차 실태조사는 1985년 9월, 2차 조사는 1994년 5월에 실시했으며, 3차 조사는 2003년 4월부터 두달간 이루어졌다. 1차 조사 당시 필자는 한국 기업의 국제경영활동이 글로벌화되어 감에 따라 환위험이 기업의 경제적 가치에 미치는 영향이 더욱 검증될 것이라는 확신과 함께 환위험에 대한 기업차원의 관리수준은 높지 않을 것이라고 보았다. 그렇지만 항상 환위험에 노출되어 있는 무역업체, 원자재를 수입하여 생산의 우회 축적과정을 거친 후 해외에 판매하는 제조업체, 그리고 외환업무를 직접 수행하는 금융기관이 제각기 환위험관리 수준이 다를 것이라는 것과, 같은 업종이라 하더라도 종합무역상사와 일반무역업체, 국제기업과 중소기업, 일반시중은행과 지방은행간에 차이가 있을 것이라는 확신을 갖게 되었다. 이렇게 업종별(3가지), 규모별(2가지)로 총 6개 그룹으로 나누어 상호 차이가 있는지 한국 기업의 환위험관리 특성을 분석했다. 1차 조사(1985년)시 표본 기업수는 45개였다. 2차 조사(1994년)는 1차 조사시에 비해 제조업을 국제기업과 국내기업(대규모기업, 중규모기업, 소규모기업)으로 더욱 세분화하였다. 금융업도 국내 외국은행지점을 포함시켜 총 9개 그룹[1])으로 나누어 조사하였다. 그 이유는 1차 연구가 1980년대 초반 복수통화환율제도 기간중의 환위험관리 실태를, 2차연구는 1990년대 초반 시장평균환율제도 기간중의 기업환위험관리 특성을, 본 장에서는 IMF외환위기 이후, 2003년 당시, 자유변동환율제도 실시기간중의 한국 기업의 환위험관리 실태 특성을 분석함으로써 9년간의 조사연구기간 간격과 20여년에 걸친 기간별 특성변화 추이longitudinal analysis를 통하여 한국형 기업환위험관리 패턴을 파악하고자 하였다.

---

1) 국제제조기업은 연간 매출액 3억달러 이상이며, 총매출액중 수출과 해외 현지 매출액 비율이 40~80% 이상인 업체로, 대기업은 연간 총매출액이 3억달러 이상이며, 수출과 해외 현지 매출액 비율이 40% 미만인 업체, 중견기업은 연간 총매출액이 3천만 달러이상 3억달러 미만인 업체, 소기업은 연간매출액이 3천만 달러 미만인 업체로 정의한다.

2. 환위험의 정의 논쟁

기업차원에서 환위험을 관리하면 과연 관리해야 할 환위험이 무엇인지, 어떻게 정의를 내려야 환위험의 실체를 정확하게 파악할 수 있는지, 환위험의 분류 및 환위험의 정의에 관한 것과 선진국은 과연 어떻게 환위험관리를 하고 있는지, 이에 비해 한국 제조기업의 환위험관리수준은 어느 정도인지 국가별·산업별로 실태분석 결과를 비교하여 그 시사점을 찾을 수 있다.

2-1. 전통적 환위험의 유형

환위험의 유형에 관해서는 R.K. Ankrom(1974)이 거래적 환노출, 환산환노출, 경제적 환노출 3가지로 처음 분류했다. 그 이후 A.L.L Jacque(1979), T.W. MacRae, et.al.(1980), C. Whilborg(1980), D.K. Eiteman과 A.I. Stonehill(1981), A.C. Shapiro (1982), Levi(1983), Rodriguez와 E. Carter(1984)와 D.R. Lessard(1985) 등 1970~1980년대 학자들이 주장하여 왔다. 더욱이 대부분의 전문서적이나 논문에서 3가지 유형의 환위험으로 고착되었다. 물론 거래적 환노출과 환산환노출은 회계적 환노출(Whilborg,C., 1980; Lessard, D.R, 1985)로, 미실현손익과 실현된 손익을 묶어 회계적 환노출로 설명하거나(Prindle, A.R., 1976), 경제적 환노출은 다시 계약적 현금흐름과 비계약적 현금흐름으로 나누었다(Giddy, I.H, 1977). 그러나 1970년대부터 30여년간 활용해온 소위 3가지 환위험이 과연 기업이 봉착하는 환위험의 갖가지 유형을 모두 포괄할 수 있는지, 또한 환위험 분류기준이 명확한지에 대한 의문이 동시에 제기되었다.

2-2. 새로운 환위험의 분류와 명명

이를 해결하고자 필자는 환위험을 인식 recognition 시점(특정일이냐, 불특정일이냐)과 환위험의 측정대상(현행거래냐, 미래발생거래냐)에 따라 분류하고, 소위 3가지 환위험 분류체계로는 포괄할 수 없는 새로운 형태의 2가지 환위험을 추가적으로 발굴하였고, 이들 환위험의 존재를 실증적으로 규명한 바 있다(조대우, 1985). 1차 실태조사 당시(1985년) 새로운 분류체계에 따라 (광의의)환위험(E형)은 현재실현환위험(A-1형), 현재미실현환위험(A-2형), 현재미확정환위험(B형), 미래확정환위험(C형), 미래미확정환위험(D형) 등 5가지로 분류된다고 새로이 제시한 바 있다. 그로부터 18년이 흐른 지금, 필자는 그동안 개념적 정의에 머물렀던 환위험을 제각기 실무적·전략적 정의로 새로운 이름을 명명하고자 한다. 이미 전통적 환위험으로 관리대상이 되고 있고, 환위험관리실무에 중요한 위치를 차지하고 있는 현재실현환위험(A-1형)은 거래적 환위험transaction risk, 현재미실현환위험(A-2형)은 환산환위험translation risk, 미래미확정환위험(D형)은 (협의의) 경제적환위험economic risk으로 원래대로 사용한다. 그러나 새로이 발현된 두가지 환위험은 새로운 이름을 부여하기로 했다. B형과 C형 환위험이 그것이다. 즉 현재미확정환위험(B형)은 무역환위험foreign trade risk, counter offer risk으로, 미래확정환위험(C형)은 프로젝트 위험project risk, revolving L/C risk로 명명하고자 한다(〈표 VI-1〉). 새로이 제시한 환위험은 전통적인 환위험 두가지, 거래적 환위험과 환산환위험을 포괄하면서도, 그동안 존재하면서도 환위험으로 명명되지 않아 관리대상에서 소홀했었던 무역환위험(B형)과 프로젝트 환위험(C형)을 적극적으로 관리할 수 있는 이론적 틀과 근거를 마련했다는 측면에서 환율변동으로 인한 환위험에 무방비로 노출되어 있던 한국 기업들에게 환위험관리에 대한 확신을 갖게 하였다고 본다.

새로이 분류함으로써 5가지 유형의 환위험이 탄생했는 데, 그 중 거래적 환위험과 환산환위험 및 (협의의)경제적 환위험은 전통적 환위험 유형에서 이미 누차 설명한 바 있으므로 설명은 생략하기로 한다. 여기서는 그동안 B형(현재미확정환위험)과 C형(미래확정환위험) 즉 무역환위험과 프로젝트환위험에 대한 개념만을 새로이 정의하고자 한다.

무역환위험foreign trading risk, counter offer risk이란 거래계약은 맺었으나 상대방이 선적전 또는 선적 직후에 환율변동으로 인하여 거래가격이 변동하였을 경우, 거래상대방은 새로이 역오퍼counter offer에 의하여 가격조정price adjustment을 해오거나, 매매량의 조정이 생기거나, 이미 맺은 계약의 취소행위 등으로 인하여 발생하리라고 예상되는 환위험으로 정의한다.

프로젝트 환위험project risk, revolving L/C risk이란 아직 정식계약이 이루어진 거래가 아니면서 동시에 아직 실현되지는 않았으나, 계속적으로 영위되는 동종同種거래의 경우나 거래에 의사결정을 내리기로 확정이 되어 있는 프로젝트 실행일이나 반복적으로 행해지는 거래(예를 들면, 회전신용장 발급거래) 등의 경우의 환위험으로 정의한다.

〈표 VI-1〉 새로운 기업 환위험유형에 대한 명명 命名

<table>
<tr><th>인식시점
측정대상</th><th colspan="2">특정일*</th><th>미래의 불특정일**</th></tr>
<tr><td rowspan="2">현행거래***</td><td rowspan="2">회계적 환위험(A형)
accounting risk</td><td>거래적 환위험(A-1형)
transaction risk</td><td rowspan="2">무역환위험(B형)
foreign trading risk,
counter offer risk</td></tr>
<tr><td>환산환위험(A-2형)
translation risk</td></tr>
<tr><td>미래거래****</td><td colspan="2">프로젝트 환위험
project risk, revolving L/C risk</td><td>(협의의) 경제적 환위험
economic risk</td></tr>
</table>

㈜ 필자가 두 번(1985.6 및 1985.12)에 걸쳐 제시했던 5가지 환위험유형을 새로이 명명하였음.
* 특정일이란 당해 년도내에 만기가 도래하는 거래의 결제일 또는 결산일을 의미함
** 미래의 불특정일이란 당해 회계연도 이후에 다가올 확정되지 않은 임의의 일자를 가리킴
*** 현행거래란 ①과 過년도에 거래가 발생하여 당해 년도에 결제될 거래 ② 당해 년도에 거래가 발생하여 당해 년도에 결제된 거래와 ③ 과년도 또는 당해 년도에 거래가 발생하였으나, 차기에 결제되기로 되어 있는 거래를 포함함
**** 미래거래란 아직 발행하지 않았으며, 또한 계약이 체결되지 않은 거래를 말함

3. 환위험 실태조사 기존연구

의외로 선진국들도 기업들의 환위험관리 실태를 조사·분석한 연구는 그리 많지 않다. 미국과 영국에서 연구가 활발한 편이었고, 그밖에 오스트레일리아 정도였다. 미국의 환위험 관리실태는 Carter와 Rodriguez(1978)와 Mathur(1982)로부터 비롯되는 데, 모두 다국적기업들을 조사하였다. 40여년전에 이미 주먹구구식의 연구가 아닌 수학적 모형이나 컴퓨터 프로그램을 만들어 전사적 차원에서 환위험관리를 적극적으로 하고 있었다. 환손실의 최소화를 목표로 사내헤징이나 외부헤징기법을 적극적으로 활용하였고, 기업이 자체 개발한 환율예측치를 대가를 받고 팔고 있는 기업이 있을 정도였다.

Collier와 Davis(1985), Belk와 Glaum(1990)은 영국 다국적기업의 환위험 관리

실태를 조사·분석한 바 있다. 환위험은 전사적 차원에서 통제하므로 환위험 정도에 따라 책임자가 책임을 진다는 것과 경제적 환노출보다는 회계적 환노출에 보다 큰 관심을 갖고 있었다. 그러나 투기적 목적으로 외환거래는 하지 않는 것으로 파악되었다.

한편 Batten과 Mellor(1993)는 오스트레일리아의 New South Wales 지역의 기업을 대상[2)]으로 실태조사한 결과, 거래적 환노출을 최소화하는 것이 그 목적이었다. 이를 위하여 현물환거래와 선물환거래와 같은 본원적 거래를 주로 활용하고 있어, Mathur(1982)와 Teoh, et al.(1988)의 연구결과와 일치하였다. 미국과 영국의 다국적기업과 아시아지역 다국적기업 그룹간의 환위험 관리실태를 연구한 A.P. Marshall(2000)의 실태조사 결과에 따르면 이들간에는 환위험관리 수준 차이가 존재했다. 특히 업종별, 기업규모별로 환산환노출과 경제적 환노출 관리실태와 외부의 헤징수단을 활용하여 환위험관리를 하고자 하는 적극성의 정도에서 차이가 있었다.

국내에서도 각종 연구기관을 비롯, 정현택(1986), 김용화(1987), 유환열(1988), 민상기(1989), 이길중(1993) 등의 연구들이 있으나 한국 기업의 환위험관리특성을 대변하는 데는 한계가 이었다. 환위험관리실무란 환율제도가 바뀌고 정책이 변전變轉되면 변화하기 마련이므로, 시간이 걸리더라도 기간적 비교longitudinal analysis가 필연적이다. 1차 환위험관리 실태 조사때부터 다소 복잡하더라도 향후 상당기간동안 설문 문항을 바꾸지 않더라도 기간경과에 따른 최소한의 보완으로 비교가능하도록 정밀한 설문지를 준비하고자 했다. 두 번(1985년, 1994년)에 걸친 실태조사를 통해 이미 전통적인 환위험인 3가지 환위험(A-1, A-2, D형)외에 무역환위험(B형)과 국제 프로젝트환위험(C형) 등 새로이 2가지의 환위험이 일상적으로 존재하고 있음을 확인할 수 있었다. 따라서 이들 환위험에 대해 적극적인 환위험관리의 중요성을 천명하였다. 또한 업종별, 기업 규모별로 환위험인식수준, 환율예측, 환위험관리 프로그램, 환위험관리수단, 환위험 관리전략과 목표 등에서 집단간 유의적 차이가 존재함을 확인하였다.

---

2) Salesscan List에서 매출액 1천만 A$이상의 기업 500개에 설문지를 발송하여 환위험관리 실태를 조사하였다.

4. 환위험 실태조사 대상

2003년 4월, 한국 제조기업을 대상으로 세 번째 환위험관리 실태조사를 실시했다. 1차 조사(1985년)와 2차 조사(1993년)의 연장선상에서 수행되었기에 1차 조사때의 설문 문항 대부분을 차용했고, 시간 경과에 따라 설문항의 추가 내용 삽입, 자구상 일부 수정을 거친 설문지가 배포되었다. 실제 조사는 무역업(종합무역상사와 일반무역회사), 금융업(시중은행과 지방은행)을 포함하였지만, 비교대상의 동질성을 위해 국제제조기업과 국내제조기업을 분석 대상으로 하였다. 다만 국내제조기업은 규모에 따라 대기업, 중견기업, 소기업으로 분류했다. 기업의 국제성과 기업규모에 따른 표본기업 분류는 2차 조사때와 동일한 기준으로 하였다. 국제기업은 연간 총매출액 3억달러 이상이며, 총매출액 중 수출 및 해외매출액 비율이 40~80%인 업체, 대기업은 연간 총매출액이 3억달러 이상이며, 수출 및 해외매출액 비율이 40%미만인 업체, 중견기업은 연간매출액이 3천만달러이상 3억달러 미만인 업체, 소기업은 연간 매출액이 3천만 달러 미만인 업체를 대상으로 했다. 물론 제조업체라고 하더라도 총매출액 중 해외매출액 비율이 80%이상인 업체는 무역업체로 간주하여 제외하였다.

이번 조사는 무작위 설문 발송에 의존하지 않고, 직접 방문하여 면담조사를 하는 동시에 설문조사를 병행하였다. 조사 기간은 2003년 4월부터 동년 6월까지 진행했다. 경우에 따라 설문지를 먼저 발송하여 조사내용을 숙지하게 한 후, 추가적인 질문을 수행하기도 했다. 표본특성 차이가 표본간 유의적 차이를 보이지 않도록 2차 조사때와 동일한 기업이거나 유사한 업종과 규모인 기업을 대상으로 했다. 〈표 VI-2〉과 〈표 VI-3〉에서 보는 바와 같이 국제기업 7개, 대기업 6개, 중견기업 11개, 소기업 17개 등 41개 기업을 조사함으로써 2차 조사(38개 기업)가 비교할 수 있는 토대를 만들 수 있었다.

혹여 시간이 흘렀는데 동일한 기업규모를 대상으로 할 수 있는지에 대해 이견이 있을 수 있다. 그렇지만 2차 조사이후 IMF외환위기를 겪었으며, IMF사태 이전 원화표시환율에 비해 거의 60%이상 환율이 변동했기에 원화가 아닌 달러표시 매출규모를 적용함으로써 이런 문제를 축소하고자 했다. 설문지 구성은 환위험에 대한 인식, 목표수준, 관리형태 및 관리수단, 관리 프로그램, 환율예측 형태에 대해 (단수, 복수)선택형, 순위형, 인지도 판별형, 기술문항형으로 이루어져 있다. 3차 실태조사는 2차 조사시와 직접 비교를 위해 빈도와 비율분석, 중요도 순위차이, 개별집단간 차이변화 분석에 초점을 두었다. 소위 외환위기로 불렸던 IMF외환위기 이전에 비해 IMF사태이후 한국기업들은 과연 전사적 차원에서 환위험 인식, 목표, 관리수준, 프로그램 유형, 환율예측 등 분야에서 어느 정도 변화가 있었는지 확인할 수 있는 기회를 가질 수 있을 것으로 기대했다.

〈표 VI-2〉 환위험관리 실태조사 시점별 표본 구성 비교

설문조사시점 / 규모별		1차 조사 (1985년)	2차 조사 (1993년)	3차 조사 (2003)
국제기업		4	8	7
국내기업	대기업	-	4	6
	중견기업	-	11	11
	소기업	12	15	17
합계		16	38	41

〈표 VI-3〉 3차 조사시 규모별 표본기업

규모별 분류		표본 기업 이름
국제기업 (7개)	3억달러이상, 수출 및 해외비중 40~80%	LG전자, 볼보건설기계코리아, 삼보컴퓨터, 현대자동차, LG건설, LG화학, 한솔제지
국내대기업 (6개)	3억달러이상, 수출 및 해외비중 40% 미만	POSCO, 한보철강, KT, KT&, ㈜풍산, 포항강판
국내 중견기업 (11개)	3천만달러~3억달러	㈜진합, ㈜에이스테크놀로지, 근화제약(주) 동아연필, 한국쉘석유, ㈜대농, ㈜노비타, 우성사료, ㈜동양강철, 삼성탈레스, 신일산업
국내 소기업 (17개)	3천만 달러 미만	㈜ 백선OPC, C.S.P, 트리스메트, 동홍섬유(주), ㈜개선스포츠, ㈜용산닷컴, ㈜ MEMC코리아, ㈜메디니스, ㈜탑엔지니어링, 한독옵텍(주), ㈜유니코화성, 한국티엔엘(주), 일양금속, ㈜아이피에스, ㈜나우시스, 대명화확, ㈜한백전자

5. 실태조사 분석

5-1. 환위험 인식수준

한국 기업 스스로가 기업차원에서 환위험관리를 한다면, 환위험관리수단의 선택이 중요하겠으나, 그렇지 않다면, 먼저 관리해야 할 환위험 유형을 명확하게 하는 것이 필요조건이 된다. 이미 1, 2차 실태조사시에 증명되었지만, 종래의 3가지 환위험(거래적 환위험, 환산환위험, 경제적 한위험)으로는 카바되지 않는 새로운 2가지의 환위험(현재미확정환위험, 미래확정환위험)의 존재를 재차 확인하였고, 이들에게 각기 무역환위험foreign trade risk, counter offer risk과 프로젝트 환위험project risk, revolving L/C risk으로 독자적인 이름을 부여하고자 한다. 말하자면 지금까지 보편적으로 사용하고 있는 3가지 환위험중 경제적 환위험에 대한 정의가 가장 추상적일 뿐 아니라 포괄범위가 워낙 넓어 당해 회계연도에서는 관리할 수 없을 것으로 알려져 왔으나, 그 중 관리가능할 뿐 아니라, 당해연도에 당연히 기업내 환위험관리 전략수립에 포괄되어 있어야 하는 무역환위험과 프로제트 환위험의 존재에 대해 표본기업들이 어느 정도 인식하고 있는 조사하였다, 환위험의 인식정도에 대해서는 환위험을 인식하는 시점, 환위험에 대한 인식형태, 인식이 낮은 경우 왜 그런지 이유를 구명하고자 했다.

(1) 환위험의 인식시점

기업은 과연 언제 환위험을 인시하게 되는가? 당해 회계연도내에 외환거래 결제가 이루어질 때(거래적 환위험), 환율변동으로 인해 수입원자재와 수출상품 가격에 대한 역오퍼로 인한 가격조정이 불가피할 때(무역환위험), 해외에 새로운 신규 사업을 벌이거나 반복적인 외환거래가 주기적으로 발생하게 되어 있을 때(프로젝트 환위험), 해외자회사의 재무제표를 연결하거나, 월별, 분기별, 반기별 회계연도별 및 수시 필요에 따라 기업 그룹 재무제표를 작성할 때(환산환위험)와 환율변동으로 기업이 영향을 받을 미해현금흐름과 기업 자체가 환위험관리 통괄모형을 운형할 때(협의, 광의의 경제적 환위험), 기업환위험은 발생하게 된다.

2차 실태조사지점(1994년도)에 비해 환위험에 대한 인식이 완연히 달라졌다.

먼저 국제기업은 거래적 환위험과 무역환위험에 대한 인식은 현저하게 감소한 반면, 대기업은 거래적 환위험과 무역환위험에 대한 인식이 급격히 높아져 대조를 보였다. 이는 국제기업의 경우 거래적 환위험과 무역환위험을 유발하는 거래 자체의 비중이 지난 9년동안 현저히 감소한데 기인하였다. 그동안 환위험에 둔감했던 소기업도 IMF 외환위기 이후 거래적 환위험과 환산환위험에 대한 인식이 급격히 높아졌다. 요약하면, 이제 한국의 제조기업은 규모와 기업의 국제성 여부에 관계없이 종래의 전통적 환위험은 물론 새로이 제시한 무역환위험과 프로젝트 환위험이 지난 1,2차 기간은 물론 3차 실태조사시점까지도 전통적 환위험이상으로 보편적으로 발생하고 있음을 인지하고 있었던 것이다.

〈표 VI-4〉 한국 기업의 환위험 인식 시점

환위험의 인식시점	환위험의 유형	국제기업		국내기업					
				대기업		중견기업		소기업	
		2차	3차	2차	3차	2차	3차	2차	3차
해외자회사와 연결재무제표 작성시	회계적 환위험	2 (25.0)	1 (14.2)	1 (25.0)	4 (66.7)	1 (9.1)	0	0	2 (11.8)
이미 발생된 계약의 실현으로 인한 미래 현금 흐름 변동에 대한 추정치	거래적 환위험	4 (50.0)	1 (14.2)	1 (25.0)	4 (66.7)	3 (27.3)	6 (54.5)	2 (13.3)	10 (29.4)
월, 분기, 반기, 회계연도별 및 수시적 필요시	환산환위험	4 (80.0)	6 (85.7)	1 (25.0)	2 (33.3)	6 (54.5)	4 (36.4)	1 (6.7)	5 (29.4)
환율변동으로 인한 수입 원자재 가격변동시	무역환위험	8 (100)	1 (14.2)	1 (25.0)	6 (100)	7 (63.6)	10 (90.9)	9 (60.0)	15 (88.2)
환율변동으로 인한 수출 상품 가격 변동시	무역환위험	7 (87.5)	1 (14.2)	1 (25.0)	6 (100)	6 (54.5)	8 (72.7)	8 (53.3)	16 (94.1)
새로운 투자 사업의 선택시	프로젝트 환위험	7 (87.5)	4 (57.1)	4 (100)	6 (100)	2 (18.2)	2 (18.2)	6 (40.0)	8 (47.1)
환율변동으로 인한 미래 현금 흐름 변동에 대한 추정치	경제적 환위험 (협의)	8 (100)	5 (71.4)	1 (25.0)	5 (71.4)	7 (63.6)	3 (27.3)	9 (60.0)	10 (58.8)
기업 자체의 환위험 관리모형에 대한 정규적인 관리 수행시	경제적 환위험 (광의)	1 (12.5)	4 (57.1)	0	5 (71.4)	0	2 (18.2)	1 (6.7)	2 (11.8)

㈜ 복수응답빈도(비율)
2차: 1994년도 실태조사
3차: 2001년도 실태조사

(2) 한국 기업의 환위험 인식이 낮았던 이유

3차 실태조사시점(2003년) 당시 IMF 외환위기를 겪은 직후임에도 불구하고 아직도 기업중 환위험에 대한 인식이 낮았다면 그 이유는 무엇이었을까? 국제기업은 다른 기업들에 비해 환위험에 대한 인식수준이 유의적으로 높다. 그럼에도 불구하고 환위험관리방법을 모른다는 기업이 있었다. 기업내부에 자체 제정한 환위험관련 명시규정이 있었을 뿐 아니라(예: 볼보), 기업이 적절한 환위험관리를 수행하고 있으며(예: 현대자동차), 오히려 환차익이 발생할 가능성도 있기 때문에(예: 한솔제지) 환위험에 대한 인식이 낮았다고 했다. 대기업은 기업손익에서 차지하는 외환손익의 규모가 낮기 때문이라고 응답한 기업도 있었는데, 이는 총매출액중 해외영업비중이 낮은 데 기인했던 것으로 보였다. 이에 비해 중견기업과 소기업은 국제기업과 대기업에 비해 환위험에 대한 인식이 상대적으로 낮았는데, 환위험으로 인한 외환손익의 규모가 작거나, 외환손실이 발생하더라도 정부가 제도적으로 보상을 해주는 환율변동보험 등에 가입해 놓고 있기 때문에 평소 기업내부에서는 환위험에 대한 특별한 관심을 갖지 않고 있었던 것으로 보인다. 기업의 규모나 국제성에 관계없이 환율변동으로 인한 외환손익에 대해 책임소재가 명확하지 않다는 것은 공통된 인식이었다.

〈표 VI-5〉 한국 기업의 환위험 인식 부재 이유

환위험 인식 부재 이유	국제기업 (7개)	국내기업(34개)		
		대기업 (6개)	중견기업 (11개)	소기업 (17개)
환위험 발생거래가 별로 없으므로	0	0	1 (9.1)	1 (14.3)
환위험으로 인한 외환손익의 규모가 작으므로	0	2 (33.3)	5 (45.5)	7 (41.2)
환율변동으로 인한 외환손실의 발생시 정부의 제도적 보상을 받을 수 있으므로	0	0	3 (27.3)	2 (11.8)
환율변동으로 인한 외환손익은 책임지는 사람이 없으므로	1 (14.3)	1 (16.7)	1 (9.1)	2 (23.5)
환위험 관리방법을 모르므로	1 (14.3)	0	1 (9.1)	4 (23.5)
자체 제정 관련 명시규정을 갖고 있으므로	1 (14.3)			
환위험에 관한 적절한 관리를 수행하고 있으므로	1 (14.3)			
환차익 발생 가능성도 있으므로	1 (14.3)			

㈜ ( ): 비율

5-2. 한국 기업의 환위험 관리 프로그램 수준

한국 제조기업의 환위험관리 프로그램의 실태와 수준을 측정하기 위해 M. Jilling과 W.R. Folks Jr.(1975)의 설문 문항을 차용하였다. 실태 조사 결과를 요약하면, 국제기업은 IMF 외환위기 이후 만족할만한 환위험관리수단을 마련했을 뿐 아니라 환위험관리수준을 전사적 차원으로 승격시켰다. 고도의 환율예측을 보유하게 되었고, IMF이전에는 환위험을 전혀 회계항목으로 간주하지 않았었는데, 이젠 정규회계항목으로 확실히 자리잡게 되었다면 점에서 완벽한 인식변화를 가져왔다고 하겠다. 이러한 차이는 정도차는 있으나 대기업에도 비슷한 양상을 보였다. 이와는 달리 기업규모가 상대적으로 작은 중견기업이나 소기업은 오히려 환위험관리 프로그램 수준이 낮아진 듯한 결과를 보여주고 있는 점은 특이한 일이다. 기업의 규모나 국제성여부에 관계없이 환위험은 IMF사태이후 회계상 정규항목으로 모든 제조기업이 받아들이고 있음은 괄목할만한 변화라고 할 수 있다.

〈표 VI-6〉 한국기업의 환위험관리 프로그램 수준에 대한 기간별 비교

기업규모 / 관리 프로그램	국제기업		국내기업					
			대기업		중견기업		소기업	
	2차 (1994)	3차 (2003)	2차 (1994)	3차 (2003)	2차 (1994)	3차 (2003)	2차 (1994)	3차 (2003)
환위험은 막대한 위험이지만 만족할만한 해결수단을 갖고 있다	4.25	2.71	3.75	2.33	3.00	2.82	2.80	3.19
과거 4년간 환위험관리를 위해 전사적으로 노력해 왔다	3.75	2.00	2.33	2.33	2.27	3.10	2.33	3.29
과거 4년간 환율예측에 대한 한국 기업의 기법이 매우 발달했다	3.50	2.71	3.67	2.83	2.80	2.80	2.60	3.20
환위험관리로 기대되는 기회이익보다 환위험관리비용이 더 크다	1.87	2.14	2.25	2.50	2.67	3.10	3.12	2.44
환위험 관련계정은 다른 회계계정과 다름없이 정규항목으로 취급되고 있음	4.63	1.63	4.65	1.67	3.60	2.89	3.43	2.53

㈜ 5점 척도로서 1점에 가까울수록 환위험관리 프로그램이 발달된 것임

5-3. 한국 기업의 환율예측 부문의 수준

한국 제조기업은 환율예측을 어느 부서에서 하며, 누가 책임을 지는가? 어떤 통화를 주로 예측하며, 예측한다면 일차적인 목표가 환율변동방향인가, 변동폭예측인가? 예측기간은 어느 정도인가? 환율예측에 주로 사용하는 지표가 있다면 무엇인가? 그리고 기업의 CEO는 과연 환율예측에 대해 만족하고 있는가? 기업규모에 따라, 해외업무의 비중 즉 국제성 여부에 따라 IMF사태이후에 기업별 환율예측 부문별로 차이가 있는지를 파악해보자.

먼저 IMF 사태이후에 환율예측담당부서가 부장급(국제금융부, 외환부)에서 임원급(금융담당임원, 재경부문장, Treasury Manager)으로 상승했다는 점에서 국제기업은 환율예측의 중요성을 한 단계 올렸으며, 이는 대기업의 경우에도 유사한 변화가 있었다. 특히 대기업은 그룹내 경영연구소(경영기획 부서)에서 환율예측을 담당하거나(예: POSCO의 POSRI), 해외영업책임자(예: KT&G)에게 맡기는 경우도 있었다. IMF 외환위기 이전에는 자금과나 업무과에서 담당하던 중견기업은 이젠 무역담당자나, 외환 책임부서를 상설하는 형태로 조직변화를 가져왔다. 특히 삼성그룹 산하 삼성탈레스는 그룹 경영연구소(경제팀)에 환율예측을 의존하고 있었다. 소기업은 경리책임자가 주로 책임을 지며, 담당자나 경영기획실장 또는 무역담당자나 구매담당자가 맡는 경우도 있었다.

둘째, IMF사태이전에는 중요한 환노출을 야기하는 통화를 대상으로 하였으나, IMF사태이후에는 모든 제조기업이 미국달러를 가장 중요한 환율예측 대상통화로 생각하고 있었다. 다음이 일본 엔과 유럽통화 순으로 명확해졌다. 환율예측에는 방향예측과 변동폭 예측이 있는 데, IMF사태이전에는 이 둘의 결합형태와 변동방향 예측이 주된 것이었으나, IMF사태이후에는 환율변동방향 예측에 압도적인 선호를 보였고, 환율변동폭 예측이나 둘의 결합형태를 부차적으로 선호하고 있었다. 그렇다면 환율예측기간은 어느 정도인가? IMF사태이전에는 1~3개월, 1~9개월이 주류를 이루었으나, 3차 조사시점인 2003년 당시에는 기업의 규모를 막론하고 예측기간이 구체적이고 다양해졌다. 대기업만 해도 IMF사태이전에는 1~3개월이었으나, 3차 조사시에는 3~7일, 30일, 90일, 180일 등으로, 중견기업은 10일, 15일, 30일, 90일, 1년 등으로 매우 다양해졌다. 이에 비해 국제기업은 오히려 IMF사태이전보다 세분화되는 동시에 장기화되었다. 즉 IMF사태이전에는 1~9개월 예측을 선호했으나, IMF사태이후에는 분기별(1년 이내), 년단위(3년 이내)로 오히려 예측기간이 장기화됨으로써 보다 정교한 환율예측방법을 기대하고 있었다.

그렇다면 기업은 어디에서 환율예측 정보를 얻고 있을까? IMF사태 이전이후 2003년 당시나 마찬가지로 주로 금융기관에 의존하고 있으며, 부차적으로 금융전문지로부터 정보를 얻었다. 그러나 금융기관이라도 굴지의 국제은행을 포함한 국제적 신뢰가 높은 금융기관에 의존하였다. 특히 국내기업은 환율예측 자문기관이나 전담 경영컨설턴트를 통해 관련 정보를 획득하는 것으로 나타났다. 더욱이 일부 대기업(예: KT)이나 국제기업(예: LG화학, 한솔제지)은 기업 자체의 고유한 환율예측모형을 보유·운영하였다. 환율예측에는 국제수지와 무역수지가 변함없이 인기를 누리고 있으나, IMF사태이후 환율 시계열자료의 중요성이 더욱 강조되는 경향이다. 당시에도 북핵위기로 인해 국제정세가 불안정한 때문인지 정치적 상황변동이나(예: 볼보, 일양금속), 해외시장에서의 환율움직임을 지표로 삼는 경우도 있다(예: LG화학). 환율예측에 대해서는 국제기업과 대기업은 CEO의 대부분이 만족하는 데 비해, 중견기업이나 소기업은 절반의 CEO는 만족해 했지만 CEO의 17～30%정도는 환율예측에 대해 불만족해 하는 것으로 나타났다.

〈표 VI-7〉 한국 기업의 환율예측 부문의 기간별 비교

규모 / 년도 / 환율예측 부문	국제기업		국내기업					
			대기업		중견기업		소기업	
	2차 (1994)	3차 (2003)	2차 (1994)	3차 (2003)	2차 (1994)	3차 (2003)	2차 (1994)	3차 (2003)
환율예측 책임자 (부서)	· 국제금융부(외환부) · 일차적 책임부담	① 금융담당 임원 ②재경본부장Treasury Manager · 외환담당자 · 자료팀장 · 외환부서 책임자/책임지는자가 없음이 각기 반반임	· 자금부 (업무과) · 일차적 책임부담	① 재무담당 임원(재무팀장, 재정팀) ② 그룹내 경영연구소(경영기획부서) ③국내·해외 영업책임자, 기업내 외화부서 책임자	· 자금과(업무과) · 책임지는 자 없음	① 무역담당자 ②외환관련 부서 책임자 ③재무담당자 경영연구소(경제팀)	· 영업부 (경리과) · 특별한 담당부서 없음	① 경리책임자 ② 담당실무자 ③ 경영기획실장 기타 무역담당 구매담당

(계속)

환율예측 부문 \ 규모 년도	국제기업		국내기업 대기업		중견기업		소기업	
	2차 (1994)	3차 (2003)	2차 (1994)	3차 (2003)	2차 (1994)	3차 (2003)	2차 (1994)	3차 (2003)
환율예측 대상 통화	중요한 환노출을 야기하는 모든 통화	① U$ ② Yen, 유럽통화 ③기타 ₤, C$, A$	주요통화 및 중요한 환노출을 야기하는 모든 통화	① U$ ② Yen, 유럽통화	주요통화만 예측	① U$ ② Yen ③ 유럽통화	주요 중요한 환노출을 야기하는 통화	① U$ ② 유럽통화 ③ Yen
환율예측치의 형태	·둘이상의 결합형태	① 환율변동 방향 ② 환율변동의 구간추정	·환율변동의 방향예측	① 환율변동의 방향 ②둘이상의 결합 ③기타 미래 특정일 점추정치, 환율변동구간 측정, 현물환율의 분포	·변동방향과 둘 이상의 결합형태	① 환율변동 방향 ② 환율변동의 구간추정 ③기타 미래 특정일의 점추정치와 둘 이상의 결합	·주로 환율변동 방향예측	① 환율변동 방향예측 ② 위의 둘의 결합 ③ 환율변동의 구간 추정/환율분포
환율예측 기간	업무상 (가장) 중요한 통화에 대해 1~9개월	① 분기단위 (1년 이내) ② 년단위 (3년이내)	중요통화에 대해 1~3개월	다양함(3~7일, 30일, 90일, 180일)	업무상 (가장)중요통화에 대해 1~3개월	다양함(10일, 15일, 30일, 90일, 1년)	업무상(가장) 중요한 통화에 대해 1~9개월	① 1개월 ② 15~30일, 7~10일
환율예측·정보원천	① 금융기관 ② 금융전문지	① 굴지의 국제은행 포함 ② 환율예측사문기관 또는 경영컨설턴트 ③ 금융전문지 기타 기업자체예측모형	①금융기관 ② 금융전문지	①굴지의 국제은행 포함 금융기관 ② 금융전문지③ 기업자체예측모형 ④ 자문기관 또는 경영컨설턴트	① 금융기관 ② 금융전문지	① 굴지의 국제은행포함 금융기관 ② 금융전문지 ③ 환율예측 자문기관 또는 경영컨설턴트 기타 세계정치상황	①금융전문지 ② 금융기관지	① 굴지의 국제은행포함 금융기관 ② 금융전문지 ③ 환율예측 전문기관 ④ 주먹구구식
환율예측에 사용되는 지표	①국제수지 ② 시계열 자료 ③도매물가 ④소매물가	①무역수지 ②국제수지 ③환율 시계열 자료 ④외환보유고(금포함) ⑤ 이자율 변동	①국제수지 ②무역수지 ③도매물가	①환율변동 시계열 자료 ② 외환보유고(금포함) ③ 통화공급 신장율 ④ 국제수지	①국제수지 ②무역수지 ③도매물가	①환율시계열 자료 ②무역수지 ③국제수지 ④기타 회사내 경제연구소 월정환율	①국제수지 ②무역수지 ③환율자료	①무역수지 ② 국제수지 ③ 환율시계열 자료 ④ 통화공급 신장률 기타 대북관계상황
환율예측에 대한 CEO의 만족도	-	대부분 만족하고 있음	-	대부분 만족하고 있음	-	① 만족 (54.5%) ② 불만족 (30.4%)	-	① 만족 (58.9%) ② 불만족 (17.6%)

5-4. 한국 기업의 환위험관리방법의 수준

IMF외환위기 전후로 제조기업의 환위험관리방법이 어떤 변화를 보이고 있는지 알기 위해 기업별 환위험관리 행태, 환위험관리를 위해 동원되는 수단을 〈표 VI-8〉~〈표 VI-10〉에 비교하였다. IMF 사태이전에는 그 때 그때 즉흥적으로 처리하는 기업이 다수 있었으나, 국제기업이나 대기업의 경우 더 이상 그런 기업은 없어졌다. 그러나 중견기업이나 소기업은 아직도 체계적인 환위험관리를 하지 못하고 즉흥적으로 대처하는 기업이 적어도 30%정도는 있다는 점에서 한국 제조기업의 환위험관리 수준의 한계를 보였다. 그렇지만 대기업을 필두로 다수의 기업이 기업규모에 관계없이 기업내 전담부서를 통해 환위험관리를 하고 있는 점은 IMF 사태이후 특기할만한 변화라고 할 수 있다. 아직도 중견기업이나 소기업은 국내금융기관에 의존하여 환위험관리를 수행하고 있으나 이제 국제기업과 대기업은 외국금융기관으로부터도 직접적인 도움을 받고 있는 것으로 나타났으며, 기업내부의 의사결정체를 적극적으로 활용하기 시작한 것도 특기할만 현상이다. 환위험관리수단의 활용면에서 국제기업과 대기업은 확연한 대조를 보였다. 국제기업은 환위험관리수단으로 종래 외환시장을 통한 선물환계약을 가장 많이 활용하였으나, 이제는 기업내부에서 자체 구축한 관리수단을 가장 중시하고 있는 데 반해, 대기업은 여전히 예전과 마찬가지로 외환시장을 가장 많이 활용하고 있다. 이는 국제기업이 대기업에 비해 자체 구축한 환위험관리수단을 선택, 개발, 활용할 수 있는 역량면에서 차이가 있음을 반증하는 것으로 해석할 수 있다. 물론 중견기업이나 소기업도 기업내에서 가장 많이 해결한다고 했으나, 이는 국제기업이 시스템적으로 환위험관리를 한다면, 이들 기업은 CEO가 단독으로 직감에 의한 선택이라는 점에서 관리수준의 차이를 인식해야 한다고 본다. 기업내부에서 변함없이 많이 사용하고 있는 환위험관리수단은 거래통화의 선택, 네팅, 매칭, 리딩·래깅 등이었다. 그러나 국제기업의 경우 리딩과 래깅은 단순 수출입활동으로 축소된 때문인지 매우 줄었지만, 중견기업이나 소기업은 상대적으로 활용기업수가 증폭되었다는 점도 특기할만 했다. 아직도 사내 이전가격 결정방법은 잘 활용하지 않고 있으나, 국제기업인 LG전자나 LG화학은 사내선물환제도를 적극적으로 활용하고 있어 매우 흥미로웠다.

〈표 VI-8〉 한국 기업의 환위험관리 행태

관리방법 \ 규모/비교	국제기업		국내기업					
			대기업		중견기업		소기업	
	2차 (1994)	3차 (2003)	2차 (1994)	3차 (2003)	2차 (1994)	3차 (2003)	2차 (1994)	3차 (2003)
그때 그때 즉흥적으로 함	2 (25.0)	0	2 (50.0)	0	7 (63.6)	3 (27.3)	3 (20.0)	6 (35.3)
기업내 외환관리 부서에서 수행	0	6 (85.7)	0	4 (66.7)	0	5 (45.5)	0	8 (47.1)
최고경영자가 직접 수행	0	0	0	0	0	0	0	1
국내 금융기관의 도움을 받음	7 (87.5)	2 (28.6)	2 (50.0)	3 (50.0)	0	0	0	10 (58.9)
외국 금융기관의 도움을 받음	0	3 (42.9)	0	3 (50.0)	0	0	0	0
외부용역을 두어 자문을 받음	5 (62.5)	2 (28.6)	4 (100)	0	5 (45.5)	1 (9.1)	2 (13.3)	0
기업내부의 의사결정체를 활용함	1 (12.5)	6 (85.7)	0	2 (33.3)	1 (9.1)	5 (45.5)	0	5 (29.4)
자동적인 환위험관리모형이 있음	0	0	0	0	0	1 (9.1)	0	0
자동적인 환위험관리부문이 있고,예외적인 환위험관리문제는 최고경영자가 직접 수행함	0	0	0	1 (16.7)	0	0	0	1 (5.9)
외부 용역과 기업내부 판단을 종합하여 결정함	0	2 (28.6)	0	1 (16.7)	1 (9.1)	0	1 (6.7)	3 (17.6)
프로젝트별로 담당부에서 결정함	1 (12.5)	0	0	0	1 (9.1)	1 (9.1)	1 (6.7)	3 (17.6)

〈표 VI-9〉 한국 기업 환위험관리수단

관리방법 \ 규모/비교	국제기업		국내기업					
			대기업		중견기업		소기업	
	2차 (1994)	3차 (2003)	2차 (1994)	3차 (2003)	2차 (1994)	3차 (2003)	2차 (1994)	3차 (2003)
금융시장 이용	4	4	2	2	1	2	2	2
외환시장 이용 (특히 선물환계약)	1	2	1	1	3	3	3	3
외환선물, 외환옵션, 외환스왑	2	3	3	4	4	4	4	4
기업내부 해결	3	1	4	3	2	1	1	1

㈜ 가장 선호하는 수단을 순위로 1~4까지 표기함

〈표 VI-10〉 한국 기업의 사내환위험관리 수단

규모 / 비교 / 관리방법	국제기업		국내기업					
			대기업		중견기업		소기업	
	2차 (1994)	3차 (2003)	2차 (1994)	3차 (2003)	2차 (1994)	3차 (2003)	2차 (1994)	3차 (2003)
거래통화의 선택	6 (75.0)	4 (571.)	2 (25.0)	3 (50.0)	5 (45.5)	1 (9.1)	0	8 (47.1)
네팅 netting	5 (62.5)	5 (71.4)	1 (25.0)	1 (16.7)	1 (9.1)	1 (9.1)	0	5 (29.4)
매칭 matching	6 (75.0)	5 (71.4)	2 (50.0)	3 (50.0)	2 (18.2)	3 (27.3)	0	5 (29.4)
리딩(1) 및 래깅(2) leading & lagging	5 (62.5)	2 (28.6) (1)(14.3) (2)(14.3)	2 (50.0)	2 (33.3)	3 (27.3)	5 (45.5) (1)(27.3) (2)(18.2)	4 (26.7)	8 (47.1) (1)(35.3) (2)(5.9)
자산·부채 조정기법	2 (25.0)	1 (14.3)	1 (25.0)	0	2 (18.2)	1 (9.1)	0	1 (5.9)
이전가격 설정	0	0	1 (25.0)	0	1 (9.1)	0	0	1 (5.9)
사내 선물환 제도	0	*2 (28.6)	0	0	0	0	0	0
원가절감 검토대책	0	0	0	0	0	0	0	**1 (5.9)

㈜ * LG전자, LG화학
** 트리스메드

5-5. 한국 기업의 환위험관리 목표수준

IMF 외환위기 이전에는 제조기업이기 때문인지 모든 기업이 규모와 국제성 여부에 관계없이 환율변동후 거래결제에 수반되는 환위험의 최소화에 환위험관리의 목표를 두고 있었다. 그러나 IMF사태이후에는 국제기업의 경우에는 종래의 목표 외에도 환율변동에 따른 측정가능한 거래가치 변동액의 최소화는 물론 환율변동후 야기되는 기업의 미래 발생거래로 인한 기대현금흐름에 관리목표를 맞추는 등 복합목표를 지향하게 되었다. 국제기업은 미래에 발생할 기대환노출액을 가장 중요시하고 있는 데 반해, 대기업, 중견기업, 소기업 등 국내기업은 오히려 환위험 관리대상으로 결정된 환노출액관리에만 초점을 둠으로써 유의적인 차이가 존재했다. 환위험관리목표는 기업으로 하여금 환위험관리 방법과 관리수단을 선택하게 하는 방향타 역할을 하는 것이므로 매우 중요하다. 과연 한국의 제조기업은 무엇을 목표로 환위험관리를 하는가? IMF사태이전에는 기업군마다 다른 목표를 갖고 있었다. 그러나 IMF사태이후 2003년 현재 한국기업은 환차손을 최소한도로 줄이고자 매진하고 있는 소기업을 제외하고는 국제기업, 대기업은 물론 중견기업까지도 외환손익을 제로(Zero)화 하는 데 환위험관리의 최우선 목표로 삼고 있었다. 현대자동차같은 국제기업은 외환차손익의 극소(극대)화나 외환손익 제로화보다는 미래현금흐름의 변동을 최소화하는 데 환위험관리목표를 두고 있는 것은 특기할만 한 하다.

〈표 VI-11〉 한국 기업의 환위험관리 목표

규모 / 비교 / 관리방법	국제기업		국내기업					
			대기업		중견기업		소기업	
	2차 (1994)	3차 (2003)	2차 (1994)	3차 (2003)	2차 (1994)	3차 (2003)	2차 (1994)	3차 (2003)
외환손익의 제로(Zero)화	3 (37.5)	3 (42.9)	0	5 (83.3)	2 (18.2)	5 (45.5)	3 (20.0)	3 (17.6)
환차익의 극대화	1 (12.5)	2 (28.6)	2 (50.0)	0	0	2 (18.2)	2 (13.3)	6 (35.3)
환차손의 극소화	2 (25.0)	1 (14.3)	2 (25.0)	1 (16.7)	7 (63.6)	3 (27.3)	2 (13.3)	7 (41.2)
환위험을 고려하지 않음	0	0	0	0	0	1 (9.1)	2 (13.3)	1 (5.9)
미래현금흐름의 변동최소화	0	1 (14.3)	0	0	0	0	0	0

〈표 VI-12〉 한국 기업의 환위험관리 목표 비교

규모별 / 시점 / 환위험 관리목표	국제기업		국내기업					
			대기업		중견기업		소기업	
	2차 (1994년)	3차 (2003년)	2차 (1994년)	3차 (2003년)	2차 (1994년)	3차 (2003년)	2차 (1994년)	3차 (2003년)
위험관리 목표의 지위	전사적 경영 목표의 하위개념	①전사적 경영 목표 하위개념 ②기업의 전사적 경영목표와 동등	①전사적 경영 목표의 하위개념 ②아직은 불확실한 개념	①전사적 경영 목표의 하위개념 ②기업의 전사적 경영목표와 동등	불확실한 개념	①기업의 전사적 목표와 동등함 ② 아직은 불확실한 개념 ③ 실제로는 별로 고려하지 않은 개념	실제로는 별로 고려하지 않는 개념	①전사적 경영목표의 하위개념 ②기타 실제로는 별로 고려하지 않는 개념
환위험 관리목표	①외환손익 제로화 ②환차손의 극소화	①외환손익제로화 ②환차손극대화 ③기타 환차손 극소화, 미래현금흐름변동 최소화	①환차악극대화 ②환차손 극소화	①외환손익제로화 ②기타 환차손 극소화	환차손 극소화	①외환손익제로화 ②환차손극소화 ③환차익극대화, 기타 환위험은 별로 고려 않음	외환손익제로화	①환차손극소화 ②환차익극대화 ③외환손익제로화, 기타 환위험은 별로 고려 않음
환위험관리대상								
①환율변동후 거래결제에 따른 환위험의 극소화	①	V	①	①	①	①+++	①	①+++
②환율변동후 평가가능한 거래가치 변동액 극소화	①			V		②		②
③환율변동후 야기되는 기업의 미래발생거래로 인한 기대현금흐름		V	②					V
④ 위의 ①과 ②		V		①				
⑤ 위의 전부 포괄		①						
환위험관리 목표의 수	복수	복수	단일	단일	단일	복수	단일	복수
①오직 하나						1 (9.1)		
②환위험관리대상으로 결정된 환노출액만 고려함		2 (28.6)		4 66.7)		5 (45.5)		7 (41.2)
③미래의 기대환노출액만고려함		3 (42.9)		3 (50.0)		1 (9.1)		1 (5.9)
④여러 환노출관리수단이 서로 상출되지 않게 조정함		1 (14.3)				2 (18.2)		6 (35.3)
⑤위의 조합		3 (42.9)				1 (9.1)		4 (23.5)

㈜ 원숫자는 우선순위, +++는 집중도, V는 소수의 선택을 의미함

6. 종합: 한국기업의 환위험관리 실무 지침(3차 조사)

한국 기업의 환위험관리 실태조사는 1985년(1차), 1994년(2차), 2003년(3차)에 걸쳐 이루어졌다. 자유변동환율제도하에서 환위험관리란 개별 기업차원에서 수행되어야 한다는 것이 지론이다. 어떤 유형의 외환거래라도 환노출인식이 필요조건이며, 환위험의 크기를 측정해야만 외환손익을 확정하는 충분조건이 된다. 당해연도 환위험관리 대상에서 제외되는 거래를 최소화하는 것이 기업차원의 환위험관리의 관건이다. 이렇게 보면 전통적 환위험분류(거래적 환위험, 환산환위험, 경제적 환위험)외에 새로이 명명하여 추가한 무역환위험과 프로젝트환위험은 규모와 국적에 관계없이 모든 제조기업에 필연적으로 발생하는 환위험이므로 반드시 기업차원의 환위험관리 대상이 되어야 한다. IMF외환위기를 겪으면서 살아남은 제조기업이기에 환위험인식이 낮은 기업은 없어졌다. IMF사태이후 국제기업이나 대기업은 기업차원의 환위험관리시스템을 구축하거나, 중견기업은 환율변동보험 등 정부제도를 활용하는 등으로 안정되었기 때문에 오히려 환위험인식이 낮게 되었다는 기업도 있었다.

둘째, 국제기업과 대기업은 환위험관리 프로그램 수준이 전사적인 차원에서 높아졌으나, 중소기업은 오히려 수준이 후퇴하는 양상이다. 그러나 IMF사태이후 화두였던 기업의 투명성 문제로 인하여 국내외 모든 제조기업이 IMF사태이전과는 달리 환위험관련 항목은 정규회계항목에 포함시키고 있는 것이 특기할만한 현상이다.

〈표 VI-13〉 한국 기업 환위험관리 실태조사 종합

2차 실태조사(1994)→ 3차 실태조사(2003) 요약

	국제기업	대기업	중견기업	소기업
환위험 인식				
·회계적 환위험	불변	급증	불변	불변
·거래적 환위험	급감	급증	증가	급증
·환산 환위험	불변	불변	불변	증가
·무역환위험	급감	급증	증가	증가
·프로젝트환위험	감소	불변	불변	불변
· 경제적 환위험	감소	급증	감소	불변
환위험관리 프로그램				
·해결수단	매우 그렇다	매우 그렇다	보통이다	보통이다
·전사적 차원	매우 그렇다	매우 그렇다	오히려 후퇴	오히려 후퇴
·환위험 관련계정 정규항목 취급	매우 그렇다	매우 그렇다	그렇다	그렇다
환율예측				
·부서수준	임원급으로 상승	임원급으로 상승	책임자 구체화	책임자 구체화
·예측통화	U$ 집중	U$ 집중	U$ 집중	U$ 집중
·예측방향	환율변동 방향중시	환율변동 방향중시	환율변동 방향중시	환율변동 방향중시
·예측기간	다양화 및 장기화	다양화 및 장기화	다양화 및 장기화	단기화
·예측정보원	국제금융기관	국제금융기관	국제금융기관	국제금융기관
·CEO 만족도	대부분 만족	대부분 만족	50%대 만족	50%대 만족
환위험관리방법				
·외국금융기관에 도움 요청	급증	급증	0	0
·국내금융기관에 도움 요청	급감	동일	동일	급증
·기업내부의사결정(시스템)활용	급증	증가	증가	증가
·대외적 관리기법	외환시장→기업내부해결로 선회	외환시장(동일)	금융시장→기업내부해결로 선회	기업내부해결(주로 CEO, 동일)
·대내적 관리기법	매칭, 네팅(동일)	매칭, 거래통화 선택(동일)	리딩 & 래깅(증가)	거래통화선택, 리딩&래깅(급증)
환위험관리 목표				
·관리대상	미래 발생 기대환노출액	현행 결정 환노출액	현행 결정 환노출액	현행 결정 환노출액
·구체적 목표	환차익 극대화→ 외환손익제로화	환차익 극대화→ 외환손익제로화	환차익 극대화→ 외환손익제로화	외환손익제로화 →환차손 극소화

셋째, 국제기업과 대기업은 임원급이 환율예측문제를 다루기 시작하여 종전보다 중요한 문제로 취급하고 있으며, 2차조사시(1994년) 책임자가 명확하지 않던 중소기업은 무역담당자나 경리책임자 등 환율예측담당을 명확하게 함으로써 환율예측 수준을 한 단계 높였다. 예측기간도 세분화되고 장기화되었으나, 소기업은 2차조사때 오히려 단기화된 것 역시 환율예측에 대한 실무적 필요성이 점증되었음을 반증했다.

넷째, 국제기업이나 대기업은 IMF 사태이전에는 국내금융기관으로부터 주로 환위험관리 방법에 대한 상담이나 시스템적 지원을 받아왔었는데, 3차조사 당시(2003년)에는 외국 금융기관으로부터 직접 지원을 받는 반면, 종래 환위험관리에 무방비였던 소기업은 이제는 국내금융기관으로부터 자문을 받고 있었다. 또한 모든 제조기업이 환위험관리방법에 관한 기업내 의사결정을 매우 중요시하게 되었다는 것도 특기할만한 일이다.

마지막으로 IMF사태이전에는 환차(손)익의 극대(소)화를 목표로 하였던 국내외 대(중)기업들이 이제는 외환손익을 제로화하는 것으로 목표를 수정한 데 비해, 소기업은 오히려 환차손을 최소화하는 목표로 선회한 것을 볼 때 환위험에 대한 인식수준이 종전보다 매우 정교하고 구체적으로 바뀌었음을 보여주었다.

〈표 VI-13〉에 정리한 것처럼 제조기업 개별집단별로 뚜렷한 성향차이와 2차 실태조사(1994년)때의 차이를 비교·설명했다. 그러나 이는 분류에 따른 집단별 성향이지 개별기업의 실무적 행태와는 차이가 있을 수 있다. 인터뷰를 병행한 결과 집단내 개별기업의 특별한 상황을 제시하여 보자.

첫째, 국제기업군의 경우, 볼보는 한국의 외환관련법규가 매 완화되었으나, 여전히 미흡한 부분이 많다고 지적하면서 환위험의 최소화를 위해 헤징정책 준수에 매진하고 있다는 것, LG화학은 적극적인 환위험관리를 해야 한다면서, 특히 원·달러 환율을 매우 중요시하고 있다는 것, 한솔제지처럼 환율변동폭이 커짐에 따라 환포지션 발생을 최소화하고 잉여포지션에 대해 집중관리를 하고, 경상거래(flow)와 재무거래(stock) 문제, 자산부채관리, 네팅문제 해결에 의욕을 보이는 기업이 있는 반면, 현대자동차는 환위험 및 헤지활동에 대한 사내외 인식이 아직 부족할 뿐 아니라, 외환관련 전문인력의 보강이 필요하다고 인식하고 있는 등 국제기업도 환위험 관리수준이 제각각임을 확인할 수 있었다.

둘째, 대기업인 풍산의 경우 원자재 수입비중(60% 이상)과 제품의 수출비중(40% 이상)이 높아 환율변동으로 인한 외환차손익의 발생가능성이 크기 때문에 체계적인 환위험관리를 실행 중에 있다고 했으나, KT&G처럼 원자재 수입이나 제품 수출에서 발생하는 외환차액이 미미하여 환위험비중이 낮은 내수 주력기업인 경우에는 환위험관리상의 애로가 별로 없어 규모면에서는 동질적이지만 기업속성은 다르므로 환위험관리에 대해서도 상호 대조적임을 확인할 수 있었다.

셋째, 중견기업은 환위험관리에 대한 정보부족과 함께 전문인력이 부족함을 한탄하면서도 선물환계약과 거래횟수의 최소화나 대량구매를 함으로써 단위당 환위험관리비용을 최소화하려고 하고 있었다. 한국 쉘석유는 외환평가손익을 최소화하고 싶지만 기대외화입금액과 외화결제수요약간의 불균형으로 인해 어려움이 많다는 것, 에이스테크놀로지는 환위험관리에 대한 전문성이 부족했을 뿐 아니라 외환의 기간별 포지션 측정이 어렵다고 있다. 따라서, 정부차원에서 외환의사결정에 도움을 주는 정보를 중소기업에 제공하고 환위험관련 교육프로그램을 제공해주길 간절히 요망하고 있었다(김합). 이와는 달리 정부계약을 통한 제품공급업체인 삼성탈레스는 대정부계약시 물가변동에 따른 계약금조정을 통해 +/-5% 범위내는 기업내에서 관리하다 이를 초과하는 환율변동분은 보상을 또는 반납받는 계약을 맺음으로써 나름대로 자구책을 마련해 놓고 있었다.

마지막으로 소기업의 경우에는 트리스메드처럼 환율예측이 불가능하므로, 환위험이 발생하면 100% 감수할 수 밖에 없었다고 하는 기업들이 많았다. 특히 수출입관련부서에서 환위험을 관리해야 하지만, 담당자는 담당부서나 관련부서의 이중업무로 인해 실제 효과는 의문시되었고 즉각적인 대처도 잘 하지 못하였다(나우시스, 용산닷컴). 탑엔지니어링은 자사의 자금사정상 최대한 빠른 시간내에 환전을 함으로써 아예 외화포지션을 갖지 않았던 기업도 있었다. 이는 마치 포지션이 없어 환위험발생 또한 제로일 듯이 보이나 100% 현물환거래에 의존하는 것이므로, 미래의 환율변동에 100% 노출되어 있는 투기적 기업이라고 할 수 있다. 일양금속처럼 환율변동의 차이를 줄이기 위해 달러나 엔화를 여러 차례에 걸쳐 매입한 후 양측이 환손실을 분담하는 등 기업자체의 자구책을 마련하는 기업도 있었으나, 대부분의 소기업은 환위험관련 직접비용이 부담이 되어 정부의 정책적인 지원이 없을 경우 효율적인 환위험관리를 할 수 없는 것이 현실이었다(개선스포츠).

이 실태조사는 3차에 걸친 기간비교연구longitudinal analysis이므로 20여년간의 한국 제조기업의 환위험관리 실무의 변천과정을 확인했다. 특히 2차 조사와 3차 조사사이에 IMF사태가 발생하여, 기업 차원의 환위험관리는 환위험 인식과 관리 방법면에서 발전의 전기轉機를 마련했던 것으로 보였다. 세 차례에 걸쳐 동질적 설문을 통해 시점의 차이를 넘어 비교가능한 함의含意를 도출하고자 했다. 게다가 인터뷰까지 병행한 것은 2003년 3차 실태조사 당시 한국 기업의 환위험관리 실태 파악에 큰 도움을 주었다고 생각된다.

참고문헌

1. Ankrom, R.K.(1974), "Top-Level Approach to the Foreign Exchange Problem", *Harvard Business Review.*
2. Batten, J. and R.Mellor(1993), "Foreign Exchange Risk Management Practices and Products Used by Australian Firms", n.p.
3. Belk, P.A. and M. Glaum(1990), "The Measurement of Foreign Exchange Risk in U.K. Multinationals: An Empirical Investigation", *Accounting & Business Research, Vol.21. No.81.*
4. Cho, D. W.(1985), "The Classification and Nature of Foreign Exchange Risk", 「경상논집」, 충남대학교 경영경제연구소.
5. Collier, P. and E.W.Davis(1985), "The Measurement of Currency Transaction Risk by UK MNCs", *Accounting and Business Research.*
6. Einzig, P. A.(1966), *A Textbook of Foreign Exchange,* MacMillan & Company Ltd.
7. Eiteman,D.K., A.I. Stonehill and M.H. Moffet(2001), *Multinational Bsuiness Finance, 9ed,* Addison-Wesley.
8. Jacque, L.(1981), "Management of Foreign Exchange Risk: A Review Article", *Journal of International Business Studies.*
9. Jilling, M. and W.R. Folks, Jr.(1977), "A Survey of Corprate Exchange Rate Foreign Practices", *Working Paper.* University of South Carolina, Columbia.
10. Lessard, D.R.(1985), *International Financial Management:Theory and Application, 2nd.ed. John Wiley & Sons.*
11. Marshall, A.P.(2000), "Foreign Exchange Risk Management in UK, USA and Asia Pacific MNCs:, *Journal of Multinational Financial Management.*
12. Mathur, L.(1982), "Managing Foreign Exchange Risk Profitably", *Columbia Journal of World Business.*
13. Prindle, A.R.(1976), *Foreign Exchange Risk,* John Wiley & Sons.
14. Shapiro, A. C.(1993), "Defining Exchange Risk", *The Journal of Business.*
15. Wihlborg, C.(1980), "Economics of Exposure Management of Foreign Subsidiaries of MNCs", *Journal of International Business Studies.*
16. 김용화(1987), "한국 제조기업의 경제적 환노출 및 관리전략효과 측정에 관한 연구:가전 3사를 중심으로", 서울대학교 대학원.
17. 민상기(1991), "한국기업의 환위험관리", 「국제재무관리 연구논문집」, 서울대학교 경영대학
18. 유환열(1988), "기업의 관리회계적 환노출의 측정 및 회계처리에 관한 연구", 서울대학교

대학원.
19. 이길중(1993), “우라 나라 기업의 경제적 환노출에 관한 실증연구”, 중앙대학교 대학원.
20. 정현택(1986), “제조기업의 경제적 환노출 측정에 관한 연구”, 서울대학교 대학원.
21. 장명기(1997), “외환위기와 선진국 기업의 환위험관리 실태”, 「사회과학논총」, 강남대학교 사회과학연구소.
22. 조대우(1985), “한국기업의 환위험관리통괄모델 설정에 관한 연구”, 「경상논집」, 충남대학교 경영경제연구소
23. 조대우(1994), “한국기업의 환위험관리: 기초적 접근”, 「학술발표논문집」, 한국국제경영학회
24. 조대우(1994), “우리 나라 제조기업의 환위험관리 특성 분석”, 「경영논집」, 충남대학교 경영경제연구소.
25. 차백인과 정찬우(2003), “원/달러 환율모형의 예측력 분석: 시장평균환율제도 기간을 대상으로”, 「금융연구」, 제 12권 1호.

제 7 장

대덕밸리 벤처기업의 환위험관리*

| 본 장의 목표 |

1. 대덕밸리내 벤처기업들은 환율변동으로 인한 환위험에 대한 인식수준이 어느 정도일까?
2. 대덕밸리내 벤처기업들은 미래의 환율변동에 대해 적극적으로 예측하려 하고 있는가?
3. 대덕밸리내 벤처기업들이 지향하는 전사적 목표와 환위험을 효율적으로 관리하고자 하는 환위험관리목표와의 구체적 목표는 서로 상이한가?
4. 이들 기업들이 선택하거나 고려하고 있는 환위험관리방법을 구체적으로 어떤 것들일까?
5. 이들 기업들이 효과적인 환위험 관리를 위해 선택하는 환위험관리수단은 어떤 것들일까?
6. 이들 기업들이 지향하는 환위험관리 프로그램의 구체적인 내용은 무엇이며, 어떻게 측정될 수 있을까?
7. 대덕밸리 벤처기업들은 업종별로 환위험관리 인식이나 관리방법 선택에 차이가 있을까?

---

* 이 장章은 IMF외환위기 이후 한국의 미래를 걸고 첨단기술로 무장하고 새로이 등장한 벤처기업의 환위험관리 실태를 조사·분석한 내용이다. 필자(2006)가 발표한 "대덕밸리 벤처기업의 환위험관리 행태적 특성 분석", 「경영경제연구」 제 28권 제2호, 충남대 경영경제연구소, pp. 59~84와 필자가 공동저자로 되어 있는 김영래 편(2006), 「글로벌시대의 한국기업과 경영」, 법문사 간행 II-24 장(pp.657~688), "한국기업의 환위험관리 형태적 특성 분석: 대덕밸리 벤처기업의 사례" 내용을 위주로 작성된 것임.

1. 머리말

1997년 12월 IMF 외환위기를 맞자 네자리수로 급등했던 원·달러 환율이 8년여가 지난 2005년 11월 당시 달러당 950원대로 급격하게 회귀하였다. 지난 수십년간 원·달러 환율의 상승에만 익숙해 있던 수출지향적인 국내 기업들은 환율상승으로 인한 수출의 부가가치 하락으로 이익압박을 받기 시작했다. 원·달러 환율하락에 따른 가격 재조정price adjustment이나 거래조건 협상에 대해 내성이 큰 대기업에 비해, 상대적으로 경쟁열위에 있는 중소기업의 경우 환율변동에 대한 적응속도보다 빠른 환율하락으로 인해 더욱 더 심각한 경영수익 악화에 직면하였다. 기업의 규모도 작은 데다, 기업이 생산하는 첨단기술제품의 주요수요가 해외에서 발생하는 벤처기업의 경우에는 중소기업보다 더욱 더 큰 경영압박을 우려하고 있었다.

한국의 대표적인 첨단기술형 혁신 클러스터인 대덕밸리내 벤처기업들이 당시의 원달러환율하락으로 인해 구체적으로 어떠한 위험에 노출되었는지 궁금하였다. 지금까지 수십년동안 원달러환율 상승기조에 따라 기업이 봉착하는 환위험관리에 익숙해온 관행으로부터, 처음으로 지속적인 원달러환율 하락에 따라 기업이 당면하게 된 환위험을 어떻게 효과적으로 관리하여야 하는 지는 학문적 과제라 아니할 수 없다. 따라서 이번 대덕밸리 벤처기업에 대한 환위험관리 실태조사를 통해 다음과 같은 과제를 풀어보고자 했다.

첫째, 대덕밸리내 벤처기업들은 환율변동으로 인한 환위험에 대한 인식수준이 어느 정도일까?

둘째, 대덕밸리내 벤처기업들은 미래의 환율변동에 대해 적극적으로 예측하려 하고 있는가?

셋째, 대덕밸리내 벤처기업들이 지향하는 전사적 목표와 환위험을 효율적으로 관리하고자 하는 환위험관리목표와의 구체적 목표는 서로 상이한가?

넷째, 이들 기업들이 선택하거나 고려하고 있는 환위험관리방법을 구체적으로 어떤 것들일까?

다섯째, 이들 기업들이 효과적으로 환위험을 관리하기 위하여, 선택하는 환위험관리수단은 어떤 것들일까?

여섯째, 이들 기업들이 지향하는 환위험관리 프로그램의 구체적인 내용은 무엇이며, 어떻게 측정될 수 있을까?

마지막으로 대덕밸리내 벤처기업들은 제조업군과 비제조업군, 자본금(30억원 기준) 규모가 큰 기업군과 작은 기업군, 종업원 수(30명 기준)가 많은 기업군과 적은 기업군, 수출비중(매출액 대비 20% 기준)이 많은 기업군과 적은 기업군, 원자재 수입비중(20%기준)이 큰 기업군과 작은 기업군으로 이원분류하여 집단 간에 환위험관리에 대한 행태적 특성behavioral characteristics 차이가 존재하는지도 확인해 볼 필요가 있었다.

2. 표본 특성 분석

2005년 10월초부터 동년 11월초까지 1개월여에 걸쳐 조사하였다. 배포된 150개의 설문지중 총 108부가 회수되었다. 그중 서울과 경인지역의 벤처기업 설문지 20개와 대덕밸리 소재 벤처기업 응답설문지중 답변이 부실한 5개를 제외한 나머지 75개[1]의 벤처기업을 대상으로 환위험관리에 대한 행태적 특성을 살펴보았다. 이중 제조업이 49개 기업(65.3%)이었고, 비제조업은 26개 기업(34.7%)으로 구성되었다. 비제조업 분류군에는 통신 3개 기업, 전기전자 및 반도체업체 4개, S/W와 R&D업체 8개와 자동차엔진부품, 방사선, 영상처리, 도매, 기초과학 및 섬유화학 등 11개 기업을 묶어 소분류 중 기타에 편입시켰다. 자본금은 2001년~2004년도를 조사하였으나, 총 61개 업체만 답변에 응했다. 2004년도를 기준으로 살펴보면, 3억원 이하 13개 기업, 3억원~10억원 사이 20개, 10억원~30억원 사이 13개, 30억원~50억원 사이 9개, 50억원~100억원 사이 2개, 자본규모 100억원 이상 기업이 4개였다. 종업원수 역시 2001년~2004년까지 조사하였지만, 60개 기업만이 답변하였으며, 2004년도를 기준년도로 하여 살펴보면, 10명 이하 기업은 8개, 11명~30명 이하는 26개, 31명~50명 이하 9개, 51명~100명 이하 12개, 101명~200명 이하 3개, 201명이상 고용하고 있는 벤처기업은 2개였다.

매출액 중 수출이 차지하는 비중이 클수록 환위험에 많이 노출될 것인 바, 응

---

1) 설문지 발송대비 실제 분석 가용율은 50%이다.

답기업 53개중, 5% 이하 기업은 16개, 5~20%이하는 10개, 20~30%이하는 6개, 30~50명 이하는 7개였으며, 수출비중이 50% 이상인 기업도 14개나 되었다. 매출원가 구성요소중 수입원자재가 차지하는 비중을 보니 응답기업 총 55개중 5%이하 기업이 10개 5~20%이하는 13개, 20~30%이하는 9개, 30~50%이하가 10개였으며, 원자재 수입비중이 50%이상인 기업도 13개나 되었다.

〈표 VII-1〉 표본 구성

업 종		표본수	백분율(%)
제조업		49	65.3
비제조업	통신	3	4.0
	전기전자 및 반도체	4	5.3
	S/W, R&D	8	10.7
	기타(자동차엔진, 방사선, 영상처리, 도매, 기초화학, 섬유화학)	11	14.7
합 계		75	100.0

〈표 VII-2〉 표본기업 명단

이름	이름	이름	이름
가인테크	세아(주)	이팩	캐스택
금광	스타브이레이	엑스엘광통신	케이맥(주)
나우시스	스페이스솔루션	엘피스 바이오텍	코어밸
대운테크(주)	시닉스	보화학	콤스텍(주)
대한이연	신일	오디티	텔스론
도담시스템스	씨트렉아이	워트(주)	투루원테크놀로지
디씨아이	씨맥	원테크놀로지(주)	파미
디오	씨아이제이	위월드(주)	파워엠엔시
라이온켐텍	애치씨랩	유피에스테크	프로바이오닉
레이트론(주)	씨엔스엠	이노텔리텍	하이겐
매그플러스	씨엠넷	이스트포토닉스	한국 앤더슨
맥스웨이브	아비테크	이텍산업(주)	한국네트웍시스템
메닉스	아스텔(주)	인바오넷	한국에어로(주)
보템	아이디스	인텍플러스	한국파워쉘(주)
블루코드테크놀로지	아이쓰리시스템(주)	정직한 기술	한빛레이저
빛과 전자	아피에스	제니컴	한울로보틱스
사이언	알에프 세이	제니텔정보통신(주)	한일
사커모아	에스티앤씨	중앙백신연구소	해라시스템
삼영기계(주)	에이비씨나노텍(주)	지앤지래드콘	

〈표 VII-2〉는 대덕밸리내 둥지를 턴 벤처기업들이다. 이들에게 1985년도 1차 실태조사시에 사용했던 분석틀을 그대로 적용하였다. 이유는 기간비교분석법 longitudinal analysis의 의의를 극대화하기 위함이었다. 따라서 대덕밸리 벤처기업의 환위험관리 실태를 규명하기 위해서는 ① 환위험에 대한 인식수준 ② 환위험관리목표 ③ 환율예측부문 ④ 환위험관리 프로그램 ⑤ 환위험정보관리 ⑥ 환위험관리전략으로 구성되는 분석틀을 활용하였다.

대덕밸리 벤처기업이라는 표본특성은 공통적이므로 빈도분석이나 순위분석을 통해 집단의 특성을 파악하였다. 업종별로는 제조업 기업집단과 전기전자·통신·소프트웨이·서비스·부품 등 비제조업 기업 집단간의 차이, 기업규모별로 자본금 10억원 이하의 기업과 10억원 이상의 기업집단간 차이와 종업원 30명이하 기업집단과 31명이상의 기업집단간의 차이를 분석하였다. 이를 통해 업종에 따라, 자본금 규모에 따라, 종업원수 규모에 따라 환위험관리행태가 차별적인지를 확인하였다.

3. 대덕밸리 벤처기업의 환위험 인식 수준

대덕밸리 벤처기업들이 환율변동으로 야기되는 환위험에 대한 인식수준을 파악하기 위해, 인제 환위험을 인식하는지, 어떤 상황이 야기될 때, 환위험을 인식하는지, 만약 환위험에 대한 인식이 부재한 기업은 왜 그런지 그 이유를 규명하고자 했다.

3-1. 환위험의 인식시점

대덕밸리내 벤처기업들은 과연 언제 환위험을 인식할까?

첫째, 〈표 VII-3〉에서 살펴 볼 수 있는 바와 같이, 총 75개 기업중 73.3%에 해당하는 55개 기업이 '환율변동으로 인해 수출상품가격이 변동할 때'라고 가장 많이 응답했다. 이는 비록 계약을 맺었더라도, 그것이 선적전이라면, 나아가 이미 선적했더라도 또한 수입업자가 인도를 받았더라도 대금결제전이라면, 환율변동으로 인해 야기된 가격상승분에 대해 가격전가foreign exchange pass-through를 경험하고 있었고, 이를 우려하고 있다고 해석할 수 있다.

둘째, 마찬가지 이유로 '환율변동으로 인해 수입원자재가격이 변동했을 때'에 환위험을 인식했다고 73.0%인 54개 기업이 응답했다. 당시처럼 원달러환율이 하락하면, 해외수출업자는 상대적 수출가격하락에 대한 가격보전을 가격인상으로 해결하고자 했다. 원달러환율이 하락하면 지속적으로 가격인하효과에 따른 반사적 이익을 얻을 것으로 기대되지만 사실은 그렇지 않았다.

셋째, 42개 기업(56.0%)은 환율이 항상 변동하고 있으므로 무감각하게 지내다가, 막상 '이미 발생한 거래가 계약이행으로 인해 대금결제(수령 및 지급)가 종료되는 시점'이 되면, '환율변동으로 인한 외환차손 또는 외환차익'이 현실적으로 실현되므로 이때 환위험을 인식하는 것으로 나타났다.

기타 환율변동으로 인해 기업의 미래가치가 얼마나 영향을 받을 것인지, 연도말, 반기별, 분기별, 월별 등 수시로 하는 의사결정시나, 새로운 투자사업을 선택할 때나, 환위험관리모형에 의한 정규적인 위험관리 등은 후순위에 밀려나 있는 것을 보면 대덕밸리 벤처기업들은 대체로 수출입단계에서 경험하는 환위험이 해외투자단계나 대규모 제조기업에서 볼 수 있는 환위험관리수준과는 인식수준과 환위험에 대한 고민의 정도차이가 있었다.

〈표 VII-3〉 대덕밸리 벤처기업의 환위험 인식시점

환위험 인식 시점	표본수	빈도(%)	순위
① 해외자회사와 연결재무제표 작성시	75	12(16.0)	7
② 새로운 투자사업의 선택시	75	15(20.0)	6
③ 환율변동으로 인한 수입원자재 가격 변동시	75	54(73.0)	2
④ 환율변동으로 인한 수출상품가격 변동시	75	55(73.3)	1
⑤ 이미 발생한 거래의 계약실현으로 인한 대금의 수령 또는 지급시	75	42(56.0)	3
⑥ 환율변동으로 인한 기업 미래현금흐름의 변동에 대한 추정시	75	29(38.7)	4
⑦ 기업 자체의 환위험관리모형에 의한 정규적인 관리수행시	75	10(13.3)	9
⑧ 월별, 분기별, 회계연도별 또는 수시적 필요시	75	27(36.0)	5
⑨ 기타(급격한 외화의 평가절하로 인한 환전에 따른 제조원가의 마이너스시)	75	1(1.3)	-

㈜ 복수응답임

3-2. 환위험의 인식 상황

대덕밸리 벤처기업이 경험하고 있는 환위험 상황중 가장 위급한 것은 '환율이 일정 폭 이상 변동하기만 하면 환차손이 발생한다'는 것이었다. 72개의 응답기업중 43.1%인 31개 기업이 경험하고 있었다.

둘째, '환율변동으로 인해 환위험이 발생하는 것이므로 이미 경험해온 '동일유향의 거래가 미래에 지속적으로 발생할 수 있는 경우'에 환위험을 인식해야 한다고 응답한 기업은 40.3%로 29개 기업이었다.

셋째, 결제통화를 외국통화로 하는 '외화표시거래를 하기만 하면 외환차손익이 발생한다'고 인식하고 있었다. 이는 대덕밸리 벤처기업들이 환율변동으로 인한 환위험을 헤징 등 방어적 방법이나 다른 적극적인 방법으로 해결하고자 하는 관리노력을 하지 못하고 거의 무방비 상태에 있음을 증명한 것이다. 이와는 달리 이들 벤처기업들은 '환위험의 실현이 무엇을 의미하는지', '외환차손익과 외화평가손익이 어떻게 발생하고 또한 서로 다른 것인지', '외환손익(또는 외화평가손실)이 당기순이익에 직접적인 영향을 미치는지'에 대한 인식상황을 잘 이해하지 못하고 있었다.

〈표 VII-4〉 대덕밸리 벤처기업의 환위험 인식상황

환위험 인식 상황	표본수	빈도(%)	순위
① 환율이 일정이상 변동만 하면 환차손이 발생한다	72	31(43.1)	1
② 외환차손익과 외화평가손익은 관리 불가능한 변수이다	72	11(15.3)	5
③ 외화표시 거래먼 하면 외환차손익이 발생한다	72	28(38.9)	3
④ 외환차익은 당기순이익에 계상되고 외환차손은 당기순손실에 계상한다	72	5(6.9)	6
⑤ 환위험은 실현되어야만 손실이 있으므로 미실현된 것은 계상하지 않는다	72	12(16.7)	4
⑥ 동일유형의 거래가 미래에 발생할 수 있는 경우에도 환위험을 인식해야 한다	72	29(40.3)	2

㈜ 복수응답임

3-3. 환위험에 대한 인식부재 이유

대덕밸리 벤처기업들이 환위험에 대해 대규모 제조기업이나 수출기업들에 비해 인식수준이 상대적으로 낮은 이유는 무엇일까?

첫째, 환율변동으로 인한 '환위험이 기업의 외환손익발생에 미친 규모가 작았기 때문'에 환위험에 대한 인식이 낮았다고 응답한 기업이 총 73개 기업중 30개였다(41.1%).

둘째, 환위험발생거래가 별로 없어 그렇다는 답변도 25개(33.8%)나 있었다.

셋째, 환율변동으로 야기되는 외환손익에 대해서는 기업내에서 책임지는 사람이 없다고 답변한 기업도 18개나 되었다(24.3%). 그 외, 환위험관리방법을 몰라서(18.9%, 14개 업체), '환율변동으로 인해 외환손실이 발생하면 정부의 제도적 보상이 가능하므로'라고 응답한 기업도 2개(2.7%)가 있었다. 단기적인 변동은 크지 않으나, 장기적으로 보면 원가변동에 즉각적으로 반영이 안되므로 '시차'가 발생한다는 점이었다.

〈표 Ⅶ-5〉 대덕밸리 벤처기업의 환위험 인식 부재 이유

환위험 인식 부재 이유	표본수	빈도(%)	순위
① 환위험 발생거래가 별로 없으므로	74	25(33.8)	2
② 환위험으로 인한 외환손익의 규모가 작으므로	73	30(41.1)	1
③ 환율변동으로 인한 외환손실의 발생시 정부의 제도적 보상이 가능하므로	74	2(2.7)	5
④ 환율변동으로 인한 외환손익은 책임지는 사람이 없으므로	74	18(24.3)	3
⑤ 환위험관리방법을 모르므로	74	14(18.9)	4
⑥ 기타(단기적인 변동은 크지 않으나 장기적(분기별)으로 보면 원가변동에 바로 반영이 안되므로 시차time-lag이 있다. 인원부족 등)	74	2(2.7)	-

㈜ 복수응답임

4. 대덕밸리 벤처기업의 환위험관리 목표

대덕밸리 벤처기업이 지향하는 환위험관리의 목표, 환위험관리 대상, 환위험관리가 지향하는 목표의 개수와 환위험관리 목표가 기업의 전사적 목표와 비교한 상대적 지위는 어느 수준인지 밝히고자 했다.

4-1. 환위험관리의 목표와 수준

대덕밸리 벤처기업은 응답기업 총 7개중 50.0%인 36개기업이 '환차손의 극소화'가 가장 중요한 환위험관리목표라고 답변했다. 이는 환율변동으로 인한 환위험이 기업의 매출액과 당기순이익 감소에 미치는 영향이 최소화되기를 기대한다는 것을 의미했다. 이와는 반대로 '환율변동으로 인한 외환차익이 극대화'되길 바라거나(19.4%, 14개 기업), '환율변동으로 인한 외환차손익이 제로 zero가 되길 기대'하는 기업도 13개(18.1%)로 비슷했다. 실제 경영활동을 수행하는 과정에서 '환위험을 별로 고려하지 않는다'고 응답한 경우도 12.9%(9개)나 되었다. 이들 벤처기업은 환위험에 대해 방어적 목표를 중시한 반면, 스퀘어 포지셔닝square positioing을 통한 '외환손익의 제로화'나 외환포지션의 적극적인 활용을 전제로 하는 '환차익 극재화'목표는 아직 다수가 취하는 목표는 아니었다. 그럼에도 불구하고 '환차익의 극대화'를 목표로 하고 있는 기업도 19.4%에 달한 것은 흥미로운 결과라고 말할 수 있다.

〈표 VII-6〉 대덕밸리 벤처기업의 환위험관리 목표

환위험관리 목표	빈도	백분율(%)
① 외환손익의 제로 zero화	13	18.1
② 환차익의 극대화	14	19.4
③ 환차손의 극소화	36	50.0
④ 환위험을 고려하지 않는다	9	12.5
표본수	72	100.0

4-2. 환위험의 관리 대상

대덕밸리 벤처기업이 반드시 관리하고자 하는 환위험은 무엇인지에 대해 구체적으로 질문하였더니, '환율변동후에 이행된 거래의 결제에 따른 환위험의 극소화'에 있다고 응답한 기업이 총 71개중 42개(59.2%)로 가장 많았다. 더욱이 앞의 '결제이행 환위험 극소화(①)'와 더불어 '환율변동으로 야기되는 모든 기업내 거래가치 변동액의 극소화(②)'를 포괄하면(①+②+④), 60개 기업으로 전체 응답기업의 84.5%에 달했다. 이는 이미 이들 벤처기업들은 과거에 발생한 거래로 인해 야기되는 환위험을 최대한 줄이는 데 환위험관리 초점을 두고 있었음을 확인할 수 있었다. 이와는 대조적으로 환율변동으로 인한 기업의 미래현금흐름을 변동시킬 위험에 대해 대비하는 기업수는 불과 5개로 전체 응답기업의 7.0%에 지나지 않았음이 이를 반증하였다.

〈표 VII-7〉 대덕밸리 벤처기업의 환위험관리 대상

환위험 관리대상	빈도	백분율(%)
① 환율변동후에 거래의 결제에 따른 환위험의 극소화	42	59.2
② 환율변동후에 평가가능한 거래가치 변동액의 극소화	6	8.5
③ 환율변동후 야기되는 기업의 미래발생 거래로 인한 기대현금 흐름	5	7.0
④ 위의 ①과 ②	12	16.9
⑤ 위의 전부를 포괄한다.	4	5.6
⑥ 기타	2	2.8
표본수	71	100.0

4-3. 환위험관리 목표의 수

그렇다면 대덕밸리 벤처기업이 지향하는 환위험관리 목표가 한가지인지 두가지 이상 복수인지에 대한 확인이 필요하다. 오직 한가지 '환위험의 최소화'뿐이라고 답한 기업은 총 응답기업 69개중 35개로 절반이 넘었다(50.7%). 이외에 '환율변동으로 야기된 환노출액은 고려해야 한다'고 응답한 기업도 9개(13.0%)나 되었지만,

환위험을 극소화하겠다는 벤처기업들의 한결같은 여망에 비해서는 소수의견에 불과했다. '환차익의 극대화'를 끝까지 추구하겠다고 응답한 기업도 세곳 있었는 데, 이들의 향후 목표추구전략을 추적하는 것도 흥미로운 일이 될 것이다. 그것은 향후 닥쳐 올 KIKO로 인한 피해와 연관이 될 개연성이 있는 환위험관리목표이기 때문이다.

〈표 VII-8〉 대덕밸리 벤처기업의 환위험관리 목표의 수

환위험관리 목표	빈도	백분율(%)
① 오직 환위험 최소화 뿐이다	35	50.7
② 환위험관리대상으로 결정된 환노출액만 고려한다	9	13.0
③ 미래의 기대환노출액을 고려한다	3	4.3
④ 여러 환노출 관리수단이 서로 상충되지 않게 조정해야 한다	6	8.7
⑤ 환차익의 극대화를 추구한다	3	4.3
⑥ 위의 조합이다	13	18.8
표본수	69	100.0

4-4. 환위험관리 목표의 지위 수준

대덕밸리 벤처기업이 지향하는 환위험관리목표는 과연 기업의 전사적 목표에 비해 어떤 수준일까? 놀랍게도 '아직은 불명확한 개념'이라고 답한 기업이 총 응답기업 72개중 31개로 43.1%에 달했다. 더욱이 실제 기업경영시에는 별로 환위험에 대해 고려하지 않고 있다고 답변한 기업도 19개(26.4%)나 되었다. 사실상 50개 기업 즉 전체의 69.5%가 환위험관리목표를 기업의 목표와 연계시키기 않고 있어, 환위험관리목표 의식수준이 매우 낮았음을 반증했다. 이런 와중에도 기업의 전사적 목표와 동일하게 중요시한다는 기업도 11개(15.3%)가 있음은 매우 대조적이었다.

〈표 VII-9〉 대덕밸리 벤처기업의 환위험관리목표의 지위

환위험 인식 시점	빈도	백분율(%)
① 기업의 전사적 경영목표와 동등하다	11	15.3
② 전사적 경영목표의 하위개념이다	10	13.9
③ 전사적 경영목표와 대립되는 개념이다	1	1.4
④ 아직은 불명확한 개념이다	31	43.1
⑤ 실제로는 별로 고려하지 않는 개념이다	19	26.4
표본수	72	100.0

5. 대덕밸리 벤처기업의 환율예측부문 수준

5-1. 환율예측 대상 통화

대덕밸리 벤처기업들은 응답기업 64개중 90.6%인 58개 기업이 U$를 예측대상 1호로 꼽았다. 일본 엔에 대해 예측한다는 기업도 18개(28.1%)로 2위였다. 다음이 유로Euro로 12개기업, 중국 인민폐 元도 6개 기업이 환율예측을 필요로 했다. 인민폐의 경우 고정환율제도로부터 다소 신축적인 환율변동이 가능한 복수통화 환율제도로 전환됨에 따라 향후 더욱 더 환율변동으로 야기될 상황발생이 빈번해질 것으로 보아 이에 대한 대비가 필요할 것이다.

〈표 VII-10〉 대덕밸리 벤처기업의 환율예측대상 통화

환율예측 통화	표본수	빈도(%)	순위
① U$	64	58(90.6)	1
② 일본 엔	64	18(28.1)	2
③ 인민폐 元	64	6(9.4)	4
④ Euro	64	12(18.8)	3
⑤ 당시의 직관에 따라 선택된 통화	64	2(3.1)	5

㈜ 복수통화임

5-2. 선호하는 환율예측치의 형태

대덕밸리 벤처기업들이 가장 중요시하는 것은 '환율변동의 방향'이었다. 응답기업 63개중 46개기업 61.3%가 이를 지지했으며, 그 다음이 '환율변동구간의 추정'에 관심이 크다고 응답한 기업으로 20.6%(13개)였다. 고급의 환율예측을 위해 요구되는 현물환율의 확률분포나 미래 특정예측시점의 점추정치에 대한 관심은 상대적으로 덜 해 환위험관리를 위해 정치한 추정방법을 도입하기에는 아직 일렀다고 판단되었다. 이들 기업의 최고경영자의 환율예측치에 대한 만족정도는 5점척도상 3점(보통수준)에 못미치는 2.98로 별로 만족하지 못하고 있는 것으로 나타났다.

〈표 VII-11〉 대덕밸리 벤처기업의 환율예측치의 형태

환위험 인식 시점	표본수	빈도(%)	순위
① 해외자회사와 연결재무제표 작성시	63	46(61.3)	1
② 미래 특정일의 점 추정치	63	9(14.3)	3
③ 환율 변동의 구간추정	63	13(20.6)	2
④ 현물환율의 확률분포	63	5(7.9)	4
⑤ 위의 둘 이상의 결합	63	3(4.8)	5

㈜ 복수응답임

5-3. 환율예측치 선택의 일차 책임자

환율예측치 선택에 대한 일차적 책임자는 과연 누구인가? 대덕밸리내 총 응답 벤처기업 63개중 38.1%인 24개 기업이 '최고경영자'가 책임진다고 했다. 18개 기업(28.6%)은 사내 외환담당자가 책임진다고 응답했다. 일견 환율예측치 선택에 대한 책임소재가 명확한 듯 보이나, '사내에 책임지는 자가 없다'고 응답한 기업도 19개(30.2%)나 되는 것을 보면, 대덕밸리 벤처기업들의 환율예측에 대한 책임소재 불명의 단면을 보여주고 있었다.

〈표 VII-12〉 대덕밸리 벤처기업내 환율예측치 선택시 일차 책임자

환율예측치 선택시 일차 책임자	빈도	백분율(%)
① 최고경영자	24	38.1
②기업내의 외환관계부서 책임자	18	28.6
③ 자문은행	2	3.2
④ 책임지는 자가 없다	19	30.2
합계	63	100.0

6. 대덕밸리 벤처기업의 환위험관리 프로그램

대덕밸리 벤처기업의 환위험관리 프로그램의 수준을 확인하기 위해 Michael Jilling과 W.R. Folks Jr.(1977)의 실태 조사 설문지를 차용하였다. 특기할만한 내용을 발췌하면

첫째, 응답기업은 '환위험을 중요시하지 않고 무시하면 골치아픈 문제가 발생할 수 있다'는 사실을 가장 잘 인식하고 있었다(3.76점/5점).

둘째, 대덕밸리내 벤처기업들은 일반적으로 '환율변동을 이용한 환투기적 이익은 영업활동에 포괄시키지 않고 있다'고 응답함으로써 환위험에 대한 반사이익을 목적으로 행동하는 경우는 보편적이지 않음을 보여주었다(3.39점). 벤처기업의 특성상 첨단기술 개발을 통한 고성능제품에 일차적인 전략초점을 맞추고 있으나, 일부 기업은 환위험관리에 적극적인 관심을 보여주었다.

셋째, 이들 벤처기업은 환율변동의 결과 발생하는 외환손익간련 회계처리를 위해 '환위험관련계정은 다른 회계계정과 마찬가지로 정규항목으로 취급'하고 있어 환위험관리의 중요성을 비교적 중시하고 있었다. 그러나 일반적으로는 '환위험관리를 통해 얻게 되는 기회이익보다는 실제 환위험관리비용이 더욱 클 것'으로 보고 이익과 비용간의 'trade-off'관계를 저울질하고 있었다.

반면에, 환위험관리를 위한 체계적인 노력은 등하시하고 있었던 것으로 보였다. 예를 들면,

첫째, 국내에서 보다 해외 현지에서 보다 효율적인 환위험관리를 할 수 있는

지 알았는데, 그렇지 않은 것으로 나타났다(2.29점/5점).

둘째, 과거 수년동안 환위험관리의 가장 기본적인 전제인 환율예측에 대한 자사의 예측기법들에는 별 진전이 없었다(2.30점).

셋째, 게다가 지난 수년동안 환율변동으로 인한 환위험을 최소화하기 위해 전사적으로 노력을 기울이지 않은 것으로 보였다(2.34점).

마지막으로, 물론 환위험이란 기업에 미치는 영향이 매우 큰 위험인 줄은 알지만 만족할만한 해결방안을 기업 자체적으로 보유하고 있지 못했다(2.47점).

〈표 VII-13〉 대덕밸리 벤처기업의 환위험관리 프로그램

환위험 인식 시점	표본수	평균	표준편차
① 과거 5년동안 환위험관리를 위해 전사적으로 노력을 경주해 왔다	74	2.34	.745
② 2000년 이래 환율예측을 위하여 정보자료 수집을 늘려왔다	73	2.64	.856
③ 과거 5년동안 환율예측에 대한 우리 기업 기법이 매우 발달해 왔다	71	2.30	.763
④ 과거 5년동안 예전보다 큰 문제점이 환위험 부문에서 발견되었다	71	2.63	1.031
⑤ 환위험관리로 기대되는 기회이익보다 환위험관리비용이 크다	72	2.85	.816
⑥ 본사의 규모 때문에 현지국에서 보다 효율적인 환위험관리를 수행할 수 있다	68	2.29	.714
⑦ 회사의 환위험관리수단으로 말미암아 현지국의 외환정책이 영향을 받을 경우 이에 대한 도의적 책임이 있다	68	2.57	.834
⑧ 아직까지 환율예측문제는 환위험관리 프로그램에서 그리 중요하지 않다	72	3.01	.864
⑨ 환위험이란 구체적 대안이 없는 골치아픈 문제이다	73	2.93	.822
⑩ 환위험은 막대한 위험이지만 만족할만한 해결수단을 갖고 있다	72	2.47	.750
⑪ 환위험관련계정은 다른 회계계정과 다름없이 정규적인 항목으로 취급한다	71	3.15	.980
⑫ 환위험을 중요시 하지 않고 무시해 버리면 골치 아픈 문제가 발생할 수 있다	72	3.76	.639
⑬ 환율변동을 이용한 환투기적 이익은 영업활동에 포괄시키지 않고 있다	71	3.39	.978
⑭ 2000년이후 달러와 엔, 인민폐 등의 가치변동으로 인한 손실 때문에 최고경영자의 환위험에 대한 인식이 새로웠다	71	2.94	1.013

7. 대덕밸리 벤처기업의 환위험정보관리

대덕밸리 벤처기업 경영자가 환위험관리를 적극적으로 취하기 위해 관련정보를 취득하는 방법을 확인하기 위해, 가장 선호하는 환율변동예측기간과 환율예측을 위해 활용하고 있는 지표들의 우선순위를 살펴보았다. 또한 누가 이들 관련 정보를 최고경영자에게 보고하는지, 수직적인 조직내 위계관계에 있는 환위험관련정보의 일차적인 담당자를 확인하였다. 이런 실태 조사를 통해 IMF 외환위기가 어느 정도 회복된 이후 벤처기업내 외환담당자들의 조직내 지위와 위상을 재확인 할 수 있었다.

7-1. 가장 선호하는 환율변동 예측기간

총 59개기업이 이에 응답하였다. 이들의 평균 환율예측기간은 2.37개월로 약 71일이었다. 응답기업중 29개기업(49.2%)이 '1개월'후의 환율예측에 관심을 가져 가장 높은 관심도를 보였다. 다음이 '3개월'후 환율예측이었다. 전통적으로 '중후장대형重厚長大型'제조기업의 경우 '90d/s after sight(일람후 90일불)'조건의 수출입거래가 일반적이었기에, 3개월후 환율에 대한 관심이 지배적이었다. 그러나 이젠 달라졌다. 대덕밸리 벤처기업도 여전히 '3개월후 환율'에 대한 관심을 갖곤 있었으나, '1개월후 환율'에 보다 큰 관심을 갖게 된 것은 특기할만한 변화였다고 본다. 물론 이러한 현상은 종래의 고정환율제도나, 복수통화 환율제도시에 보여주었던 환율변동의 경직성에 그 원인이 있었다고 할 수 있다. 또한 1997년말 IMF 외환위기 이후 자유변동환율제도로 이행한 후 나타난 환율제도변천에 따른 환율변동 행태에 기인한 것이었다고도 본다.

〈표 VII-14〉 대덕밸리 벤처기업의 환율변동 예측기간

	표본수	최소값	최대값	평균(개월)	표준편차
환율변동 예측기간	59	1	6	2.37	1.711

〈표 VII-15〉 대덕밸리 벤처기업의 환율예측 선호기간

개월	빈도	백분율(%)
1	29	49.2
2	4	6.8
3	17	28.8
4	1	1.7
6	8	13.6
합계	59	100.0

〈표 VII-16〉 대덕밸리 벤처기업의 환율변동 예측시 활용지표

환율예측지표	빈도	순위
① 국제수지	45	1
② 무역수지	41	2
③ 도매물가지수	17	7
④ 소매물가지수	13	10
⑤ 금 또는 전환성 통화의 외환보유고	17	7
⑥ 정부예산의 적자폭	14	8
⑦ 통화공급 신장율	15	9
⑧ 환율변동에 관한 시계열 자료	19	5
⑨ 국가의 에너지 보유량	2	12
⑩ 일반적인 수입경향	12	11
⑪ 국가 간의 무역연계상황의 변동	14	8
⑫ 암시장 환율	2	12
⑬ 이자율의 변동	26	3
⑭ 선물환율	18	6
⑮ 전문연구기관의 예측발표	23	4

㈜ 복수응답임

7-2. 환율예측시 선호 지표

벤처기업이 직접 환율예측을 한다면 어떤 지표들을 가장 중시할 것인가? 총 응답기업 60개중 국제수지라고 답변한 기업이 45개로 가장 많았다(75.0%). 무역수지를 선택한 기업도 41개(68.3%)로 두 번째였다. 세 번째는 '이자율변동'을 꼽았는

데 26개기업(43.3%)이 선호했다. 전문기관이 발표한 예측치를 중요시한 기업도 23개(38.3%)로 4위였다. '환율변동에 대한 시계열자료'를 참고한다는 기업도 19개(31.7%)나 되었다(5위). 이는 환율변동에 대해 지속적인 관심을 갖고 변동추세분석을 하고 있다는 의미로서 벤처기업들이 향후 환위험관리에 대한 과학적이고 분석적이 기법의 활용가능성에 대한 기대를 하게 만들었다.

7-3. 환율예측 관련정보 획득원천

가장 선호하는 환율예측 관련 정보원情報源은 응답기업 65개중 47개기업이 선택한 '거래금융기관으로부터 얻는 정보'가 가장 많았다. 다음으로 선호하는 곳이 '굴지의 국제은행을 포함한 금융기관'으로 45개 기업이 선택했다(69.2%). 세 번째는 금융전문지를 통해 정보를 얻는다고 했다(25개, 38.5%). 네 번째 정보원천은 '환율에 대한 경영자문기관이나 경영고문'이었는데, 22개 기업(33.8%)이 선택했다. 직접 환율예측을 하지 않는다면, 전문기관으로부터 자문을 받아 의사결정을 하는 적극적인 행태가 필요한 데, 이런 현상은 전통 중소제조기업의 환위험정보관리 행태와는 전혀 다른 관리행태라고 할 수 있다.

〈표 VII-17〉 대덕밸리 벤처기업의 환율예측 정보원

환율예측 정보원 情報源	빈도(%)	순위
① 환율에 대한 경영 자문기관 또는 경영고문	22	4
② 대규모 국제은행을 포함한 금융기관	45	2
③ 금융 전문지	25	3
④ 거래금융기관으로부터의 정보	47	1
⑤ 기업내부의 공식적인 모형	3	8
⑥ 해외 수입상으로부터의 정보	5	7
⑦ 해외 파트너로부터의 정보	11	5
⑧ 주먹 구구식의 직관적인 방법	7	6
⑨ 기타	1	9

㈜ 복수응답임

7-4. 예측환율의 보고자

이렇게 경영의사결정에 중요한 환율예측치는 누가 최고경영자에게 보고하는가? 이는 대덕밸리 벤처기업은 조직내에 과연 외환관련정보를 수집, 가공하여 최고경영자에게 직접 보고하는 담당자가 존재하는지, 있다면 전담부서나 전담자가 존재하는지를 확인하였다. 그렇다면 전담부서의 위상이나 담당자의 직책을 통해 조직내 외환관련부서의 위상을 확인할 수 있었다.

응답기업 58개중 기업내 관리부장이나 부장, 팀장 등이 담당하는 곳이 15개 업체로 가장 많았다. 또한 일반 사원이나 주임, 과장 등 직급이 상대적으로 낮은 관리부서에서 환위험을 관리하고 있다는 것은 아직 벤처기업의 환위험 정보관리 수준이 별로 높지 않음을 반증한다.

물론 경영지원본부장급을 포함한 이사급이 담당하는 곳이 19.0%로 11개 업체, 나아가 최고경영자인 대표이사가 직접 담당하는 곳도 3개로 합치면 14.2%에 달해 14개 업체는 환위험정보관리를 최상층의 의사결정 지위에 두고 있는 것 또한 사실이었다. 수출입실무담당자나, 마케팅담당자, 구매담당자 등 영업실무 책임자(17.2%, 10개기업)와 경리과장이나 재무부장을 비롯한 회계담당자(13.8%, 8개기업)가 직접 환율예측 보고책임을 전담함으로써 31%에 달하는 18개 기업이 환율정보에 대한 전문성을 인정하고 있는 분위기를 파악할 수 있었다.

〈표 VII-18〉 대덕밸리 벤처기업의 환율예측치의 보고담당자

환율예측치 보고 담당자	빈도	백분율(%)
① 대표이사 자신	3	5.2
② 이사(경영지원 본부장)	11	19.0
③ 영업담당자(무역, 마케팅, 구매)	10	17.2
④ 회계담당자(경리과장, 재무)	8	13.8
⑤ 사원, 주임, 과장	11	19.0
⑥ 관리부장(총무부장, 부장, 팀장)	15	25.9
합계	58	100.0

8. 대덕밸리 벤처기업의 환위험관리전략

일반적으로 기업의 환위험관리과정은 구체적으로 ① 환율예측 ② 환위험관리 프로그램 ③ 환위험정보관리라는 세부분으로 구성된다. 물론 외환부문담당자와 최고경영자가 환위험을 어떻게 인식할지가 관건이지만, 구체적인 실무에서는 세 가지 과정을 통해 환위험관리가 수행된다. 그렇다면 환율변동으로 인한 환위험 발생이 기대되는 경우 기업은 어떤 전략을 선택할 것인가? 고려가능한 환위험관리 태도와 의사결정과정과 환위험관리수단의 전략적 선택차원에서 분석할 수 있다.

8-1. 환위험관리에 대한 CEO의 태도와 사내 의사결정과정

대덕밸리 벤처기업의 CEO는 효율적인 환위험관리를 위해 어떤 태도를 갖는가? 또한 이를 위해 어떠한 의사결정과정을 수행하고 있는가? 가장 선호하는 것은 금융기관으로부터 지원을 받는 것이었다. 응답기업 73개중 44개(60.35) 업체가 금융기관의 도움을 받는다고 했다. 외국금융기관의 자문을 받는 기업도 한 곳 있었고, 나머지는 국내금융기관을 이용한다고 했다. 그러나 놀랍게도 외부기관의 도움이나 사내에 구체적인 의사결정 과정을 거치지 않고 '그때 그때 즉흥적으로 결정한다'는 기업이 무려 31개로 42.5%에 달했다. 2005년 말 당시 원달러환율이 하락하여 기업의 수출채산성이 더욱 악화될 것임이 뻔한데도 이렇게 환위험을 관리하는 관행은 분명 향후 기업경영에 문제를 야기하게 될 것이다. 물론 기업내 외환담당부서에서 수행하거나(10개기업, 13.7%), 기업내 의사결정체계를 이용한다는 기업이 20개(27.4%), 외부용역과 기업내부 판단을 종합하여 결정하는 기업이 7개(9.6%), 게다가 '자동적으로 담당 환위험관리부문이 있고 예외적인 환위험관리문제만 최고경영자가 직접 수행한다'고 한 기업이 3곳이 있어, 대덕밸리 벤처기업의 환위험관리에 대한 태도 수준이 결코 낮다고 단정지을 순 없다. 그러나 최고경영자가 직접 수행하는 경우는 고작 15개(20.5%) 기업이었고, 기업 특성을 고려하여 이제 맞춘 '자동적인 환위험관리모형'을 가진 벤처기업은 단 한 군데도 없다는 것은 아직 체계적인 환위험관리 전략수행수준은 갖추지 못하였음을 반증했다.

〈표 VII-19〉 대덕밸리 벤처기업 CEO의 환위험관리태도와 의사결정과정

환위험관리 의결태도	표본수	빈도(%)	순위
① 그때 그때 즉흥적으로 한다	73	31(42.5)	2
② 기업내 외환관리 부서에서 한다	73	10(13.7)	5
③ 최고경영자가 직접 수행한다	73	15(20.5)	4
④ 금융기관의 도움을 받는다	73	44(60.3)	1
(a) 국내 금융기관의 도움을 받는다	73	37(50.7)	-
(b) 외국 금융기관의 도움을 받는다	73	1(1.4)	-
⑤ 외부용역을 주어 자문을 받는다	73	4(5.5)	8
⑥ 기업내부의 의사결정체계를 이용한다	73	20(27.4)	3
⑦ 자동적인 환위험관리모형이 있다	73	0(0)	10
⑧ 자동적인 환위험관리부문이 있고, 예외적인 환위험관리 문제는 최고경영자가 직접 수행한다	73	3(4.1)	9
⑨외부용역과 기업내부 판단을 종합하여 결정한다	73	7(9.6)	7
⑩ 프로젝트 담당부서에서 결정한다	73	8(11.0)	6

8-2. 선호하는 환위험관리수단

그렇다면 이러한 과정을 거쳐 대덕밸리 벤처기업이 선호하는 환위험관리수단은 과연 무엇인가? 금융시장이나 외환시장을 통해 해결하는 소위 외부적 기법 external techniques인가. 아니면 네팅, 매칭 등 기업내부에서 해결하는 내부적 기법 internal techniques을 활용하는가? 응답기업중 55개 업체가 압도적으로 외부에서 방법을 찾는 것이 아니라 기업내부에서 해결수단을 찾는다고 했다. 여러 가지 사내 환위험관리기법 중 환율변동에 따라 선지급·후지급leading & lagging을 선택하는 기업이 가장 많았다. 42개 기업중 64.3%인 27개 기업이 이를 선호했다. 다음이 '거래통화의 선택currency of invoicing'으로 19개 기업이 선호했다. 이에 비해 네팅이나 매칭은 각기 6개, 4개 기업이 선택하는 데 그쳐 상대적으로 그 수가 적었다.

둘째와 셋째는 금융시장과 외환시장을 통해 환위험을 분산시키는 전략을 선택하는 것인 데, 각기 26개 기업, 22개 기업이 선택하여 이들을 모두 합쳐도, '기업내부에서 해결방안을 모색하는 전략'보다 열세였다. 금융기관 중에는 산업은행이

가장 선호대상이었다. 특히 산업은행내 외환담당이 결정적이며, 수출보험공사의 환변동보험의 선호가 높았으며, 동 공사의 환위험관리시스템을 활용한다는 응답도 다수 있었다. 동시에 외환시장을 이용하여 환위험관리를 하는 경우에는 외화선물환계약과 함께 원화선물환계약도 일부 수행하고 있었다.

〈표 VII-20〉 대덕밸리 벤처기업의 환위험관리 수단의 선택

환위험 관리수단	빈도	순위
① 금융시장의 선택	26	2
② 외환시장의 선택	22	3
③ 기업내부에서 해결수단을 찾는다	53	1
(a) 거래통화의 선택	19	-
(b) 네팅방법	6	-
(c) 매칭방법	4	-
(d) 선지급 및 후지급	27	-
(i) Local L/C결제를 신속히 한다	17	-
(ii) 외화표시 거래를 되도록 피한다	2	-
④ 자산부채조정기법	2	6
⑤ 이전가격 설정방법	6	5
⑥ 사내선물환 규정	8	4
⑦ 기타	2	6

㈜ 복수응답임

9. 분석결과의 전략적 해석

대덕밸리 벤처기업도 기존의 전통적인 중소제조기업과 마찬가지로 환율변동으로 인하여 발생하는 외환차손을 최소화하는 데 일차적인 목적을 갖고 있음이 확인되었다. 그렇다면 외환차손을 유발하는 결정적인 거래유형은 무엇일까? 응답기업 66개중 53.8%인 35개 기업이 '외화표시 수출거래'인 경우라고 답변했다. 33개 기업(50.8%)은 '외화표시 수입거래'시라고 답변했다. 따라서 대덕밸리 벤처기업의 환위험 인식거래는 바로 '외화표시 수출입거래'임을 확인할 수 있었다. 이와는 달리 외화차관(3개 기업)이라든가, 외화표시 국내거래(11개 기업)의 경우 그 비중은 매우

낮았다. 더욱이 '외환손실이 발생하지 않는다'고 응답한 기업이 6개에 불과한 것을 보면 환율변동에 무관심한 수익비용구조를 가진 벤처기업도 있을 수 있겠다는 추정이 가능하여 흥미로운 결과로 보인다.

이렇게 대덕밸리 벤처기업을 대상으로 환위험관리 실태를 조사한 결과를 토대로 벤처기업의 환위험관리 전략지침을 다음과 같이 제시하고자 한다.

(1) 시장다변화 전략을 선택해야 한다.

대덕밸리 벤처기업의 비용구조를 결정하는 주요요인이 원자재 조달방법이다. 전신환결제telegraphic transfer(T/T)를 활용하는 기업이 16개(27.5%)로 상당히 많은 편이었다. 반대로 기업이 주도하는 원신용장Master L/C비중은 24.1%로 14개 기업에 불과한데 비해, 내국신용장Local L/C을 통한 매출이 50.0%인 29개 기업에 달함으로써 이들 기업의 수익구조가 구조적으로 건실하지 않을 수 있었음을 반증했다. 당시처럼 원달러환율이 하락시점에는 국산원자재 개발보다는 값싸게 조달할 수 있는 해외수입원자재 조달의 다변화 전략 등 원자재조달방법을 개선할 수 있어야 한다.

〈표 VII-21〉 대덕밸리 벤처기업의 원자재 조달방법

수입원자재 조달방법	표본수	빈도	비율	순위
Master L/C(원신용장)	58	14	24.1	3
Local L/C(내국신용장)	58	29	50.0	1
Usance L/C(연불신용장)	58	7	12.1	4
기타 (T/T(16), 현금구매(2), 대형업체(1), 구매승인(1), 브로커(1)	58	24	41.4	2

㈜ 복수응답임

대덕밸리 벤처기업들에 대한 1차 실태분석 결과를 분석한 결과 궁금하였던 점은 과연 첫째 벤처기업이 완제품을 생산하는 제조업인지 부품생산이나 S/W, R&D, 솔루션개발, 정보통신 등 비제조업기업인지에 따라 환위험관리 프로그램 내용이 다른지, 둘째 자본규모에 따라 환위험관리 프로그램 내용이 차별적인지, 셋째, 종업원규모에 따라 다른지, 넷째 매출액 규모에 따라 환위험관리 프로그램 내용이 달라지는지, 다섯째, 원자재 수입비중이 높은지 낮은지에 따라 다른 선택을

하는지 여부였다. 따라서 이들 각각에 대해 두 집단간 차이를 분석하고 이 결과에 근거하여 벤처기업의 환위험관리전략을 제시하고자 한다.

(2) 비제조업 벤처기업이 제조업 벤처기업보다 환위험관리를 더욱 중요시해야 한다.

제조업이나 비제조업 벤처기업 모두 '환위험을 중요시하지 않고 무시하다가 골치아픈 문제를 겪을 수 있다'는 데 적극적인 동의를 하였던 것은 동일하다. 그러나 비제조업 벤처기업이 제조업 벤처기업보다 5% 유의수준하에 중요시하고 있는 것으로 나타났다. 이는 제조업보다 비제조업의 경우 원가대비 수입마진 구성이 환율변동에 대한 민감도가 큰 데 기인했다.

(3) 비제조업 벤처기업도 이제는 환위험 관련계정을 정규회계항목으로 표기해야 한다.

제조업 벤처기업은 환율변동결과 발생한 외환차손익이나 외화평가손익을 재무제표상 정규 회계계정으로 표기하여 관리하고 있는 데 비해, 비제조업 벤처기업은 별도의 계정이 아닌 영업외손익항목 등에 포함하여 관리함으로써 사실상 회계적 환위험관리를 하고 있지 않고 있었다는 것에 주목할 필요가 있다.

(4) 업종에 관계없이 향후 전사적 차원에서 적극적으로 환위험관리를 해야 한다.

제조업이든 비제조업이든 지난 5년동안 IMF 외환위기속에서도 환율변동으로 인해 야기되는 환위험관리를 이행하는 데는 둔감해 온 것이 사실이었다. 대덕밸리 벤처기업의 경우 업종에 무관하게 전사적 차원에서 환위험을 관리하지 않았기에 그중에도 비제조업의 경우 제조업 벤처기업보다 더욱 더 무관심하였음을 확인되었다.

〈표 VII-22〉 대덕밸리 벤처기업의 업종기준 집단간 차이

환위험관리 프로그램	업종	표본	평균	t값 (p값)
① 과거 5년 동안 환위험관리를 위해 전사적으로 노력해 왔다.	제조	49	2.45	1.824
	비제조	25	2.12	(.072)
② 환위험관련계정(외화차손익, 외화평가손익 등)은 다른 회계계정과 다름없이 정규적인 항목으로 취급한다	제조	47	3.30	1.744
	비제조	24	2.88	(.086)
③ 환위험을 중요시하지 않고 무시해 버리면 골치 아픈 문제가 발생할 수 있다	제조	48	3.65	-2.282
	비제조	24	4.00	(.026)

(5) 자본규모가 작은 벤처기업은 환투기적 수익의 영업활동에 둔감하다.

자본금 규모에 관계없이 환율변동으로 획득된 환투기적 수익을 영업활동에 포괄하지 않으려는 경향이 일관적이나, 자본규모가 10억원 이하로 작은 벤처기업 집단이 규모가 큰 집단에 비해 영업활동 수익에 포괄하지 않으려는 성향이 높았다(0.1% 유의수준). 이는 자본규모가 큰 기업의 경우 다소 환투기적 수익으로 인한 수익 발생빈도가 규모가 작은 기업보다 상대적으로 많아 비정규적인 수익으로 처리하기 보다는 정규적인 영업활동의 결과 야기된 수익의 일부로 해석함으로써 발생할 수 있는 상황이었다.

(6) 자본규모가 큰 벤처기업은 향후 효율적인 환위험관리를 통해 그 비용을 줄일 수 있도록 더욱 더 노력을 경주해야 한다.

자본금규모가 작은 벤처기업 집단은 환위험관리를 통해 획득되는 기회이익보다 환위험관리비용이 적다고 응답하였으나, 규모가 큰 기업은 오히려 환위험관리비용이 기회이익보다 큰 것으로 나타났다. 이는 벤처기업의 성장이 가속화됨에 따라 자본금 신장이 짧은 기간에 이루어짐으로써 환위험관리시스템을 구축하거나, 환위험관리 의사결정과정을 체계화하는 데 수반되는 초기비용의 발생으로 인해 나타나는 현상으로 인식된다.

〈표 VII-23〉 대덕밸리 벤처기업의 자본금규모 기준 집단간 차이

환위험관리 프로그램	자본금	표본(개)	평균	t값(p값)
① 환위험관리로 기대되는 기회이익보다 환위험관리비용이 크다	10억원이하	32	2.69	-1.952
	10억원이상	27	3.07	(.056)
② 환율변동을 이용한 환투기적 이익은 영업활동에 포괄시키지 않고 있다	10억원이하	31	3.74	2.814
	10억원이상	27	3.11	(.007)

(7) 종업원규모가 작은 벤처기업도 향후 환위험관리를 적극적으로 수행해야 한다.

31명 이상의 종업원규모를 가진 벤처기업은 환율변동으로 인한 환위험을 중요시 하지 않고 무시하다간 큰 코 다친다는 것을 알고 중요시하려는 노력을 해온 데 비해, 종업원수가 적은 기업의 경우에는 별로 중요시하지 않았음이 확인되었다.

종업원수가 많다는 것은 제조업 벤처기업일 경향이 많은 바, 제조업 고유의 특성 때문에 발생하는 것일 수도 있을 테지만, 비제조업 중에서도 기업규모가 큰 경우에는 불가피하게 해외원자재 조달규모 확대나, 수출판매시장의 해외다변화로 인한 것을 수도 있다. 비록 30명 이하 기업이라 할 지라도, 미리 환위험관리에 대한 대비를 적극적으로 하지 않는다면, 향후 큰 규모의 기업으로 성장하는 과정에서 환위험관리에 대한 대비책 부재로 인한 대가를 반드시 치를 가능성이 크기 때문이다.

(8) 종업원규모가 작은 기업도 향후 환위험 관련계정을 정규계정항목에 포함시켜 관리하도록 해야 한다.

종업원 규모가 31명이상이든 미만이든 외환차손익이나 외화평가손익을 재무제표상 정규회계계정으로 나타내는 데 소극적이었으나, 그 중에서도 30명 이하 기업의 경우 31명이상 기업보다 유의적으로 정규회계계정으로 나타내는 데 둔감했던 것으로 나타났다.

(9) 종업원규모가 작은 기업도 이제부터는 환위험관리를 전사적 수준에서 관리할 필요가 있다.

종업원규모에 관계없이 지난 5년 동안 환위험관리수준을 기업의 전사적 모교에 비해서는 턱없이 차별적이었던 게 사실이지만, 종업원 30명 이하 기업의 경우 31명이상 기업에 비해 유의적으로 무관심해 왔던 것으로 확인되었다.

〈표 VII-24〉 대덕밸리 벤처기업의 종업원 규모기준 집단간 차이

환위험관리 프로그램	종업원수	표본수	평균	t값 (p값)
① 과거 5년 동안 환위험관리를 위해 전사적으로 노력을 경주해 왔다	30명이하	34	2.15	-2.792
	31명이하	26	2.65	(.007)
② 환위험 관련계정(외환차손익, 외화평가손익 등)은 다른 회계계정과 다름없이 정규적인 항목으로 취급한다.	30명이하	33	2.45	-1.801
	31명이하	25	2.92	(.077)
③ 환위험을 중요시하지 않고 무시해 버리면 골치 아픈 문제가 발생할 수 있다	30명이하	33	2.9	-2.152
	31명이하	24	3.50	(.036)

(10) 수출비중이 작은 벤처기업이라도 이제는 환위험관리에 매우 적극적이어야 한다.

매출액 중 수출비중이 20%이상인 벤처기업은 환위험을 무시하다가는 골치 아픈 문제가 발생할 수 있다는 인식이 매우 팽배해 있었다. 수출비중이 20% 미만인 기업에 비해 차별적이었다(유의수준 0.01%). 물론 수출비중이 작은 기업도 환위험관리를 중요시해야 한다는 것에는 인식을 같이 해 왔으나, 원달러환율이 지속적으로 하락하고 있던 당시에는 향후 더욱 더 적극적인 환위험관리 행태가 요구되었다.

(11) 수출비중이 작은 기업도 환투기적 손익을 영업활동수익에 포함시키도록 해야 한다.

자유변동환율제도하에서 환율변동은 불가피한 경영환경의 하나가 되었다. 원하든 원치 않든 간에 환투기적 손익은 발생하기 마련이며, 이럴 때 마다 종래 고정환율제도나 복수통화환율제도하에서처럼 비정규적인 수익처리를 할 수는 없었다. 환투기적 손익도 이젠 영업활동으로 파생되는 손익의 일부로 포함할 수 밖에 없는 상황이 되어버렸음을 인식해야 한다.

(12) 수출비중이 작은 벤처기업도 이제부터는 중국 인민폐元의 가치변동에 촉각을 곤두세워야 한다.

매출액중 수출비중이 20% 이상인 벤처기업은 실태조사 시점인 2000년이래 지난 5년간 중국 인민폐의 가치변동으로 인한 손실로 최고경영자가 긴장하여 왔다. 그러나 수출비중이 작은 기업은 이러한 변동에 유의적으로 둔감했던 것이 사실이었으나, 향후 지속적으로 미 달러에 대한 인민폐의 가치상승이 예상되는 바, 비록 당시 수출비중이 낮고 대對 중국 수출비중이 작다고 하더라도 미래 중국시장에 진출할 개연성이 불가피한 만큼 인민폐의 가치변동에 큰 관심을 갖고 경영활동에 임해야 한다.

(13) 수출비중이 큰 벤처기업은 특히 환위험관리부문을 강화해야 한다.

2000년이래 지난 5년간 IMF 외환위기 속에서 자유변동환율제도 하에서 기업들이 경영활동을 수행하여 왔다. IMF 위기 이전에는 시장평균환율제도가 시행중이라 전일의 평균환율이 당일의 개시환율이 되는 비교적 완만하고 예측가능한 환율이었으나, 이제는 세계에서도 유례를 찾을 수 없으리만큼 순수자유변동환율제도를 선택하게 되었다. 당연히 그 이전보다도 환위험이 기업에 미치는 영향은 클 수 밖에 없었다. 따라서 수출비중 과소, 유무에 관계없이 환위험관리를 경영활동에 일상화해야 한다.

(14) 수출비중에 관계없이 향후 기업은 환율예측에 대한 큰 관심과 함께 정보자료수집에 매진해야 한다.

대덕밸리 벤처기업은 수출비중에 관계없이 환율예측을 위해 필요한 정보자료수집에 게을리하고 있는 것으로 나타났다. 특히 원달러환율 하락이 지속적으로 예상되므로 환율변동예측을 게을리하는 기업은 환율변동으로 인한 채산성 악화 등 대가를 치르게 될 것이다. 따라서 비록 수출비중이 작은 기업일지라도 환율예측에 필요한 정보자료 수집에 최선을 다함으로써 수출가격이나 원자재 수입가격 결정 등에 효과적으로 대응할 수 있게 될 것이다.

〈표 VII-25〉 수출비중기준 집단간 차이

환위험관리 프로그램	매출액 중 수출비중	표본수	평균	t값 (p값)
① 2000년 이래 환율예측을 위하여 정보자료 수집을 늘려 왔다	20%미만	25	2.44	-2.176
	20%이상	27	2.96	(.035)
② 과거 5년동안 예전보다 큰 문제점이 환위험 부문에서 발견되었다	20%미만	24	2.08	-3.934
	20%이상	27	3.11	(.000)
③ 환위험을 중요시하지 않고 무시해 버리면 골치 아픈 문제가 발생할 수 있다.	20%미만	23	3.42	(:001)
	20%이상	27	4.00	
④ 환율변동을 이용한 환투기적 이익은 영업 활동에 포괄시켜 왔다	20%미만	23	3.57	1.804
	20%이상	27	3.07	(0.078)
⑤ 2000년 이후 달러와 엔, 인민폐 등의 가치 변동으로 인한 손실 때문에 최고경영자의 환위험에 대한 인식이 새로워졌다.	20%미만	23	2.57	-3.026
	20%이상	27	3.41	(.005)

(15) 원자재 수입비중이 작은 벤처기업도 이제는 환위험관리를 중요시해야 한다.

물론 원자재수입비중이 20%이상인 벤처기업이 20%미만인 기업보다 환위험의 중요성을 유의적으로 잘 인식하고 있으며, 잘못 관리하면 큰 골칫거리로 만든다는 것도 잘 알고 있었다. 그러나 이제는 원자재 수입비중이 작은 기업도 환위험관리에 매진해야 할 것이다. 이를 소홀히 할 경우, 원달러환율 하락과 인민폐 절상 등에 수반된 외환손익문제로 골치를 썩이게 될 것이다.

(16) 원자재 수입비중이 큰 벤처기업도 이제는 외환손익을 정규회계정항목에 포괄하도록 해야 한다.

실태조사 당시(2005년) 이전까지는 원자재비중이 20% 미만인 기업은 외환손익 규모가 작으므로 영향이 적어 정상수익항목으로 포함시켜 왔었다. 그러나 20%이상인 기업은 벤처기업의 경우 비정상적인 수익항목에 포괄하여 일시적 거액손실로 회계처리를 하여 온 것이 사실이었다. 자유변동환율제도가 정착되고 있는 이때 수입원자재 비중이 큰 기업도 이제부터는 당연히 당해연도 재무제표에 반영되는 정규회계항목으로 반영시킬 것을 제안한다.

(17) 원자재 수입비중에 관계없이 벤처기업은 이제 환율예측정보수집에 매진해

야 한다.

물론 원자재 수입비중이 20%미만인 기업이 더욱 환율예측정보 수집에 게을리한 것은 명백한 것이었다. 그런데도 불구하고, 원자재 수입비중이 높은 기업마저 환율예측 정보수집은 등한시해왔다. 원달러환율하락과 인민폐의 가치상승에 대한 촉각을 세우지 않으면 그 대가를 반드시 치르게 될 것이므로 환율변동방향에 변동폭 예측에 적극적이어야 한다. 물론 환율예측기법에 대한 관심 역시 원자재 비중에 관심없이 별로 없었지만, 원자재 수입비중이 작은 기업이 유의적으로 더욱 낮았다.

〈표 VII-26〉 대덕밸리 벤처기업의 원자재 수입비중기준 집단간 차이

환위험관리 프로그램	원자재중 수입비중	표본 기업수	평균	t값 (p값)
① 2000년이래 환율예측을 위하여 정보자료 수집을 늘려 왔다	20%미만	23	2.39	-2.547
	20%이상	31	2.94	(.014)
② 과거 5년동안 환율예측에 대한 우리 기업의 기법이 매우 발달하여 왔다	20%미만	23	2.04	-2.702
	20%이상	30	2.60	(.009)
③ 환위험관련계정(외환손익, 외화평가손익 등)은 다른 회계계정과 다름없이 정규적인 항목으로 취급한다	20%미만	23	3.52	2.603 (.012)
	20%이상	29	2.86	
④ 환위험을 중요시하지 않고 무시해 버리면 골치아픈 문제가 발생할 수 있다	20%미만	23	3.48	-2.284
	20%이상	30	3.87	(.027)

참고문헌

1. M. Jilling and W.R. Folks, Jr.(1977), " A Survey of Corporate Exchange Rate Forecasting Practices", *Working Paper,* University of South Carolina, Columbia.
2. 조대우(2003), "제조업의 기업환위험관리 특성", 「경영경제연구」 제 26권 제1호 , 충남대학교 경영경제연구소.
3. 조대우(1994), "우리 나라 제조기업의 환위험관리 특성 분석", 「경영경제연구」 제 10권 제2호, 충남대학교 경영경제연구소.
4. 조대우(1994), "한국 기업의 환위험관리: 기초적 접근", 「한국국제경영학회 제 2차 학술발표회 논문집」, 한국국제경영학회.

제 8 장
중국기업의 환위험관리

| 본 장의 목표 |

1. 2005년에 중국은 통화베스킷제도로 전환하였다. 수년이 경과되었고, 때마침 불어온 글로벌 금융위기로 인해 전세계가 요란하던 2009년 당시 중국기업은 과연 환위험에 대한 인식, 환율예측, 프로그램, 정보관리, 환위험목표 수준 등에서 어떤 행동적 특성을 보여주는가?
2. 무역업종과 제조업종은 업태가 다른 만큼 환위험관리에 대한 인식과 관리방법에서 차이를 보여주는가?
3. 중국은 넓고 거대한 국가이다. 고도성장지역인 연해지역 기업과 이를 추종하고 있는 내륙지역 기업은 환위험관리 행태에 어떤 차별성을 보여 주는가?

---

* 이 장章은 필자(조대우)와 온박이 2011년 11월에 개재한「한중경상연구」제 10집 제1호(한중경상학회)에 개재한 연구를 중심으로 재작성되었다.

1. 머리말

중국은 2005년에 환율제도를 새로이 개혁한 후 중국 외환시장은 급속도로 성장·발전하고 있다. 당시만 해도 한국을 비롯한 선진국들의 기업 환위험관리는 지속적으로 연구되어 왔으나, 중국기업의 환위험관리에 대한 실태조사를 통한 실증적 연구는 거의 전무하였다. 따라서 중국은 관리변동환율제도하에서 미국을 비롯한 선진국들로부터 위안화 가치 상승을 실질적으로 반영하라는 환율인상압력을 받고 있는 2011년 당시 시점에서 중국기업들의 환위험관리 실태를 조사하고 그 특성을 발굴하는 것은 시의적인 의미가 크다고 보았다. 실제 실태조사에 대비하여 갖는 취지와 목표는 다음 몇 가지로 요약된다.

첫째, 중국기업들을 대상으로 환위험에 대한 인식수준, 환율예측수준, 환위험관리방법, 환위험관리수단, 환위험정보관리, 환위험관리 프로그램, 환위험관리의 목표 등을 조사·분석하였다.

둘째, 제조업과 무역업은 업종이 상이한 바, 이들 집단간의 차이가 있는지 규명하고자 했다.

셋째, 중국은 지리적으로 넓고 방대한 바, 내륙지역 소재기업과 연해지역 소재기업간에 환위험관리 인식 및 관리방법과 그 수준이 차이가 있는지 그 지역적 특성은 무엇인지 비교·분석하고자 했다.

이를 위해서는 인터뷰, e-mail, 설문지 발송 등 다양한 형태로 진행되었다. 먼저 조대우 연구(1985, 1994, 2002, 2006)에서 사용했던 표준 설문지를 통해 일차 pilot test를 하는 동시에 직접 주요 기업들은 방문하거나 전화 등을 활용하여 인터뷰를 실시하여 설문 문항의 타당성과 현실성을 검토받은 후 최종 설문지를 송부하여 실태 조사를 시행하였다.

2. 중국 기업의 표본 특성

중국은 2005년도에 통화바스켓제도를 새로이 도입했다. 이렇게 획기적인 환율제도 개혁후 중국기업들이 경험하고 있는 환위험관리 상황을 실제 조사하기로 했다. 대상 업종은 업종특징이 두드러지는 제조업체와 무역업체를 선택하였다. 연해지역과 내륙지역간 지역적 특성을 비교분석하기 위해서, 상해, 천진, 산동성, 절강성, 강서성 등지의 기업들을 표본으로 삼았다. 자료수집 방법은 직접 방문해서 설문조사하는 것을 원칙으로 하였고, 직접 방문하기 어려웠던 기업들은 전자우편을 통해 설문조사를 하고, 일부는 설문사이트를 활용하였다.

설문조사는 2009년 12월부터 시작하여 2010년 5월까지 조사한 결과 확보한 설문지는 총 74부였다. 이중 제조업체가 45개, 무역업체는 29개로 각기 60.8%, 39.2%를 점유했다. 지역별로 살펴보면, 연해지역이 69개로 52.5%, 내륙지역은 35개 업체로 47.3%를 차지했다. 이 중 내륙기업은 주로 북경, 천진, 강서성, 하남성 등지였으며, 연해지역은 상해, 심천, 광동성, 절강성, 강소성 등지였다. 업종별 표본구성과 지역별 표본구성을 살펴보면 〈표 VIII-1〉과 같다.

〈표 VIII-1〉 중국 기업의 업종별·지역별 표본 구성

분류	업종	표본수	백분율(%)
업종(74)	제조업	45	60.8
	무역업	29	39.2
지역(74)	내륙지역	35	47.3
	연해지역	39	52.7

3. 중국기업의 환위험 인식수준

중국 기업들이 환위험에 대해 갖는 인식수준을 평가하기 위해 언제 인식하는지, 어떤 상황일 때 환위험을 인식하는 지, 환위험 인식이 부재한 기업은 왜 그러한지 그 이유를 규명하고자 하였다.

3-1. 환위험 인식 시점

중국기업들은 언제 환위험을 인식하는가? '환율변동으로 인한 수입원자대

가격 변동시'에 가장 많이 인식하고 있었다(4.08/5점 척도). 그리고 '환율변동으로 인한 수출상품 가격변동시'라고 확인해준 기업이 거의 비슷한 중요도로 인식하고 있었다(4.06점). 이는 비록 계약을 맺어 가격이 결정되어 있어도 환율변동으로 인해 가격 전가pass-through 등 수출입가격조정 및 가격변동으로 환위험이 발생할 수 있기 때문인 것으로 보아 새로이 필자가 1985년도에 제시한 무역환위험trading exchange risk(B형 환위험)을 경험하고 있거나, 이를 우려하고 있는 것으로 보였다.

〈표 VIII-2〉 중국 기업 환위험의 인식시점

환위험의 인식시점	표본수	평균점수	순위
① 해외자회사와 연결재무제표의 작성시	74	3.58	8
② 새로운 투자사업의 선택시	74	3.89	4
③ 환율변동으로 인한 수입원자재 가격변동시	74	4.08	1
④ 환율변동으로 인한 수출상품 가격변동시	74	4.06	2
⑤ 이미 발생한 거래의 계약실현으로 인한 대금의 수령 또는 지급시	74	3.86	5
⑥ 환율변동으로 인한 기업 미래현금흐름의 변동에 대한 추정시	74	3.90	3
⑦ 기업 자체 환위험관리모형에 의한 정규적인 관리수행시	74	3.76	7
⑧ 월별, 분기별, 반기별, 회계연도별 또는 수시적 필요시	74	3.82	6

3-2. 환위험의 인식상황

중국기업은 환위험에 대해 어떻게 생각하고 있는가? 중국기업이 경험하고 있는 환위험상황중 평균점수가 가장 높은 것은 환율변동으로 인해 환위험이 발생하는 것이므로 이미 경험해온 '동일유형의 거래가 미래에 발생할 수 있는 경우에도 환위험을 인식해야 한다'(3.87/5점 척도)는 것이었다. 다음이 '환율이 일정이상 변동하기만 하면 환차손이 발생한다'(3.56)는 상황이었다. 이로써 미루어볼 때 중국기업은 아직 환위험에 대한 인식수준이 낮다는 것을 반증하고 있다.

〈표 VIII-3〉 중국기업의 환위험 인식상황

환위험의 인식상황	표본수	평균점수	순위
① 환율이 일정이상 변동만 하면 환차손이 발생한다	74	3.56	2
② 외환차손익과 외화평가손익은 관리불가능한 변수이다	74	3.10	5
③ 외환차익은 당기순이익에 계상되고 외환차손은 당기순손실에 계상한다	74	3.25	3
④ 환위험은 실현되어야만 손실이므로 미실현된 것은 계상하지 않는다	74	3.18	4
⑤ 동일유형의 거래가 미래에 발생할 수 있는 경우에도 환위험은 인식해야 한다	74	3.87	1

3-3. 환위험 인식 부재 이유

중국기업들이 다른 선진국 기업에 비해 환위험에 대한 인식수준이 낮다면 그 이유는 무엇인가? 가장 큰 이유는 '환위험 발생거래가 별로 없거나 그 규모가 작아서' 인식이 낮다는 것이었다(2.63/5점 척도). 중국의 많은 중소기업들은 환위험발생거래의 규모도 작으면서 중국의 환율제도가 관리변동환율제도이므로 환율변동으로 인한 영향을 크게 받지는 않는다는 것으로 해석된다. 따라서 기업들은 환위험에 대한 인식이 매우 낮은 데다가 '환위험관리 방법을 모르기에' 더욱 더 환위험인식 부재가 심화되어 있는 것으로 추정된다.

〈표 VIII-4〉 중국 기업의 환위험 인식 부재 이유

환위험 인식 부재 이유	표본수	평균점수	순위
① 환위험 발생거래가 별로 없거나 규모가 작으므로	74	2.63	1
② 환율변동으로 인한 외환손실의 발생시 정부의 제도적 보상이 가능하므로	74	2.28	3
③ 환율변동으로 인한 외환손익은 책임지는 사람이 없으므로	74	2.27	4
④ 환위험 관리방법을 모르므로	74	2.38	2

4. 환율예측의 수준

4-1. 환율예측 통화

중국 기업들은 어떤 통화에 대해 예측하고 있을까? 응답업체 74개중 90.1%인 67개 기업이 U$에 대해 예측하고 있다고 응답했다. 다른 여타 통화들은 1~3% 수준에 불과했다.

〈표 Ⅷ-5〉 중국 기업들의 환율예측 대상통화

환율예측 통화	표본수	빈도(%)	순위
① U$	74	67(90.1)	1
② Yen	74	1(1.4)	3
③ ₩	74	2(2.8)	2
④ Euro	74	2(2.8)	2
⑤ 당시의 직관에 따라 선택된 통화	74	2(2.8)	2

4-2. 선호하는 환율예측치

중국 기업들이 가장 선호하는 환율예측치는 무엇인가? 중국 기업은 '환율변동의 방향(3.46/5점 척도)에 가장 높은 관심을 보였다. 이는 환율예측에 대한 관심과 중요성에 대한 인식이 그리 높지 않기에 우선 환율이 오를 것인지 아니면 내릴 것인지에 일차적 관심을 표한 것으로 보인다.

〈표 Ⅷ-6〉 중국 기업이 선호하는 환율예측치 형태

환율예측 형태	표본수	평균점수	순위
① 환율변동의 방향	74	3.46	1
② 미래 특정일의 추정치	74	2.90	4
③ 환율변동의 구간 추정	74	3.21	3
④ 현물환율의 확률분포	74	3.27	2

4-3. 환율예측 주기

중국 기업들은 환율변동 예측을 얼마기간마다 하고 있을까? 중국 기업들이 선호하는 환율변동 예측주기는 '필요할 때 마다 부정기적으로 한다'는 기업 25개로 가장 많았다(31%). 이를 통해서 살펴보면 중국 기업들이 환위험관리에 대해 그리 무관심한 것은 아니라고 할 수도 있겠다.

〈표 Ⅷ-7〉 중국 기업이 선호하는 환율예측 주기

환율예측 주기	표본수	빈도(%)	순위
① 주별	74	5(7%)	5
② 월별	74	14(19.7)	3
③ 분기별	74	18(25.4)	2
④ 반년별	74	8(11.3)	4
⑤ 년별	74	4(5.6)	6
⑥ 부정기(필요시)	74	25(31)	1

4-4. 환율예측치 선택시 일차 책임자

중국 기업은 환율예측치를 선택하여 발생한 환차손에 대한 사후 책임소재로서 누가 일차 책임을 지고 있는가? 응답기업 74개중 67.6%인 48개 기업이 '기업내 외환관계부서 책임자'가 책임을 져야 한다고 답변했다. 그 다음이 기업의 최고경영자가 책임진다고 했다(21개, 25.4%).

〈표 Ⅷ-8〉 중국기업의 환율예측치 선택시 일차책임자

환율예측치 선택에 대한 일차 책임자	표본수	빈도(%)	순위
① 최고경영자	74	21(25.4)	2
② 기업내의 외환관계부서 책임자	74	48(67.6)	1
③ 자문은행	74	3(4.2)	3
④ 책임지는 자가 없다	74	2(2.8)	4

5. 환위험관리에 대한 목표

중국 기업의 환위험관리목표는 무엇이며, 어느 수준인가? 응답기업들이 환위험관리목표는 '환차손의 극소화'가 가장 중요하다고 답변했다. 이는 중국기업들의 환위험관리수준이 상대적으로 낮기 때문에 아직 '환차손의 극소화'라는 방어적 목표를 가장 중시하고 있는 것으로 추정할 수 있었다. 그리고 많은 기업들이 '환위험관리목표는 기업의 전사적 경영목표와 동등하게 중요하다(3.45/5점 척도)'고 생각하고 있었는 바, 이제는 중국 기업들도 환위험관리의 중요성에 대해 새로운 사고전환을 하고 있는 것으로 추정된다.

〈표 VIII-9〉 중국 기업의 환위험관리 목표

환위험관리 목표	표본수	평균점수	순위
① 환차익의 극대화	74	3.34	3
② 환차손의 극소화	74	3.79	1
③ 환위험관리목표는 기업의 전사적 경영목표와 동등하게 중요하다	74	3.44	2
④ 환위험관리목표는 아직 불명확하거나 별로 고려하지 않는 개념이다	74	2.92	4

6. 환위험관리 방법

중국기업들은 어떤 방법을 활용하여 환위험관리를 하고 있는가? 중국 기업들이 가장 많이 사용하는 방법은 '외부용역과 기업내부 판단을 종합하여 결정한다(3.56/5점 척도)'였다. 이는 중국 기업들은 기업내부 환위험관리 경험이 아직 부족하기 때문에 외부용역을 받아서 기업내부 판단과 종합하여 환위험관리를 수행하고 있었다.

〈표 VIII-10〉 중국 기업의 환위험 관리방법

환위험 관리방법	표본수	평균점수	순위
① 그때 그때 즉흥적으로 한다	74	3.15	7
② 기업내 외환관리부서에서 한다	74	3.38	4
③ 최고경영자가 직접 수행한다	74	2.93	8
④ 금융기관에서 도움을 받는다	74	3.52	2
⑤ 기업내부의 의사결정체계를 활용한다	74	3.44	3
⑥ 자동적인 환위험관리부문이 있고 예외적인 환위험 관리 문제는 최고경영자가 직접 수행한다	74	3.28	6
⑦ 외부용역과 기업내부 판단을 종합하여 결정한다	74	3.56	1
⑧ 프로젝트별로 담당부서에서 결정한다	74	3.37	5

7. 환위험관리 수단

중국 기업들은 어떤 수단을 활용하여 환위험을 관리하는가? 중국 기업들은 외환시장이나 금융시장 등 외부 시장을 잘 이용하곤 있으나, 가장 선호하는 것은 '기업내부에서 해결 방법을 찾는 것'이었다. 응답기업중 28.2%인 20개 기업이 '거래통화의 선택currency of invoicing'을 가장 많이 선호했고, 다음이 18개 기업이 선택한 '외화표시 거래 회피진략'이었다(21.1%).

〈표 VIII-11〉 중국 기업의 환위험 관리수단

환위험 관리수단	표본수	평균점수	순위
① 금융시장의 선택	74	3.24	3
② 외환시장의 선택	74	3.31	2
③ 환위험 관리수단을 기업내부에서 찾는다	74	3.42	1
④ 자산·부채 조정기법	74	2.94	5
⑤ 사내 선물환규정	74	3.11	4

〈표 VIII-12〉 중국 기업의 기업내부 해결수단

사내 해결수단	표본수	빈도(%)	순위
① 거래통화의 선택	74	20(28.2)	1
② Netting 방법	74	10(14.1)	5
③ Matching 방법	74	12(16.9)	4
④ Local L/C 결제를 신속히 한다	74	14(19.7)	3
⑤ 외화표시 거래를 되도록 피한다	74	18(21.1)	2

8. 환위험관리 프로그램

M. Jilling과 W.R. Folks Jr(1977)의 환위험 설문 문항에 입각하여 14개 문항을 통해 중국 기업의 환위험관리 프로그램 수준을 측정했다. 중국 기업들이 가장 크게 인식하고 있는 것은 '환위험이란 중요시하지 않고 무시해 버리면 골치 아픈 문제가 발생할 수 있다(3.93/5점 척도)'였다. 두 번째로 중시하고 있는 것은 '2005년 이후 달러와 엔, 한국 원화 등 가치변동으로 인한 손실 때문에 최고경영자의 환위험에 대한 인식이 새로워졌다(3.87/5점)'였다. 그 이유로는 예전보다 환위험관리를 더욱 더 중요시하게 되었으며, '2005년 이래 환율예측을 위하여 정보자료 수집을 지속적으로 늘려 왔다(3.61/5점)'는 데 기인한다.

〈표 VIII-13〉 중국 기업의 환위험관리 프로그램

환위험의 인식시점	표본수	평균	순위
① 과거 5년동안 환위험관리를 위해 전사적으로 노력을 경주해 왔다	74	3.28	
② 2005년 이래 환율예측을 위하여 정보 자료수집을 늘려 왔다	74	3.61	3
③ 과거 5년동안 환율예측에 대한 우리 기업의 능력이 매우 발달해 왔다	74	3.56	
④ 과거 5년동안 예전보다 큰 문제점이 환위험부문에서 발견되었다	74	3.23	
⑤ 환위험관리로 기대되는 기회이익보다 환위험 관리비용이 크다	74	3.04	
⑥ 본사의 규모 때문에 현지국에서 보다 효율적인 환위험관리를 수행할 수 있다	74	3.20	
⑦ 회사의 환위험 관리수단으로 말미암아 현지국의 외환정책이 영향을 받은 경우 이에 대한 도의적 책임이 있다	74	3.21	
⑧ 아직까지 환율예측 문제는 환위험관리 프로그램에서 그리 중요하지 않다	74	2.73	
⑨ 환위험이란 구체적 대안이 없는 골치 아픈 문제이다	74	3.30	
⑩ 환위험은 막대한 위험이지만 만족할만한 해결 수단을 갖고 있다	74	3.20	
⑪ 환위험 관련계정은 다른 회계계정과 다름없이 정규적인 항목으로 취급한다	74	3.55	
⑫ 환위험을 중요시하지 않고 무시해 버리면 골치아픈 문제가 발생할 수 있다	74	3.93	1
⑬ 환율변동을 이용한 환 투기적 이익은 영업활동에 포괄시키지 않고 있다	74	3.23	
⑭ 2005년 이후 달러와 엔, 한국 원 등 가치변동으로 인한 손실 때문에 최고경영자의 환위험에 대한 인식이 새로워졌다	74	3.87	2

9. 외환손실 발생원인과 환위험관리 수행시 장애요인

9-1. 외환손실 발생원인

중국기업의 경우 외환손실의 발생하는 원천을 살펴보면, '외화표시 수출'이 가장 많았고(3.38/5점 척도), 두 번째 원인은 '외화표시 수입'이었다(2.90/5점). 이는 중국기업들이 계약을 맺었는 데도 아직 대금을 결제하지 않아 환위험에 노출되는 경우였다.

〈표 VIII-14〉 중국 기업의 외환손실 발생원인

외환손실 발생원인	표본수	평균	순위
① 외화차관	74	2.76	
② 외화표시 수출	74	3.38	1
③ 외화표시 수입	74	2.90	2
④ 외화표시 국내거래	74	2.76	

9-2. 환위험관리 수행시 장애요인

당시 중국기업들은 환위험관리 수준이 낮았고 환위험관리를 잘 수행하지 못하였는 데, 그들의 효율적인 환위험관리를 막고 있는 장애요인이 있다면 어떤 것일까? 가장 높은 응답은 '전문지식을 갖춘 실무자의 부족'과 관련정보의 부족'이 동일하게 공동 1위를 차지했다(3.39/5점 척도). 따라서 중국 기업들이 향후 환위험관리 능력을 갖춘 실무전문가들의 양성이 시급한 것으로 판단되었다.

〈표 VIII-15〉 중국 기업의 환위험관리 수행시 장애요인

환위험 수행시 장애요인	표본수	평균	순위
① 최고경영자 및 경영진의 인식 부족	74	3.10	4
② 전문지식을 갖춘 실무자의 부족	74	3.39	1
③ 관련 정보의 부족	74	3.39	1
④ 직무상의 기능 미분화	74	3.21	2
⑤ 외화손실에 대한 책임 부담	74	2.96	5
⑥ 거래은행의 환위험관리 서비스의 미숙	74	3.11	3
⑦ 국가의 관련법규 등의 부족	74	2.79	6

10. 업종별 중국기업 집단간 차이 분석과 결과 해석

중국 기업들의 환위험에 대한 인식이나 환위험관리 방법 등이 한국 등 선진국 대비 수준이 떨어짐을 확인할 수 있었다. 그렇지만 제조업과 무역업은 업종과 업태가 다른 바, 이들간에 차이는 없는가하는 것이었다. 중국의 제조기업과 무역업체의 환위험관리 실태를 비교·분석하여 보자.

첫째. 제조업체와 무역업체 모두 '동일 유형의 거래가 미래에 발생할 수 있는 경우에도 환위험을 인식한다'는 데 대해 적극적인 동의를 하고 있다. 이는 새로운 환위험의 하나인 프로젝트 환위험project risk을 업종에 관계없이 인식하고 있는 것으로 확인할 수 있다. t값이 1.816(.076)으로 제조기업이 무역업체보다 더 높게 인식하고 있었다(10% 유의수준). 그런데 앞서 1차 분석에서 중국기업은 '환율이 일정이상 변동만 하면 환차손이 빌생한다'고 우려하고 있었기 때문에, 중국기업들은 이같은 동일유형 거래가 미래 발생하는 경우에도 환위험을 미리 인식하고 적절히 대비할 수 있도록 환위험관리체제를 갖추어야 한다.

〈표 VII-16〉 중국 기업 업종별 환위험 인식수준 차이

환위험 인식수준	업종	표본	평균	t값 (p값)
동일 유형의 거래가 미래에 발생할 수 있는 경우에도 환위험을 인식해야 한다	제조업	45	4.02	1.816
	무역업	29	3.66	(.076)

둘째, 환율예측 설문항중 '환율예측에 대한 최고경영자의 만족도는 어떠한가'란 문항에 대해 제조기업과 무역업체 집단간에 차이가 발견되었다(5% 유의수준). 그리고 무역업체의 최고경영자가 제조기업 최고경영자보다 환율예측에 대한 만족도가 높았다. 이 결과는 무역업체의 환율예측 수준이 제조기업보다 높다는 것을 반증하는 것이다.

〈표 VIII-17〉 업종별 환율예측 만족도 차이

환율예측	업종	표본	평균	t값 (p값)
환율예측에 대한 최고경영자의 만족도는?	제조업	45	3.13	-2.421
	무역업	29	3.48	(.018)

셋째, 제조기업과 무역업체 모두 최근 5년간 최고경영자들이 환위험관리 담당부서와 함께 환위험관리를 위해 노력을 경주해 온 것에 대해 동의했다. 그런데 무역업체들이 제조기업보다 보다 많은 노력을 투입해 온 것으로 확인되었다(10% 유의수준). 물론 제조기업보다 무역업체들이 수출입 일선에 있다 보니 환율변동에 대한 민감도가 더욱 더 크고 환위험관리 또한 더욱 더 중요시하고 있는 것으로 추정할 수 있었다.

〈표 VIII-18〉 중국 기업 업종별 환위험관리 방법 차이

환위험 관리방법	업종	표본	평균	t값 (p값)
최근 5년간 최고경영자가 환위험관리 담당부서와 함께 노력하여 환위험관리를 해왔다	제조업	45	3.49	-1.974
	무역업	29	3.83	(.052)

넷째, 환위험관리를 하는 데 있어 장애요인중 '환위험관리를 수행하는 데 있어 외환손실에 대한 부담 때문이다'라는 데 대해, 무역업체들은 이에 긍정적으로 동의하였으나, 제조기업들은 그렇지 않다고 부정적으로 보았다. 무역업체들은 제조기업에 비해 빈번하게 발생하는 환율변동으로 인한 외환손실에 매우 민감하게 반응하고 있는 것으로 추정된다.

〈표 VIII-19〉 중국 기업이 업종별 환위험관리 장애요인 차이

환위험관리 장애요인	업종	표본	평균	t값 (p값)
환위험관리를 수행하는 장애요인은 외환손실에 대한 책임 부담에 있다	제조업	45	4.02	1.816
	무역업	29	3.66	(.076)

11. 지역별 중국기업 집단간 차이 분석과 결과 해석

중국 상해, 광주, 심천 등 연해지역 도시와 북경, 천진 등 내륙도시 기업간에 환위험을 인식하거나, 환위험관리를 수행할 때 차이가 있는지도 규명하고픈 의문이었다. 전체 표본 74개중 내륙기업은 35개, 연해기업은 39개로 표본집단은 잘 구성되어 있다고 판단된다.

첫째, 내륙기업과 연해기업 모두 '월별, 분기별, 반기별, 회계연도별 또는 수시적 필요시 환위험을 중시한다'는 데 적극적으로 동의하고 있었다. 그렇지만 연해기업이 내륙기업보다 더욱 더 중요시하고 있는 것이 확인되었다(5% 유의수준). 이는 연해지역 기업들이 내륙기업들보다 해외영업활동이 더욱 더 빈번하기 때문인 것으로 추정되며, 그럴 경우 환위험에 보다 노출될 것이므로 환위험관리에 대한 필요성이 더욱 높은 것으로 짐작할 수 있다.

〈표 VIII-20〉 중국 기업중 지역별 환위험 인식 차이

환위험 인식수준	지역	표본	평균	t값 (p값)
월별, 분기별, 반기별, 회계연도별 또는 수시적 필요시 환위험을 중요시한다	내륙	35	3.51	-2.460
	연해	39	4.05	(.017)

둘째, 환위험관리수단에 대해서도 견해가 엇갈렸다. '최근 5년간 자산·부채조정기법을 활용하여 환위험관리를 해왔다'는 문항에 대해 내륙기업들은 이에 부정적으로 답변했으나, 연해기업들은 이를 긍정하고 있었다(10% 유의수준).

〈표 VIII-21〉 중국기업 지역별 환위험관리수단의 차이

환위험 관리수단	지역	표본	평균	t값 (p값)
최근 5년간 자산·부채조정기법을 활용하여 환위험관리를 해왔다	내륙	35	2.74	-1.893
	연해	39	3.13	(.062)

셋째, 환위험관리 프로그램 문항 중에는 '최근 환율예측을 위해 정보자료 수집을 늘려왔다'에 대해 내륙기업이나 연해기업 모두 이에 동의하였다. 그렇지만 연해기업들이 내륙기업보다 차별적으로 환율예측 정보자료를 수집하는 데 열을 올리고 있었음이 확인되었다(5% 유의수준).

〈표 VIII-22〉 중국 기업 지역별 환위험관리 프로그램 운용 차이

환위험관리 프로그램	지역	표본	평균	t값 (p값)
최근 환율예측을 위해 정보자료 수집을 늘려왔다	내륙	35	3.37	-2.235
	연해	39	3.87	(.029)

마지막으로, 내륙기업이든 연해기업이든 모두 환위험관리의 장애요인중 가장 중시한 것은 '관련정보의 부족'을 꼽았다. 그렇지만 연해기업이 내륙기업 보다 환위험관련 정보부족에 대해 차별적으로 중시하고 있는 것으로 확인되었다(10% 유의수준).

〈표 VIII-23〉 중국 기업의 지역별 환위험관리 장애요인 인식 차이

환위험관리 장애요인	지역	표본	평균	t값 (p값)
환위험관리 수행시 장애요인은 관련정보의 부족이다	내륙	35	3.20	-1.732
	연해	39	3.51	(.088)

12. 결과 종합 및 전략적 시사점

2009년말에서 2010년 중반까지 실시했던 중국기업의 환위험관리 실태조사는 매우 흥미로운 사실 확인과 함께 몇가지 전략적 시사점을 줄 수 있었다.

첫째, 중국 기업들은 환위험관리에 대한 인식정도는 아직도 낮지만, 지난 5년간 점차적으로 환위험에 대한 중요성을 인식하고 있었다.

둘째, 중국 기업들은 대부분 U$에 대한 환율예측을 하고 있었으며, 환율예측

수준이 낮기 때문에 환율예측치가 가장 쉽게 예측할 수 있는 환율변동 방향 예측에 관심이 가장 컸다.

셋째, 대부분의 중국 기업들은 환위험관리 목표를 환차손의 최소화라고 하였다. 중국의 환율제도는 아직 관리변동환율제도이기 때문에 대부분의 중국 기업들이 환위험관리에 대한 경험이 매우 부족하므로 방어적 환위험관리목표를 선택할 수 밖에 없었다.

넷째, 동일한 이유로 중국 기업들은 환위험관리를 수행하더라도 환위험관리 방법과 수단 선택시 상대적으로 간단한 것을 선택했다. 주로 외부용역과 기업내부 판단을 종합하여 선택한다. 그리고 환위험관리수단은 주로 기업내부에서 찾으며, 상대적으로 수행하기 쉬운 거래통화의 선택방법을 선호했다.

다섯째, 중국 기업들의 외환손실 발생원인은 주로 외화표시수출과 외화표시 수입이었다. 그런데 전문지식을 갖춘 실무자의 부족과 관련정보 부족 등으로 많은 장애를 안고 있었다.

여섯째, 중국 기업중 제조기업보다 무역업체가 보다 환위험에 대한 인식과 관리수준이 높은 것으로 나타났다.

일곱째, 중국 기업중 내륙기업보다 연해기업이 해외영업활동이 상대적으로 빈번한 이유로 환위험에 대한 인식은 물론 환위험 관리를 더욱 더 중요시하고 있으며, 환위험관리에 보다 더 많은 노력을 경주해 왔음을 확인할 수 있었다.

따라서 향후 중국기업들은 글로벌시대에 걸맞는 기업으로 성장하기 위해서는 적극적으로 환위험관리를 하기 위한 준비를 해야 한다. 외환 및 환위험관련 전문가를 양성하고, 환위험에 대한 인식을 전사적 차원으로 높여야 하며, 효율적인 환위험관리를 위한 시스템 구축을 모색해 가야 할 것이다.

참고문헌

1. 조대우(2006), "대덕밸리 벤처기업의 환위험관리 행태적 특성분석", 「경영경제연구」, 충남대학교 경영경제연구소.
2. 조대우(2003), "제조업의 기업 환위험관리 특성", 「경영경제연구」, 충남대학교 경영경제연구소.
3. 조대우(1994), "우리나라 제조기업의 환위험관리 특성분석", 「경영경제연구」, 충남대학교 경영경제연구소.
4. 王月永(2008), 跨國企業換率風險管理策略探討, 天津大學:張旭, 北京師範大學
5. 盧偉陽(2007), 淺析金融工程和外貿企業換率風險管理, 天津大學, 現代經濟, 2007 第 6卷 第7期(總第61期)

제 9 장

한국기업의 환위험관리 사례

| 본 장의 목표 |

1. 2007년 당시 환위험관리수단으로 키코거래가 큰 인기를 끌면서 등장했던 배경은 무엇인가?
2. 환위험관리를 위해 등장한 키코가 수출기업들에게 큰 손실을 끼치게 된 원인은 무엇인가?
3. 키코상품의 구조와 특성은 무엇인가?
4. 기업이 성공적으로 환위험관리를 하기 위해서는 자체적으로 어떤 제도적 준비와 시스템을 갖추어야 하는가?

1. 머리말

국제비즈니스 담당자는 물론 외환업무를 취급하는 은행도 환율변동으로 인한 환위험을 관리해야 하는 당사자들이다. 외환거래는 모든 국제경영활동으로부터 비롯된다. 상품을 수출하거나 기술을 수출할 때는 물론 해외로부터 원자재를 수입하거나 기술을 도입할 때도 발생한다. 해외에 달러나 현지통화로 해외직접투자를 하거나, 외국 기업이 국내시장에 진출할 때에도 환위험을 발생한다. 개도국에 진출할 때는 100% 해외직접투자자는 첨단기술기업이 아닌 경우에는 제한을 받는다. 따라서 국제합작투자를 하게 된다. 북경현대자동차와 타이 50:50으로 공동소유지분 합작투자co-owned joint venture도 있긴 하다. 그러나 대부분이 절반이상의 지분을 갖고 진출하는 다수지분소유 합작회사majority-owned joint venture로 적극적으로 현지시장에 진출하거나, 현지합작기업의 요구나 현지정부의 개입으로 인해 소수지분소유 합작회사minority-owned joint venture로 진출하는 경우가 많다. 현지에 공동생산협정co-joint production agreement을 맺어 현지공장이나 생산라인 건설과 제품생산 지도를 위해 현장기술전문가를 파견하는 등 형태로 진출하기도 한다. 글로벌 시대에 항공사들은 전략적 제휴를 맺어 고객들을 상호 공유, 서비스 분담을 함으로써 비용분담과 역할분담을 통해 경영효율성을 높인다. 정부출연연구기관들은 국제기술협정이나, 국제공동연구, 라이센싱 계약 등을 통해 국가간 기술협력에 관한 공조를 한다. 이들 모든 과정에 수반되는 외화거래에는 환위험관리가 필수적이다.

누가 이러한 국제경영활동에 수반되는 외화를 구매하고 보유외화를 처분해주는가? 바로 은행의 딜러dealer들이다. 딜러는 junior dealer, senior dealer, chief dealer가 있다. 맡는 업무에 따라 기업을 상대로 하면 corporate dealer, 국제채나 외국채를 취급하면 bond dealer, 외환을 취급한다면 FX(foreign exchange) dealer라고 한다. 1990년대 당시 상업은행의 외자자금부의 딜링 룸dealing room에서 이루어지고 있는 상황을 모니터링해보자.

| 출연자 |

고객거래계: 지점과 직거래업체로부터 중계를 해주는 이

지점: 고객

FX계: 국제외환시장에서 기타 통화거래를 하는 이

워/달러계: 원화대가로 달러거래를 하는 이

<u>시나리오 1: 달러대가 기타 통화 거래</u>

지점: 여보세요. ○○지점인데요. 커버받겠습니다.

고객거래계: 네, 대고객BOUGHT 인가요, SOLD 인가요?

지점: SOLD요.

고객거래계: value는 요?

지점: 오늘입니다.

고객거래계: 금액은요?

지점: 5십만파운드요.

고객거래계: 원화대가인가요?

지점: 달러대가입니다.

<u>고객거래계: 5십만파운드 SOLD(큰소리)</u>

<u>FX계: 99</u>

고객거래계: 1.5899입니다. 대고객 RATE는요?

지점: 1.5901입니다.

고객거래계: 1.5899입니다. 대고객RATE는요?

지점: 1.5901입니다.

고객거래계: 고객번호는요?

지점: 000-012345-6입니다.

고객거래계: 성함은요?

지점: 저는 정외환입니다. 성함이 어떻게 되십니까?
고객거래계: 이환은입니다. 감사합니다.

<u>시나리오2: 원화대가 외화거래</u>

그렇다면, 원화대가로 JPY, EUR 등을 매매하는 경우는 어떻게 되는가?

상황: 지점에서 VALUE TODAY원화대가 JPY대고객 SOLD커버를 요청한다고 하자.(거래시간 오전 10시)

고객에게 JPY를 매도하기 위해선 국제외환시장에서 JPY를 사와야 한다. 그런데 국제시장에서는 원화가 통용되지 않으므로 국내원화시장에서 달러를 매입하여 매입해둔 달러로 엔화매입거래를 한다.

즉 국내시장에서 달러를 매입하고, 그 달러를 대가로 국제시장에서 JPY를 산다. 모니터상에 원달러의 경우 VALUE TODAY OFFER인 1118이 되고, 국제시장에서는 JPY의 BID쪽 105.94가 된다. 두 환율을 조합하면 1US$=1118KRW=105.94JPY가 된다.

이것을 JPY/KRW로 계산하면, 1118/105.94가 되어 최종적으로 100JPY=1055.31KRW가 된다.

이렇게 기업의 재무담당자나 외환담당자가 계약시 통화선택currency of invoicing도 잘해야 하지만, 외부중개기관을 끼지 않고 사내에서 적정한 환위험관리를 방법을 찾거나, 이러한 내부관리법으로 제거하지 못한 환위험은 중개수수료를 지급하고 계약시 비용이 소요되더라도 외부기법을 통해 적극적으로 환위험을 관리해야 한다. 기업내부에서 관리하는 방법으로는 상계netting, 매칭matching, 선지급·후지급leading & lagging, 자산부채종합관리Asset & Liability Management와 결제통화조정invoicing currency adjustment기법이 활용되었다. 사내에서 해결하지 못하는 위험은 외환시장과 국제금융시장을 통해 별도의 거래를 통해 해결한다. 대표적인 외부관리기법으로는 선물환계약forward contract, 통화선물계약currency futures, 통화옵션계약currency option과 통화스왑currency swap 등이 사용되었다.

환위험이 발생하고 환노출 대상과 환위험의 범위가 정해지면 기업들은 우선적으로 사내에서 환위험을 회피할 수 없는지 검토해야 한다. 만약 환위험이 내부기법만으로 해결되지 못한다면 외부관리기법을 활용하는 것이 바람직하다. 환위험 관리기법이 선택되면, 환위험에 대해 어떤 입장을 취할 것인가를 결정해야 한다. 말하자면 단순히 환위험을 최소화하는 데 목표를 둘 것인지, 아니면 환차익을 극대화할 것인지에 대한 환위험관리목표가 명확할 필요가 있다.

사내기법은 외부중개기관을 개입시키지 않고 자체적으로 환위험을 회피하는 방법이므로 거래비용이 저렴하고, 상황이 반전되었을 때 거래를 상쇄시킬 수 있는 장점도 있다. 기업 특성상 간헐적으로 수출하는 기업과 지속적으로 수출해온 기업은 환위험관리전략을 달리해야 한다. 간헐적 수출기업이라면 수출과 동시에 선물환계약을 체결함으로써 환율변동과 무관하게 일정금액을 원화로 확정하는 것이 바람직하다. 그러나 지속적으로 수출하는 기업은 미래시점에 거래될 선물환율도 계속 변동할 것이므로 선불환거래를 하더라도 미래의 매출이익 변동성 위험을 회피할 수 없게 된다. 따라서 이런 기업은 우선 사내기법을 활용할 필요가 있다. 국내기업들은 미 달러화결제비중이 절대적으로 높기 때문에 적정한 결제통화의 선택을 통해 효율적으로 환위험관리를 할 수 있다. 또한 외부기법을 활용하고자 한다면, 통화스왑, 통화선물, 통화옵션과 같은 파생금융상품시장에 적극적으로 참여해야 한다.

초기에는 외부전문가와 전문기관의 도움을 받아 경험을 쌓는 게 중요하나. 사후평가feedback는 당해기업이 환위험관리를 얼마나 체계적이고 효율적으로 관리했는지 알 수 있게 하며, 이를 통해 차기의 환위험관리 수립에 보다 나은 정보를 흡수케 하고 이런 평가를 바탕으로 차기의 환위험관리수립에 보다 유익한 정보를 제공하는 이점을 갖고 있다.

본 장에서는 지난 20여년간 한국기업이 환위험관리를 성공적으로 달성한 기업과 그렇지 못했던 기업들을 선정하고 이들의 환위험관리 성공과 실패경험을 살펴보고, 이를 Bench Marking하거나 반면교사反面敎師할 수 있게 되길 바란다.

2. 한국기업의 환위험관리 성공사례: 1995년도 S전자 사례

(1) 당시 거래 상황[1]

1995년 당시 우리나라의 대표적인 수출기업인 S전자는 외환거래가 매우 빈번했던 기업이었다. 같은 해 4월에 고정금리로 3억 마르크 자금을 차입했다. 기준통화가 미 달러였기 때문에 마르크화 표시 부채를 미 달러화로 고정시켜야 했다. S전자 외환분석팀은 마르크화 가치와 독일 금리는 계속 하락할 것으로 판단하고 먼저 고정금리를 변동금리로 스왑계약을 체결한 후 독일 금리가 최저치로 하락한 1997년 1월에 다시 역스왑을 통해 거래를 상쇄시켰다. 그 결과 S전자는 환위험과 금리변동위험을 방지했을 뿐 아니라, 359억원가량의 환차익도 얻을 수 있었다. 환위험관리의 성공이유는 ① 적극적인 환위험에 대한 인식과 ② 이를 효율적으로 관리할 수 있는 전담부서와 전문인력이 있었으며, ③ 정확한 환율예측과 금리예측이 가능했기 때문이라고 볼 수 있다.

(2) S전자의 외환관리 정책

그렇다면 당시 S전자의 외환관리정책과 해외법인의 외환관리지침 및 외환관리 지침과 시행세칙[2]([부록]참조)을 살펴 보면, 기업차원의 환위험관리 준비상황을 확인할 수 있다.

① 외환관리 원칙

당사의 외환거래는 실물거래와 관련하여 발생하는 환위험 범위내에서 이루어지고 있으며, 투기적 외환거래는 금지한다.

- 각 통화별 연간 Net Position의 30%이내에서는 자율로 환Cover를 실행할 수 있으나, 30% 초과시는 사전에 비서실과 협의해야 한다.
- 외화차입금과 관련된 이자율 Cover는 Position의 30%이내 Cover를 원칙으

---

1) Cempas 뉴스, 2002년 5월 29일자.

2) S전자는 1990년 7월에 국제금융부 외환과의 기안에 의해 당사 종합기획실장의 결재로 동 지침과 세칙이 통과되었다.

로 하며, Cover시 건별로 비서실과 사전협의해야 한다.

- 해외법인의 외환거래에서 발생할 수 있는 환위험은 본사에 이전하여 본사의 외환관리 전문조직에서 집중관리할 수 있도록 해외법인은 거래 기준통화를 소재국 현지통화로 하여야 한다.

② 외환관리 운영전략

(i) 환 Cover운영전략은 급격한 환율변동에도 불구 환Risk최소화 및 안정적 경영기반 구축이라는 2대 목표달성을 위해,

- 각 통화별 입출금 Postion을 Matcjing 시키고,
- 안정적 경영기반 구축을 위해 환관리주관부서(자금팀 국제금융그룹)는 환율전망과 경영계획환율을 고려하여 Cover환율대를 결정한다.
- 환 Cover수단은 주로 Forward를 주로 활용하였으나, Option 및 Swap 등 Cover 가능한 모든 수단을 활용할 수 있다.

(ii) 이자율 Cover 운영전략은 금리부담의 최소화를 위해 최근과 같은 저리금리 시대에는 변동금리부 외채를 고정금리부 외채로 전환이 필요하며, 이를 위해 Interest Swap을 주로 활용하였으나, 기타 가능한 모든 수단(FRA 등)을 활용할 수 있다.

(iii) 당사의 환관리에 있어 한계점은 USD 수출과 관련 국내 Won/USD 선물환 시장이 너무 취약하여 Won/USD 환율변동위험을 Hedge할 수 있는 수단이 사실상 전무하다는 것이다. 선물환은 통상적으로 시장실세금리차이가 반영되어야 하는데, 우리나라의 경우 금리차이가 감안된 선물환 시장은 없다. 원화의 국제화가 달성되기 위해서는 국내은행에서 WON/USD 선물환율을 고시, WON/USD 환율변동위험을 피할 수 있는 방법의 개발이 선행되어야 할 필요성 있다.

③ 외환보고 및 내부통제체계

(i) 외환보고체제

당사 외환규모 확대 및 국제화의 급진전에 따라 정확한 외환현황 파악미비시 외환운영전략에 차질에 빚을 수 있으며, 외환거래 결과에 따라서는 당사손익에 중대한 영향을 미치는 바 회사가 관리해야 할 환위험 금액이나 Cover 거래잔액 및 그에 따른 손익변동에 대해 정기적으로 보고되는 내부제도가 필요하다.

보고 항목	빈도	최종결제자	비고
ⓐ 관리대상 환/이자율 Postition 파악	1회/반기	경영지원실장	
ⓑ 환/이자율 Cover	수시	경영지원실장	해외법인의 환 Position은 해외운영실에서 분기별 파악후 당실에 통보
- Position의 30%이내시			
- Position 의 30%초과시	수시	비서실 승인	
ⓒ 환/이자율 Cover손익			
ⓓ 환/이자율 전망	1회/월	경영지원실장	
-급격한 환율변동시	수시	경영지원실장	

(ii) 내부통제제도

환거래는 특성상 유선으로 거액의 거래가 이루어지어 적절한 내부통제제도가 있어야 환사고를 사전에 방지할 수 있다.

ⓐ 환계약 부서와 사후관리부서의 이원화

- 계약: Dealer
- 유선 확인: 환계약부서 Operator(계약금액, Rate, Data)
- 서면 확인: 사후관리부서 Operator(회사인감 날인)

ⓑ 선물환 Cover/Offset시 내부결재는 물론 비서실에 당일 통보한다.

ⓒ 월 1회 은행별 거래잔고를 확인한다.

(3) S전자의 해외법인 외환관리지침

(i) 관리전략

해외법인은 원칙적으로 포지션 발생을 회피하고, 불가피하게 발생하는 포지션을 제거하는 방어적 전략을 선택한다.

원칙적으로 해외법인은 현지통화를 거래통화를 하여야 한다. 법인은 환위험

발생을 최대한 억제토록 하여 법인은 환위험 부담없이 영업에만 전념하도록 한다. 기본적으로 환위험 Hedging은 본사가 부담한다. 단, 부득이 현지통화 이외의 통화를 거래통화로 하는 경우 환위험 발생 즉시 현지에서 선물환 Cover 거래를 시행한다.

또한 환위험 규모가 미미하거나 현지의 외환시장 미발달 등으로 포지션 Open 운영하는 경우에는 해외운영실(해외기획팀)과 사전협의가 필요한다. 해외운영실은 경영지원실(자금팀)과 협의후 법인에 대책을 제시한다.

법인은 분기말 기준으로 환포지션과 외환거래 현황을 파악하여 해외운영실(해외기획팀)로 서면 보고한다. 또한 사본은 경영지원실로 통보한다. 현지통화 이외의 통화의 경우에는 대對 본사구매와 생산법인에 따라 별도로 규정한다. 국내에서 거래가 불가능한 현지통화를 취급하는 법인은 대對 본사구매시 현지통화대신 USD나 DM으로 거래한다. 생산법인은 현지구매시에는 이종통화를, 판매법인에 수출하는 경우에는 판매법인통화(이종통화)로 거래함을 원칙으로 한다.

(ii) 해외법인 환관리의 대對 본사창구

해외운영실(해외기획팀)이 해외 환관리업무에 대한 對본사 창구역할을 담당하되, 외환에 관한 모든 방침은 경영지원실(자금팀)과 협의하여 결정한다.

(iii) 해외법인 환관리의 문제점

해외법인 환담당자들의 외환관련 기초지식과 실무경험 부족 등으로 환관리 중요성에 대한 인지도가 낮아 해외법인의 환포지션을 파악하거나 헤징과 동 현황 보고가 체계적으로 이루어지지 않아 본사차원의 대책 수립시기를 놓치는 경우가 있다. 또한 기존의 해외법인 외환관리지침은 확정환위험에 대해서만 언급이 되어 있어 준확정포지션 발생시 적용해야 할 외환관리지침이 없어 혼선이 야기되곤 한다.

(iv) 대책

이에 대해 수출입 규모가 증가하고 거래통화의 다양화로 환위험 발생가능성이 높은 주요 해외법인에 지속적인 유선접촉 및 정기적인 출장 등을 통해 당사 해외법인 외환관리지침과 환위험 헤징방안을 구체적인 사례를 중심으로 교육하기로 한다. 또한 준확정포지션 운영은 본사 환Cover전략을 준용하여 반기별 포지션의 50% Cover를 원칙으로 하되, 본사에서 건별로 검토하기로 한다.

3. 한국기업의 환위험관리 실패사례: 2008년도 KIKO 사례

(1) 한국 중소기업들이 키코(KIKO) 통화옵션을 선택했던 이유

키코(Knock-in Knock-out)는 통화옵션으로 환율이 하향안정세를 취하던 2007년이전부터 한국의 수출기업들이 환율변동으로 인한 위험을 관리하기 위해 선택하였던 파생상품이었다. 1997년말 한국에 불어닥친 외환위기 이후 경상수지는 흑자기조를 실현했고, 2004년말에는 원달러환율이 1,000대로 접어들더니 급기야 2007년 10월이 되자 900원으로 떨어졌다. 즉 2007년초 원달러환율은 926원이었는 데, 3월에 잠시 외국인 주식투자자금이 빠져나가면서 951원까지 오르더니 조선산업의 수주증가로 7월이 되자 914원까지 다시 떨어졌다. 미국은 서브프라임 모기지론 부실사태로 해외 주식투자자금을 회수하면서 8월 다시 950원까지 올랐지만 미국의 경기침체 예상과 FRB의 금리 인하로 인해 다시 원달러환율은 급락하여 10월말에는 연중 최저치인 900원까지 떨어진 것이다.

당시 삼성경제연구소는 2007년 4분기에 912.5원, 2008년 평균환율을 910원으로 예측하고 있었다. Citi Group도 2007년 4분기에 900원, 2008년 1분기는 900원, 2분기는 890원, 3,4분기 모두 880원으로 원달러환율이 점차 하향 안정될 것으로 보고 있었다. 김성화와 전상경(2012)[3]는 이에 세가지 원인을 더 추가했다.

첫째, 2004년 말부터 환율이 급락하면서 Knock-out Forward(녹아웃 선물환)거래가 급증했다. 물론 녹아웃 환율 아래로 떨어지면 기업은 환위험에 노출된다. 그러나 당시 원달러 환율이 하향 안정세를 가져오자 Knock-in과 Knock-out 범위를 일탈할 확률은 낮을 것으로 보았다. 녹아웃 조건을 부가하면 기업은 유리한 가격으로 달러를 매도할 수 있게 되어 많은 중소기업들이 키코거래를 선호하게 되었다.

둘째, 2007년 당시 조선산업 활황으로 선물환매도가 급증했다. 따라서 현물

---

3) 김성화와 전상경(2012), "키코(KIKO) 통화옵션 사례연구", KBR, WP16권 제1호, 한국경영학회, PP.9~12.

환율이 선물환율보다 오히려 커지는 (-) swap point현상이 지속되었다. 선물환거래를 할 때 수수료도 부담하면서 선물환매도를 한다는 것은 기업으로서는 매우 부담스럽게 판단하고, 한계환율에서 10원~20원 정도 높은 환율을 제공하는 키코가 매력적인 상품으로 보였을 것이다.

셋째, 키코는 Put Option과 Call Option의 매도를 결합함으로써 이론상 Zero Cost(무비용) 상품이었다. 오히려 풋옵션 매입 1단위와 콜옵션 매도 2단위를 결합하면 무비용에다 환차익의 기회까지 가질 수 있어 선물환 매도나 환율변동보험에 가입할 경우 수수료 등 비용이 발생하여 이에 인색한 중소기업들은 더욱 선호하게 되었다.

(2) 키코 거래상황과 소송과정

금융감독원은 2008년 6월말 국내은행과 키코계약을 한 기업은 519개에 달하고, 기업이 은행에 매도해야 할 콜옵션금액은 101억달러에 달한다고 했다. 대기업은 39개로 26억달러였고, 중소기업은 480개업체에 75억달러에 달했다. 대기업은 헤지비율이 26.8%인 데 비해 중소기업은 연수출액의 39.5%에 달하는 금액을 키코로 헤지하고 있었다. 그러나 상황은 급변했다. 2008년 봄 미국의 서브프라임 모기지 론 사태가 글로벌 금융위기로 확산되더니 원달러환율이 급등하여 베어스턴즈가 파산한 이후 경상수지 적자와 외국인 투자자의 주식투매 등으로 5월에는 1,050원대까지 치솟았다. 설상가상으로 9월 15일 리먼브라더즈가 파산하자 국내은행들의 해외차입조건은 더욱 나빠져, 11월 24일 1,513원까지 수직상승하였다. 동년 3월이후 지속적으로 달러당 1,000원 이상의 환율이 유지되자 키코거래는 대부분 상한을 초과하여 Knock-in상태가 되어 기업들은 거액의 손실을 보게 되었다. 많은 중소기업들이 거래은행을 상대로 대규모 소송을 걸었다. 거래은행이나 금융당국도 피해구제나 재발방지 대책을 다각도로 논의했다. 키코관련 소송이 진행되어 온 과정을 보면 기업의 환위험에 대한 인식과 관리에 대한 이해가 높아질 것으로 본다.(〈표 IX-1〉)

〈표IX-1〉 키코옵션 관련 소송 일지

일자	소송 과정 내용
2008년 8월	키코 첫소송. S&T 모터스, "부당한 키코계약으로 인해 48억원 손실을 봤다"며 SC제일은행 상대로 민사소송 제기
2008년 10월	법원, 키코피해 기업 첫 기업회생절차 개시결정. 대구지법 파산부, 대구성서공단 내 IDH에 대해 회생절차 개시 결정
2008년 11월	키코 손실 중소기업 97개 업체, 키코 판매 은행 상대 공동 소송. 서울중앙지법에 씨티, SC 제일, 신한, 외환은행 등 13개 은행을 상대로 "키코계약이 무효"라며 채무 부존재 확인소송 제기
2009년 4월	키코 손실 숨기고 분기실적 공시한 진성티이씨에 대한 손배 집단소송. 투자전문회사 서울 인베스트, 키코손실을 숨기고 분기실적을 허위공시해 투자자들에게 손해를 끼쳤다며 진성티이씨 상대로 손해배상청구 집단소송제기
2009년 12월	로버트 앵글, 기업측 주장 동의하는 법정증언. 노벨경제학상 수상자인 로버트 앵글 미국 뉴욕대 교수 기업 측 증인 출석. "키코는 은행이 환헤지한 불공정 거래"라고 법정 증언.
2010년 1월	스티븐 로스, 은행측 주장 동의하는 법정 증언. 스티븐 로스 미국 MIT 경영대학원 교수 은행 측 증인 출석. "키코는 은행과 기업 어느 한 쪽에 유리한 구조가 아니다"라고 증언
2010년 11월	키코 소송 1심, 은행 승소. 설명 의무 소홀만 배상 책임 인정 서울 중앙지법 민사재판부. 키코가입 중소기업 118개 업체가 은행권을 상대로 낸 부당이득금 반환 소송에서 키코 상품 자체의 불공정성은 인정하지 않음. 118개 압체중 19개 업체에 대해 대출 끼워 팔기. 설명 의무 소홀 등 고객보호 소홀한 은행에게 일부 배상책임 인정.
2011년 12월	키코 소송 최초 항소심, 원심과 동일 서울고법 민사 14부. 중소기업 세신정밀이 키코 상품으로 40억여원의 손해를 봤다고 주장하며 신한은행과 SC제일은행을 상대로 낸 손해배상청구소송에서 원심과 같이 원고 일부 승소 판결.

㈜ 김성화와 전상경(2012), "키코(KIKO) 통화옵션 사례연구", KBR, 제16권 제1호, 한국경영학회, P2.에서 부분적으로 발췌함

(3) 한국 중소기업들의 키코 통화옵션 실패로 얻은 교훈

한국 수출 중소기업들은 선물환거래나 통화선물거래와 같은 파생상품거래 시에 지불하는 수수료가 불필요한 것으로 인식하고 있었거나, 부담이 되었던 것으로 보인다. 환위험은 관리하지 않으면 외환손실이 될 수 있다는 것을 경험이나 지식을 통해 숙지하고 있지 않았다. 또한 당시 하향 안정세를 보여온 원달러환율에 대해 향후에도 계속 지속될 것으로 맹신하였던 데도 문제가 있었다. 당시 글로벌

금융상황은 미국의 서브 프라임 모기지론 사태로 최대 경제대국인 미국이 가져온 금융불안은 그동안 국제금융시장의 통합화가 가속화됨으로써 전세계로 빠르게 확산되기 시작했다. 이러한 글로벌 금융위기는 원달러환율을 급등시키에 충분했고, 수출에 매진해온 중소기업들이 환위험관리를 하기 위해 선택한 키코 통화옵션이 오히려 환투기가 되어 거액의 손실을 떠안게 되는 흑자도산이 되고 말았던 것이다.

키코는 2007년 당시처럼 환율이 안정적이어서 일정 범위내에서 변동하는 경우에는 선물환매도보다 유리할 뿐 아니라 거래비용도 없이(무비용; zero cost) 환위험관리를 할 수 있는 복합파생상품이었다. 글로벌 금융위기는 전세계가 하나의 거대한 금융시스템으로 유지되고 굴러가고 있다는 것을 단적으로 보여주었다. 유럽 EU국가들이나 미국이나 수출대국인 한국이나 글로벌 금융위기로부터 자유로울 수는 없다. 2008년도 발생한 글로벌 금융위기의 여파로 키코는 Knock-in상태로 되어 결국 700여개의 기업이 총 3조 2천억원에 달하는 거액의 외환손실을 입고야 말았다. 파생상품을 활용하여 위험관리를 하고자 할 경우에는 기업이 택한 전략적 선택이 헤징hedging이냐, 투기speculation냐를 명확히 알아야 한다. 헤징한다고 선택한 선략이 상황이 달라질 확률이 존재할 경우 언제라도 투기적 손실을 유발할 수 있음을 큰 대가를 치른 후 알게 된 교훈이었다.

4. 맺음말

KIKO가 아니더라도 파생상품 거래로 인해 손실을 본 경우는 부지기수다. 지하철공사가 건설자금 확보를 위해 해외경제협력기금(OECF)과 같은 공공차관을 일본으로부터 엔화로 차입했는데, 당시 엔 대비 원화가치는 계속 떨어질 것으로 예상되던 때였다. 그럼에도 불구하고 지하철공사는 아무런 대책을 세우지 않고 방치했었다. 그 결과 차관자금 상환시점이 도래했을 때는 원리금 상환액이 눈덩이처럼 불어났었던 것이다. 엔화강세가 예상되던 시점에 차입시점환율로 선물환계약을 했었다면 598억원에 불과하였을 원리금상환액이 노헤지no hedge전략으로 인해 총 상환액이 1,048억원으로 늘어나, 결국 국민들에게 엄청난 부담을 안겨준 결과가 되었다. I사는 2000년 11월 15일 3개월후 대금을 지급하기로 하고 U$95,000,000어치를 해외에서 달러표시거래로 수입하였다. 당시 한국은 외환시장 개방 2단계를 맞아 환율변동을 예측할 수 없었던 상황이었고, 이로 인해 환율급등이 예상되었음에도 아무런 헤징전략을 쓰지 않고 방치하였다. 수입당시 환율은 KRW1,139.20/U$였는 데, 3개월 후인 2001년 2월 15일 수입대금 결제시 환율은 KRW1,247/U$였다. 결국 104억원이 넘는 환차손[4]을 부담하고야 말았다. 두가지 사례의 공통적인 점은 환위험관리에 대한 인식이 부족하다는 점이다. 또한 환위험관리는 기업이 기술개발을 통해 생산된 제품이 창출하는 정상이윤을 지속적으로 견지하기 위해서는 환율변동이나 이자율변동 등으로 인한 가격변동위험은 선택이 아니라 필수적으로 수행해야 한다는 점을 먼저 인식해야 한다. 물론 환위험관리에 비용이 소요된다. 선물환계약이나 통화옵션과 외환스왑시에 수수료를 부담한다. 당연히 소요되는 환위험관리 비용이라는 것을 알아야 한다.

이와는 달리 데이터 저장장치 수입업체인 대인정보통신의 경우는 3천만달러 어치의 스토리지(데이터저장치)를 수입하면서 L/C 개설과 동시에 환리스크관리위원회를 운영하고 전담 딜러를 확보하여 운영했다. 2002년 3월 통관환율은 KWN1,342/U$였는데, 결제시점인 6월 예상환율은 KRW1,225/U$(매매기준율)이었다. 동 위원회와 딜러의 자문을 받아 달러약세에 대비하여 대금 결제용 달러확보를 위해 헤지를 하지 않고 오히려 뒤로 미룸으로써(lagging) 30억원이 넘는 외환 차익을 실현한 사례도 있었다.

종합상사인 LG상사는 2003년 당시 매출액이 30억달러에 달하는 수출형 대기업이었다. 기업특성상 해외영업위주의 사업구조로 인하여 많은 환위험에 노출되어 있었다. LG상사는 사내선물환제도와 일일환포지션관리시스템 등을 갖추고 기업 구조적이고 기능적으로 환위험을 관리하였는 데, 주로 활용한 전략은 선물환계약을 활용하였고, 95%의 헤지율을 보이고 있었다. 사내 내부기법으로서는 매칭과 네팅 등을 활용하고 남은 자금으로 외부시장을 통해 선물환계약을 수행했다. LG상사 담당자는 "쉽고 간단한 헤지수단으로 얼마든지 강력한 헤징효과를 저렴한 비용으로 거둘 수 있다"고 했다. 대기업이고 대표적인 종합상사인 LG상사의 환위험관리 목표 역시 '환위험의 최소화'이고 이를 위해 헤지율 100%를 목표로 하고 있었다.

---

4) 환차손액=U$95,000,000x(KRW1,247-KRW1,137.20)= KRW10,431,000,000

[부록]

S전자의 외환관리지침 및 시행세칙(1990년 7월 제정)

A. 외환관리지침

제1조(목적) 본 지침은 당사의 실물거래와 관련하여 수급되는 모든 외환을 사전에 파악하고 관리함으로써, 환율변동에 따른 환 리스크를 배제 내지 축소하여 외환관리 및 외환운용에 있어 효율성을 제고함을 목적으로 한다.

제2조(기본원칙) 외환거래는 실물거래와 관련하여 발생하는 환위험 범위내에서 이루어져야 하며, 투기적 외환거래를 도모하여서는 아니된다.

제3조(용어의 정의)

1. 대외거래란 수출입 등과 관련된 경상거래와 투자 및 차입 등과 관련된 자본거래를 포함한 일체의 외화차입금을 수반하는 실물거래를 말한다.
2. 경상거래란 상품의 수출입(무역거래), 서비스의 수출입(무역외거래), 증여의 수수 등(이전거래)에 관계가 있는 거래를 말한다.
3. 사본거래란 유가증권의 매매, 자본의 대차, 기타 채권·채무에 관계가 있는 거래를 말한다.
4. 환위험이란 환율이 변동함에 따라 대외거래에서 발생하는 위험을 총칭한다.
5. 확정환위험이란 대외거래에 따른 계약이 완료되어 그 규모와 입출금 시기 등이 확정되어 있는 환위험을 말한다.
6. 준확정환위험이란 대외거래에 따른 계약 등이 확정되어 있지는 않으나, 경영계획 등에 의해 대강의 규모 및 입출금시기를 예상할 수 있고, 계속·반복적으로 발생하기 때문에 확정환위험에 준하여 관리하는 환위험을 말한다.
7. 현물환거래란 외환거래 계약후 2영업일 이내에 일정금액의 외환을 인도하거나 인수할 것을 약정하는 외환거래를 말한다.
8. 선물환거래란 외환거래 계약후 2영업일 이후의 특정일에 일정 금액의 외환을 인도하거나 인수할 것을 약정하는 외환거래를 말한다.

9. 옵션(Option)이란 일정한 수수료를 반대급부로 하여 특정기간 또는 특정일에 사전에 약정된 환율로 일정금액의 외환을 인도하거나 인수할 권리를 사거나 파는 외환거래를 말한다.
10. 선물거래(Futures)란 공인된 거래소를 통하여 약정된 조건에 따라 특정일 또는 특정기간내에 표준화된 일정금액의 외환 또는 금액수단을 인도 또는 인수하기로 약정하는 외환거래를 말한다.
11. 통화교환거래(Currency Swap)란 두 거래 당사자간에 서로 필요로 하는 통화의 자금을 일정환율을 적용하여 교환하고, 약정기간중에는 일정기간마다 교환된 자금의 이자만을 수수하며, 약정한 만기일에는 당초에 교환된 자금을 역으로 재교환하는 외환거래를 말한다.
12. 이자율교환거래(Interest Rate Swap)란 채무(채권)에 대한 이자 지급의무(이자 수령권리)를 일정기간동안 서로 바꾸어 부담하기로(가지기로) 약정하는 외환거래를 말한다.
13. 이자선약거래(Forward Rate Agreement)란 거래일정시점으로부터 일정만기일까지의 유로예금에 적용되는 이자율을 사전적으로 약정하는 외환거래를 말한다.
14. 외환거래란 현물환거래, 선물환거래, 옵션거래, 선물거래, 통화·이자율교환거래, 이자선약거래 등의 제금융수단을 총칭한다.
15. 주관부서란 외환관리 총괄부서로서, 외환거래를 직접 실행하는 부서를 말한다.
16. 관할부서란 각 부분에서 발생하는 대외거래를 집계하여 주관부서에 보고하는 부서를 말한다.
17. 발생부서란 당해 대외거래를 발생시키는 당사자가 되는 부서를 말한다.
18. 사후관리부서란 주관부서에서 실행한 외환거래에 대해 은행과의 거래내역 확인, 거래확인서 날인·발생 등 외환거래와 관련된 사후관리 업무를 수행하는 부서를 말한다.

제4조(관리대상환위험의 범위 및 파악)

1. 당사가 관리하여야 할 관리대상환위험의 범위는 경상거래와 관련하여서는 확정환위험금액과 준확정환위험금액 모두를 포함하며, 자본거래와 관련하여서는 확정환위험금액만으로 한정한다.

2. 관할부서와 주관부서는 통화별 관리대상환위험의 실적(외화입출금실적)과 향후 예상분(외화입출금 예상분)을 적절히 분류하고 정기적으로 파악, 보고하여야 한다.

제5조(관리대상환위험의 커버) 주관부서는 정한 관리대상환위험을 효율적으로 커버하기 위하여 적절한 커버 및 청산전략을 수립하고, 전결규정에 따라 이를 집행하여야 한다. 다만, 일정시점에서의 통화별 거래잔액은 통화별 적정거래한도를 초과하여서는 아니된다.

제6조(외환손익 배부) 관리대상 환위험의 커버결과 발생한 외환손익은 각부문의 통화별 외환수지차이를 기준으로 비례배부함을 원칙으로 한다.

제7조(외환관리 및 운용 결과 보고) 외환관리 및 운용결과에 대한 보고는 평가대상기간중 실제로 인수·도된 대외거래와 관련하여 환차익과 커버거래에서 발생한 환차손익을 구분하여 실장까지 보고하고, 비서실에 제출한다.

제8조(외환거래의 사후관리) 외환거래와 관련하여 내부견제제도 및 사후관리제도를 수립·운영한다.

제9조(해외법인의 외환관리) 해외법인(지점 포함)은 그 해외법인이 속한 국가의 현지통화를 거래기준통화로 하여야 하며, 본사 주관부서와 사전 협의하여 외환관리함을 원칙으로 한다.

제10조(사내선물환제도) 외환관리의 효율성을 제고하기 위하여 사내선물환제도를 도입하여 시행할 수 있다.

제11조(기타) 본 지침운용에 따른 모든 책임과 권한 등 필요한 사항은 주관부서에서 수립하여 종합기획실장 결재를 통하여 운영한다.

(부칙) 본 지침은 1990년 7월1일부터 시행한다.

B. 시행세칙

제1조(용어의 정의) 본 시행세칙에서 사용하는 용어의 정의는 외환관리지침(이하 '지침')이 정하는 바에 의한다.

제2조(관리대상환위험의 범위) 지침 제4조에 규정하는 확정환위험이라 함은 실물인도시점과 관계없이 환위험이 확정된 금액을 말하며, 준확정환위험이라 함은 관리대상환위험 파악시점으로부터 향후 1년 이내에 발생이 예상되는 금액을 말한다.

제2조의 2(관리대상환위험의 분류) 지침 제4조 제2항에 규정하는 관리대상환위험의 분류는 다음 각 항에 따른다.

1.(수입과 지출에 따른 분류) 대외거래와 관련된 외화수입분과 외화지출분으로 분류한다.

2. (거래유형에 따른 분류) 거래유형에 따라 경상거래와 자본거래로 분류하고, 다시 자본거래는 입출금시점에 따라 입출금시점이 관리대상 환위험 발생 시점으로부터 1년 미만인 단기자본거래와 1년 이상인 장기자본거래로 구분한다.

3.(거래통화에 따른 분류) 거래통화에 따라 원·달러화 환위험과 이종통화·달러화 환위험으로 분류한다.

(1) 원·달러화 환위험이라 함은 모든 대외거래와 관련되며, 원화 대 달러화 환율의 변동에 따라 발생하는 환위험을 말한다.

(2) 이종통화·달러화 환위험이라 함은 이종통화 표시의 대외거래와만 관련되며 이종통화 대 달러화 환율변동에 따라 발생하는 환위험을 말한다.

제2조의 3(관리대상환위험의 파악 및 보고)지침 제4조 제2항에 규정하는 관리대상환위험 실적 및 향후 예상분의 파악 및 보고는 다음 각 항에 따른다.

1.(외화입출금 실적 파악) 관할부서는 발생부서와 협의하여 외화입출금 실적을 지정한 양식에 따라 매일 기준으로 작성하여 담당부서장 결재시 주관부서에 발생 익일까지 제출하여야 한다. 주관부서는 외화입출금 실적을 매월말 기준으로 작성하여 실장까지 보고하고, 익일 10일까지 비서실에 제출한다.

2. (외화입출금 향후 예상분) 관할부서는 발생부서와 협의하여 외화입출금의 향후 예상분을 주관부서가 지정한 양식에 의거하여 매분기 1회이상 향후 1년간의 외화입출금 예상금액을 분기별로 연동하여 파악하고, 담당부서는 외화입출금의 향후 1년예상분을 실장까지 보고하고 매분기초 10일까지 비서실에 제출한다.

제3조(적정거래 한도) 지침 제5조에 규정하는 통화별 적정거래한도란 통화별 관리대상환위험 금액중 입출금의 통화별 월별 외환수지차이를 말하며, 따라서 같은 통화라도 그 입출금 시점 차이가 상당 기간인 경우에는 외화입금부분과 외화출금부분을 구분하여 각각 적정거래한도를 산출할 수 있다.

제3조의 2(관리대상환위험의 커바) 지침 제5조에 따라 관리대상환위험을 커버하는 경우에는 다음 각항에 해당하는 원칙을 준수해야 한다.

1. 경상거래 및 단기자본거래와 관련된 커버거래의 경우
   각통화별 적정거래한도의 50%커버를 원칙으로 한다. 단, 향후 환율전망 등으로 포지션비율을 조정할 필요가 있는 경우에는 별도품의(비서실 서면 협의포함)에 의거 ±20%이내에서 가감할 수 있다.
2. 장기자본거래와 관련된 커버거래의 경우 총외화차입금의 30%커버를 원칙으로 하며, 건별로 비서실과 협의하여 집행한다.
3. 원·달러화 커버거래시에는 상기 제1,2항의 규정에 불구하고 만기일이 1개월을 초과하는 경우 건별로 비서실과 협의하여 집행한다.
4. 관리대상환위험을 커버하는 수단에 있어서는 커버거래당시의 여건하에서 가능한 모든 대안을 사전에 검토하고 적절한 수단을 선정하여 활용한다.

커버거래의 예

단기대상 환위험		커버 수단
경상거래 및 단기자본거래	통화	현물환거래, 신물환거래, 통화옵션거래, 선물거래, 외화예금, 단기외화차입, 기타
	이자율	이자율교환거래, 이자선약거래, 선물거래 기타
장기자본거래	통화	장기선물환, 장기통화옵션, 통화교환거래, 선물거래 기타
	이자율	이자율교환거래, 이자선약거래, 선물거래 기타

5. 관리대상환위험의 효율적관리를 위해서 주관부서는 제1,2,3항에 근거하여 별도의 환포지션 세부 운용방안을 수립하여 시행할 수 있다.

제3조의 3(커버거래에 대한 전결) 관리대상 환위험의 기준 커버비율 내에시의 커버, 연장, 조기인도계약은 환담당임원의 전결로 하고, 기준 커버비율을 초과할 경우는 종합기획실장의 결재를 얻어 실시한다.

제3조의 4(커버거래에 대한 보고) 모든 커버관련거래와 그에 따른 손익변동사항에 대하여 매일 담당임원까지 보고하며, 월1회 실장까지 보고하고, 비서실에는 커버거래 당일 보고한다. 단 부득이한 경우는 커버거래 익일에 보고할 수 있다.

제4조(외환손익 배부)

1. 지침 제6조에서 규정하는 부문의 통화별 외화수지차이란 각부문의 환관할부서에서 주관부서로 외화입출금의 분기별 보고에 의거한 Net Position을 말한다.
2. 특정부문이 직접 선물환계약을 요청한 경우 또는 특정부문의 환위험커버를 목적으로 계약된 커버거래에 따른 환차손익은 해당 부문에 직접 배부하고, 이에

관련된 직접배부 포지션은 상기 1항의 Net Position에서 차감한다.

3. 자본거래에 관련된 커버거래(Swap 및 FRA 등) 결과 발생한 외환차익은 해당 통화의 부문별 경영계획상 외화차입금 연평균을 기준으로 비례 배부한다.
4. 현물환거래에서 발생한 외환손익은 매도와 매입 환차손익을 구분하여 부문별 상계전 월별 Long, Short포지션 비례로 배부한다.
5. 환차손익 배부시기는 외환손익의 발생 매월말로 한다.

제5조(평가방법)

지침 제7조에서 규정하는 실물거래 및 커버거래에서 발생한 환차손익은 아래의 방법에 따라 산출한다.

실물거래 및 커버거래에서 발생한 환차손익 계산방법

구분	환차손익 계산
실물거래	(목표환율-실물인수도 환율)x금액x기준커버비율
커버거래	(계약환율-역거래환율 또는 실물인수도환율)x금액

(1) 목표환율이란 실물거래의 성격상 건별 손익분기환율의 산출이 가능한 경우에는 거래건별 손익분기환율을 말하며, 이의 산출이 불가능한 경우는 비서실이 정하는 경영계획환율을 말한다.

(2) 손익분기환율이 없는 경우의 목표환율은 비서실에서 1년을 대상으로 하여 반기별 연동제로 정기적으로 정함을 원칙으로 한다. 다만, 환율의 급변동시 등 필요하다고 인정되는 경우는 비서실과 협의하여 조정한다.

(3) 기준커버비율은 비서실에서 정한 비율로 한다.

제5조의 2(보고대상 기간 및 실시시기) 지침 7조에 따른 보고대상기간 및 시기는 아래와 같다.

보고 대상 기간	보고 기간
1월 1일~5월 31일	6월
1월 1일~12월 31일	12월

제6조 (사후관리)

1. 주관부서와 사후관리부서를 이원화하여 운영한다. 즉 대 은행 계약내역의 유선 확인, 은행에서 발급한 거래확인서에 날인후 발송(계약대장과 확인후) 및 월 1회 은행별 계약잔고 대사업무(對査業務)를 주관부서와 독립된 과(국제금융

과)에서 수행한다.

2. 주관부서는 외환거래사실의 유선 확인 및 동 사실이 상술된 계약대장(Slip 구분)을 작성하여 내부결재를 얻은 후, 원본을 일자별로 보관하여야 한다.

제7조(해외법인의 외환관리)

1. 지침 제9조에서 현지통화를 거래기준통화로 한다함은 대외거래와 본지사 거래시 현지통화에 의하여 수출입 신용장을 개설 또는 수취하는 것을 말한다. 단, 매출채권과 매입채무가 동종통화인 경우에는 그러하지 않을 수 있다.
2. 각 해외법인은 부득이한 경우에 한하여 본사 주관부서와 사전에 협의하여 현지통화이화의 통화를 기준통화로 할 수 있으며, 기타 통화의 경우 즉각적인 Cover거래로 행하여야 하며, Open으로 가져갈 때는 본사의 사전승인을 득하여야 한다. 환위험이 발생할 경우에는 즉각적인 커버거래를 시행하여야 한다.
3. 각 해외법인은 현지통화 이외의 통화로 거래함에 따른 선물환 계약을 부득이 체결하지 못할 경우 주관부서의 사전 승인을 득해야 한다.

제8조(발생 및 관할부서의 외환관리)

1. (일정규모 이상 포지션거래의 사전협의) 발생 및 관할부서는 경상거래이외의 포지션 관련거래로서(예, 프로젝트성, 자본재 구입) 전체금액이 U$10백만 이상의 대외거래 발생이 예상되는 거래계약을 체결하기 전에 거래의 시기, 금액, 통화, 환율 등에 대하여 주관부서와 협의하여야 한다.
2. (포지션의 보고) 발생 및 관할부서는 세칙 제2조에 의거하여 외화차입금 실적 및 향후 예상분을 주관부서에 보고하여야 하고 기 보고한 포지션의 내용에 변경이 있는 경우에도 즉시 주관부서에 통보하여 주관부서가 필요한 커버거래 대책을 수립토록 하여야 한다.
3. (현물환 보고) 발생부서는 관할부서를 통하여 매일 외화입출금 예상내역(Nego 및 B/L결제 등)을 유선/서면으로 주관부서에 통보하고, 주관부서에서 작성한 외환거래 배정안(은행 및 금액)에 따라 외화로 Nego 또는 B/L결제를 함을 원칙으로 한다. 단, 주관부서와 사전 합의에 의하여 원화 Nego 또는 원화 B/L결제를 할 수 있다.
4. (사후관리) 발생 및 관할부서는 관리대상환위험의 파악, 커버거래, 사후평가 등과 관련하여 주관부서가 필요하다고 인정하는 증빙 내지는 자료를 주관부서에서 요청할 경우 이를 제출하여야 한다.

제9조(주관부서의 외환관리)

1. 주관부서는 환관리에 필요한 각종 절차 및 양식을 제정하고 환리스크 커버대책을 수립 시행한다.
2. 주관부서는 외환을 운용할 경우 전결규정에 따라 사전결재를 득하는 것을 원칙으로 하며, 외환거래의 성격상 또는 기타 사율로 사전결재를 득할 수 없는 부득이한 경우에는 담당임원의 책임으로 시행할 수 있으나, 가능한 한 빠른 시간내에 최종 전결권자의 사후결재를 득한다.
3. 주관부서의 현물환 포지션은 사내 상계후 Net Position에 대해서 대對은행 계약을 체결하며 계약환율은 계약당일의 전신환율을 상하한선으로 함을 원칙으로 한다.
4. 주관부서는 본 외환관리에 필요한 자금이체를 위해 외화당좌운용을 총괄 조정한다.
5. 주관부서는 본 외환관리 지침 및 시행세칙을 위반하는 관할 및 발생부서에 대하여 청구 및 시정요구를 할 수 있다.
6. 주관부서는 사내 각 관할 및 발생부서에 대하여 외환교육을 실시함으로써 관할 및 발생부서의 외환관리능력을 배양한다.
7. 주관부서는 사내 각 관할 및 발생부서의 업무에 참고할 수 있도록 각종 외환정보를 정기적으로 작성, 배포한다.

[부칙] 본 세칙은 1990년 7월 1일부터 시행한다.

[부록 I]

환위험관리 실태조사

(秘) 본 조사의 내용은 통계법 제 8조에 의거 비밀이 보장되며,
통계목적외에는 사용하지 않습니다.

調 査 表

貴社의 발진을 기원합니다.

오늘날 우리나라 기업의 국제화가 심화됨에 따라 기업경영에 있이 환위험 관리 문제는 심각한 상황에 이르렀습니다.

본 조사표는 이 문제를 해결해 보고자 「한국 국제기업의 환위험관리 통괄 모델 설정에 관한 연구」의 일환으로 작성된 것입니다.

바쁘신 중이라도 잠시 조사표 작성에 시간을 할애하여 주시면 고맙겠습니다.

본 조사 내용은 연구 목적 이외에는 사용치 않을 것을 약속드립니다.

1985. 9. .

I. 일반사항

1. 귀사의 사업 형태는? 해당하는 곳에 O표 해 주십시오.

   1) 무역회사: ① 종합무역상사( ) ② 일반무역회사( )

   2) 제조기업: ① 국제기업( ) ② 국내기업( )

   3) 금융기관: ① 외환금융기업( ) ② 내국금융기업( )

   4) 기타( )

2. 외환업무와 관련하여 귀사가 취급하고 있는 업무는 모두 O 표 해 주십시오.(취급부서와 규모도 함께 기록해 주십시오)

	업 무	취급여부	취급부서	규모(천$/년)
1	연불금융			
2	해외지점을 위한 현지금융			
3	해외지점과의 D/P, D/A거래			
4	해외 회사채 발행			
5	해외사무소에 대한 자금의 송금			
6	외화와 다른 외화간 선물환계약			
7	원화와 외화간 선물환 계약			
8	외화대부			
9	외국장기차관			
10	외국단기차관			
11	외화표시 수출입거래			
12	외화딜링업무			
13	예금딜링업무			
14	모기업 또는 해외자회사와의 대차상태			
15	환율변동에 대한 예측			
16	해외지점의 영업성과에 대한 평가			
17	해외투자에 대한 의사결정			
18	기타(상기와의 외환관계 업무에 대해 기록해 주십시오.)			

3. 귀사의 매출액에 대하여.

1) 총 매출액 규모는 얼마입니까?(해당되는 곳에 O표 하시오)

1	총매출액	1981년	1982년	1983년	1984년
2	10억 달러 이상				
3	3억 달러 ~10억 달러				
4	1억 달러 ~ 3억 달러				
5	3천만 달러 ~ 1억달러				
6	1천만 달러 ~ 3천만 달러				
7	1천만 달러 미만				

2) 총 매출액에 대한 수출 및 해외매출액의 비율은?

		1981년	1982년	1983년	1984년
1	80% 이상				
2	60% ~ 80%				
3	40% ~ 60%				
4	20% ~ 40%				
5	20% 미만				

3) 귀사제품의 거래통화를 빈도가 큰 순으로 1 ~ 3까지 표시해 주십시오.

(1) U$ ( ) (2) Yen ( )

(3) ₤ ( ) (4) DM ( )

(5) FFr ( ) (6) SFr ( )

(7) Saudi Riyal ( ) (8) 기타 ( )

4) 환율변동시 상품의 판매가격은 어떻게 결정하는가?

(1) 환율변동폭에 대한 가격반영 계수를 결정하는 기준은?

(가) 개별 기업별로 독자적으로 결정한다 ( )

(나) 경쟁 기업의 계수를 고려한다 ( )

(다) 그때 그때 즉흥적으로 결정한다 ( )

(라) 기타(구체적으로)( )

(2) 위 (1)의 경우 결정 방법은?

(가) 상품별로 고유한 변동 패턴을 부여한다( )

(나) 상품별 비중에 따라 가중치를 주어 기업 전체적으로 결정한다( )

(다) 환율 변동과 무관하게 상품 가격이 결정된다(　)

(라) 기타(구체적으로) (　　　　　　　　　　　　　)

(3) 환율변동은 상품 가격을 변동시키는가?(해당되는 것은 모두 O 표)

(가) 계약된 상품중 인도전의 상품이라도 가격변경을 Buyer에게 요구한다(　)

(나) 미계약 상품은 오퍼가격(offer price)을 변경한다(　)

(다) 기타(구체적으로) (　　　　　　　　　　　　　)

5) 환율변동으로 상품 가격을 변동시킬 경우 판매량은 어느 정도 변동하는가?

5-1) 달러 표시 상품가격 변동시

(U$ 표시 가격)

주요상품 / 실제가격변동	A	B	C	기타
0% 이상	%	%	%	%
- 5 ~ 0%	%	%	%	%
- 10 ~ - 5%	%	%	%	%
- 10 % 이하	%	%	%	%

5-2) 실제상황을 위 표로 설명할 수 없는 경우 아래 표를 이용해 주십시오.

(U$ 표시가격)

주요상품 / 실제가격변동	A	B	C	기타
	%	%	%	%
	%	%	%	%
	%	%	%	%
	%	%	%	%

5-3) 엔화 표시 상품 가격 변동시

(Y화 표시가격)

주요상품 / 실제가격변동	A	B	C	기타
0% 이상	%	%	%	%
- 5 ~ 0%	%	%	%	%
- 10 ~ - 5%	%	%	%	%
- 10 % 이하	%	%	%	%

5-4) 실제 상황을 위표로 설명불가한 경우 아래표를 이용해 주십시오.

주요상품 / 실제가격변동	A	B	C	기타
	%	%	%	%
	%	%	%	%
	%	%	%	%
	%	%	%	%

6) 환율변동으로 인한 가격의 변동이 차기 매출액에 미치는 시간은?

(영향) (계약조건)

환율변동 ———▶ 상품가격 변동 ———▶ 매출액의 실현(대금결재)

(일) (일)

4. 귀사의 매출원가에 대하여.

1) 매출원가 중 다음 각 항목의 비율은?

	1981년	1982년	1983년	1984년
주요재료비	%	%	%	%
노 무 비	%	%	%	%
금융비용	%	%	%	%

2) 주요재료비가 국산원자재와 수입원자재의 구매비용으로 구성된다 할 때 이들 간의 비율은?

	1981년	1982년	1983년	1984년
국산원자재	%	%	%	%
수입원자재	%	%	%	%

3) 노무비(인건비 포함)의 구성비율은?

	1981년	1982년	1983년	1984년
내국인 고용자에 지급분	%	%	%	%
외국인 고용자에 지급분	%	%	%	%

4) 금융이자 중 이자의 구성비율은?

	1981년	1982년	1983년	1984년
국내금융이자	%	%	%	%
차관이자	%	%	%	%

5) 환율변동이 수입원자재 가격에 미치는 영향은?

5-1) 대미환율(₩/U$)의 변동시

주요수입 원자재 \ 실제가격변동 (년율환산시)	A	B	C	기타
100% 이상	%	%	%	%
70% ~100%	%	%	%	%
30% ~70%	%	%	%	%
0% ~30%	%	%	%	%
~ 0%	%	%	%	%
금액비중(수입원재별)	%	%	%	%

5-2) 회사고유의 환율변동반응 패턴이 있는 경우는 아래표에 기입하여 주십시오.

주요수입 원자재 \ 환율변동 (년율)	A	B	C	기타
	%	%	%	%
	%	%	%	%
	%	%	%	%
	%	%	%	%
	%	%	%	%
	%	%	%	%

5-3) 대엔환율(₩/Y)의 변동시

환율 변동 (년율) \ 주요수입 원자재	A	B	C	기타
100% 이상	%	%	%	%
50% ~100%	%	%	%	%
0% ~50%	%	%	%	%
~ 0%	%	%	%	%
금액비중(수입원재별)	%	%	%	%

5-4) 회사 고유의 환율변동 반응 패턴이 있는 경우는 아래표에 기입해 주십시오.

환율변동 (년율) \ 주요수입 원자재	A	B	C	기타
	%	%	%	%
	%	%	%	%
	%	%	%	%
	%	%	%	%
	%	%	%	%
	%	%	%	%

6) 환율변동으로 인한 수입원자재 가격변동아 생산제조원가 인상에 반영되는 시차는?

환율변동 ──→ 수입원자재 가격변동 ──→ 수입의사결정 ──→
( )일 ( )일 ( )일

생산에의 투입 ──→ 생산완료
( )일

7) 귀사의 원자재 조달방법은

(1) Master L/C(원신용장) (%)

(2) Local L/C(내국신용장) (%)

(3) Usance L/C(연불신용장) (　　　%)

(4) 기타(　　　　　　　　　)(　　　%)

8) 환율변동으로 인한 국산원자재 가격변동이 생산제조원가 인상에 반영되는 시차는?

환율변동 ──→ 국산원자재 가격변동 ──→
(　　)일　　　　　　(　　)일

수입 또는 내국 조달 ──→ 구매 및 생산에의 투입 ──→ 생산완료
(　　)일　　　　　　(　　)일

5. 귀사가 경영의사결정 과정에서 중요하게 여기는 항목 순으로 3개를 골라 번호를 쓰시오.

(1) 환율변동(　)

(2) 수입원자재 가격변동(　)

(3) 새로운 제조기계설비의 발명(　)

(4) 기업 내부 금융 문제(　)

(5) 새로운 시장의 개척(　)

(6) 노사 문제의 해결

(7) 신상품(서비스)의 개발(　)

(8) 신기술의 개발

(9) 기타(　　　　　　)(　)

Ⅱ. 외환관계 취득업무

1. 연불금융의 거래 원천은?

	거 래	비중
1	플랜트 수출	%
2	중장기 연불 계약	%
3	외화 표시 중장비 거래	%
4	기타	%

2. 현지 금융(local financing)의 원천은?

	거 래	비중
1	현지 정부로부터의 수혜 자금	%
2	현지에서 조달한 차관자금	%
3	현지 민간은행으로부터의 차입	%
4	Foreign Bond의 발행	%
5	기타( )	%

3. 해외지사(지점, 현지법인 포함)의 영업실적 평가기준은?

3-1) 평가기준은?

(1) 매출수량의 증가분으로 ( )

(2) 매출액의 증가분으로 ( )

(3) 시장점유율의 증가분으로 ( )

(4) 납세전 순이익으로 ( )

(5) 납세후 순이익으로 ( )

(6) 기타(   ) ( )

3-2) 통화별 기준은?

(1) 현지통화기준 ( )

(2) U$ 기준 ( )

(3) Yen 기준 ( )

(4) 원화기준 ( )

(5) 기타 ( )

4. 해외사무소에 대한 자금 송금 내용은?

4-1) 송금받는 곳은?(해당되는 것은 모두 O표)

(1) 현지의 자회사 ( )

(2) 합작회사 ( )

(3) 해외주재사무소 ( )

(4) 해외지사 ( )

(5) 해외영업거점 ( )

(6) 현지의 거래은행 ( )

(7) 기타( ) ( )

4-2) 송금 통화는?(비중)

(1) U$ (%)

(2) Yen (%)

(3) Saudi Riyal (%)

(4) 유럽통화 (%)

(5) 기타 (%)

5. 선물환계약을 하는 목적은? (정도 순으로 1 ~ 3)

(1) 수출대금의 회수목적 ( )

(2) 수입대금의 회수목적 ( )

(3) 차관 도입금의 수령 ( )

(4) 차관이자의 상환 ( )

(5) 차관원금의 상환 ( )

(6) 기업거래 손익의 확정 ( )

(7) 기타 ( )

6. 외화간 선물환거래를 원화선물환 거래보다 선호하는 이유는?

(1) 기업의 원화선물환 거래에 대한 인식 부족 ( )

(2) 외환차손 또는 외환평가손계정이 손실항목에 포함되어 있어 경영성과에 영향을 미치므로 ( )

(3) 외환차손익 등의 발생시 책임부담 문제 때문 ( )

(4) 원화의 대미환율이 만성적 하향경직성 때문에 수입시 선물환 계약을 회피하게 된다 ( )

(5) 원화선물환 계약을 지원해 줄 수 있는 원화금융제도 등의 제도가 미미하므로 ( )

(6) 기타 ( ) ( )

7. 외국장기차관과 외국단기차관에 대한 질문입니다.

구 분	외국장기차관				외국단기차관			
	U$	Yen	유럽통화	기타	U$	Yen	유럽통화	기타
규모(백만)								
평균 계약 기간								
계약조건 확정이자율 FRN(변동금리채)								
1986 예정도입금액								

III. 환위험관리 내용

1. 환위험에 대한 인식

1) 귀사는 환위험을 언제 인식하십니까?(해당사항은 모두 O표하여 주십시오)

(1) 해외자회사와 연결재무제표를 작성하였을 때 ( )

(2) 새로운 투자사업을 선택하였을 때 ( )

(3) 환율변동으로 인해 수입원자재 가격이 변동했을 때 ( )

(4) 환율변동으로 인해 수출상품 가격이 변동했을 때 ( )

(5) 이미 발생된 거래의 계약실현으로 인한 대금의 수령 또는 지급시 ( )

(6) 환율변동으로 인한 기업의 미래현금흐름의 변동에 대한 추정시 ( )

(7) 기업자체의 환위험관리모형에 의한 정규적인 관리수행시 ( )

(8) 월별, 분기별, 반기별, 회계연도별 또는 수시적 필요시 ( )

(9) 기타 ( ) ( )

2) 귀사의 경우 경험하시고 있는 문항에 O표 하십시오.

(1) 환율이 일정이상 변동만 하면 환차손이 발생한다 ( )

(2) 외환차손익과 외화평가손익은 관리불가능한 변수이다 ( )

(3) 외화표시 거래만 하면 외환차손익이 발생한다 ( )

(4) 외환차익(또는 외화평가이익)은 당기순이익에 계상하지 않지만 외환차손(또는 외화평가손실)은 당기순손실에 계상한다. ( )

(5) 환위험은 실현되어야만 손실이므로, 미실현된 것은 계상해서는 안된다 ( )

(6) 동일유형의 거래가 미래에 발생할 수 있는 경우에도 환위험을 인식한다 ( )

3) 환위험에 대한 인식이 다소 부재하다면 그 이유는?

(1) 환위험 발생거래가 별로 없으므로 ( )

(2) 환위험으로 인한 외환손익의 규모가 작으므로 ( )

(3) 환율변동으로 인한 외환손실의 발생시 정부의 제도적 보상이 가능하므로( )

(4) 환율변동으로 인한 외환손익은 책임지는 사람이 없으므로 ( )

(5) 환위험 관리방법을 모르므로 ( )

(6) 기타 ( ) ( )

2. 환위험 관리 프로그램

1) 귀사의 환위험 관리 프로그램에 대해 해당하는 것을 아래 〈보기〉에서 골라 그 번호를 기록하시오.

〈보기〉

(1) 매우 옳다 (2) 옳다 (3) 확실치 않다 (4) 그렇지 않다 (5) 절대 그렇지 않다.

연번	질 문	답변
1	과거 4년동안 환위험 관리를 위해 전사적으로 노력을 경주해 왔다	
2	1980년대 이래 환율예측을 위하여 정보자료 수집을 늘려 왔다	
3	과거 4년동안 환율예측에 대한 우리 기업의 기법이 매우 발달해 왔다	
4	과거 4년동안 예전보다 큰 문제점이 환위험 부문에서 발견됐다	
5	환위험 관리로 기대되는 기획이익보다 환위험 관리비용이 크다	
6	투자 모기업의 규모로 인하여 현지국에서 보나 효율적인 환위험 관리를 수행할 수 있다	
7	회사의 환위험 관리 수단으로 말미암아 현지국의 외환정책이 영향을 받을 경우 이에 대한 도의적인 책임이 있다	
8	아직까지 환율예측 문제는 환위험 관리 프로그램에서 가장 연계성이 낮다	
9	환위험이란 구체적 대안이 없는 골치아픈 문제이다.	
10	환위험은 막대한 위험이지만 만족할만한 해결 수단을 갖고 있다	
11	환위험 관련계정(외환차손익, 외화평가손익 등)은 다른 회계 계정과 다름없이 정규적인 항목으로 취급한다.	
12	환위험을 중요시하지 않고 무시해 버리면 골치아픔 문제가 발생할 수 있다.	
13	환율변동을 이용한 환 투기적 이익은 영업 활동에 포괄시키지 않고 있다.	
14	1970년대 ~1980년대의 달러와 엔 등의 가치변동으로 인한 손실 때문에 최고 경영자의 환위험에 대한 인식이 새로워졌다.	

2) 환율 예측에 관한 질문

(1) 최고 경영자는 기업내부에서 정규적으로 중요통화에 대한 환율예측치를 누구로부터 제공받는가?

① 사장 ( )

② 해외사업본부장 ( )

③ 외화자금부장 ( )

④ 무역부장 ( )
⑤ 국제사업부장 ( )
⑥ 해외자회사 자금담당 ( )
⑦ 국제자금부장 ( )
⑧ 외환관계실무진 ( )
⑨ 무역관계실무진 ( )
⑩ 기타 ( )

(2) 어떤 통화에 대해 환율 예측을 하고자 하는가?
① 중요한 환노출을 야기하는 모든 통화 ( )
② 항상 변동하는 모든 통화 ( )
③ 주요한 통화에 대해서만 ( )
④ 그때 그때의 직관에 따라 선택된 통화 ( )

(3) 귀사가 예측하고 있는 통화에 모두 O표 하시오.
① U$ ( )
② Yen ( )
③ 사우디 리얄 ( )
④ 유럽통화 ( )
⑤ 기타 ( )
• ④, ⑤ 의 경우 통화 이름을 적어 주세요.

(4) 귀사의 업무수행상 가장 중요한 외국통화는?
① U$ ( )
② 사우디 리얄 ( )
③ 유럽통화 ( )
④ U$와 Yen ( )
⑤ U$와 사우디 리얄 ( )
⑥ 기타 ( )

(5) 귀사가 실행하고 있는 환율예측치의 형태는?

① 환율변동의 방향 ( )

② 미래 특정일의 환율 예측치(점추정치) ( )

③ 미래 다수 특정일의 환율예측치(점추정치)( )

④ 환율변동의 구간추정 ( )

⑤ 현물환율의 확률분포 ( )

⑥ 위의 둘이상의 결합 ( )

(6) 귀사가 행하는 여러 통화의 환율변동에 대한 예측대상 기간은?

환율예측대상기간 / 구분	1 ~ 3 개월	6 ~ 9 개월	12 ~ 18 개월	24 ~ 60 개월
업무상 가장 중요한 통화				
중요한 통화				
별로 중요하지 않은 통화				

(7) 아래 통화에 대한 공식적인 환율예측의 빈도는?

예측주기 / 통화	일별	주별	월별	분기별	년별	기타
U$						
Yen						
사우디 리얄						
유럽 통화						
기타						

(8) 환율예측에 대한 정보원의 중요도(신뢰도) 순위는?(1 ~ 3)

① 환율에 대한 경영자문기관 또는 경영고문 ( )

② 대규모 국제은행을 포함한 금융기관 ( )

③ 금융전문지 ( )

④ 기업내부의 공식적인 모형(수학적 예측모형) ( )

⑤ 자회사로부터의 정보 ( )

⑥ 주먹구구식의 직관적인 방법 ( )

⑦ 기타 ( )

(9) 귀사가 환율변동 예측을 위해서 선택하는 지표 중 중요도 순위는?(1 ~ 5까지만)

① 국제수지 ( )
② 무역수지 ( )
③ 도매물가지수 ( )
④ 소매물가지수 ( )
⑤ 금 또는 전환성 통화의 외환보유고 ( )
⑥ 정부예산의 적자 폭 ( )
⑦ 통화공급 신장율 ( )
⑧ 환율변동에 관한 시계열 자료 ( )
⑨ 국가의 에너지 보유량 ( )
⑩ 일반적인 수입경향 ( )
⑪ 국가간의 무역연계 상황의 변동 ( )
⑫ 암시장 환율 ( )
⑬ 이자율의 변동 ( )
⑭ 기타 ( )

(10) 환율예측치에 대한 최고경영자의 만족도는?

① 매우 불만족 ( )
② 불만 ( )
③ 만족 ( )
④ 매우 만족 ( )

(11) 환율예측치의 선택에 따른 일차적인 책임은 누가 지는가?

① 최고경영자 ( )
② 기업내의 외환관계부서 책임자 ( )
③ 자문 은행 ( )
④ 책임지는 자가 없다 ( )

3) 환위험 정보관리

(1) 귀사의 외환부서가 담당하고 있는 기능은?(해당되는 곳은 전부 O표 하시오)

① 선물환계약담당 ( )
② 수출입 통화선택 및 결제담당 ( )
③ 외화송금 담당 ( )
④ 기타 ( )

(2) 외환부서의 통일적 체계가 부족하다면 그 이유는?
① 최고경영자의 인식부족 ( )
② 전문인력의 부족 ( )
③ 대학에서의 전문인력 양성 체계의 미비 ( )
④ 금융기관과의 긴밀한 연락 부재 ( )
⑤ 책임소재가 명확히 규정되지 못하여 ( )
⑥ 기타 ( )

(3) 외환손익의 발생원인은 무엇으로 보십니까?
① 환율예측의 미비 ( )
② 환율예측기관(금융기관)의 지원체계 미비( )
③ 기업 자체의 환위험관리부서의 미비 ( )
④ 기업 자체의 환위험관리모형의 미비 ( )
⑤ 거래 대상 통화의 선택 착오 ( )

(4) 귀사에서 발생하는 외환손실의 원인은 주로 무엇입니까?
① 외환손실이 발생하지 않는다 ( )
② 외화차관 ( )
③ 외화표시수출 등 ( )
④ 외화표시수입 등 ( )
⑤ 외화표시 국내거래(Local L/C) ( )
⑥ 기타 ( ) ( )

(5) 외환손익에 관한 정보수집체계는?
① 정기적으로 환노출액 산정표가 작성된다 ( )

② 필요할 때 마다 환노출액 산정표가 작성된다 ( )

③ 중간 재무제표나 년말재무제표 작성시에 이루어진다 ( )

④ 정보수집체계가 형성되어 있지 않다 ( )

⑤ 기타 ( ) ( )

(6) 환위험정보에 관한 보고 빈도는? (모두 O표 하십시오)

① 외화표시 거래전표 ( )

② 현물환 계약원장 ( )

③ 선물환 계약원장 ( )

④ 일일거래장표 ( )

⑤ 외환포지션원장 ( )

⑥ 일일 포지션 ( )

⑦ 외환브로커의 수수료계정 ( )

⑧ 일일대차대조표 ( )

⑨ Overnight Position 집계표 ( )

⑩ 기타 (구체적으로:) ( )

(8) 귀 은행의 외환포지션은 어떤 기준으로 보유하는가?

① 한국은행의 지시에 따른다 ( )

② 그날 그날 결정한다 ( )

③ 과거의 포지션을 중심으로 적절한 포지션을 결정한다 ( )

④ 기타 (구체적으로:) ( )

(9) 귀 은행은 외환관리를 위해 어떤 노력을 하십니까?

① 일반회계원칙에 비추어 적절한 외환회계처리가 되도록 노력한다 ( )

② 당해연도의 당행(當行)의 목표달성을 기준으로 관리한다 ( )

③ 자동적인 외환관리절차를 갖고 있으므로 별다른 노력이 필요없다 ( )

④ 외환관리를 요하는 거래발생빈도가 낮아 별다른 노력이 필요없다 ( )

⑤ 기타(구체적으로:) ( )

(10) 귀 은행의 외환관리의 지침은 어떻게 수행되는가?

① 계정형태와 회계절차에 대한 규정이 있다 ( )

② 관리규정에 운영지침, 표준화된 지시내용 등이 나와 있다 ( )

③ 한국은행 또는 외환은행으로부터 지침이 있다 ( )

④ 기타(구체적으로:) ( )

(11) 귀 은행의 최고경영층으로부터 다음 내용의 지침이 있는가?

① 외환거래목적이나 정책에 대해 ( )

② 운영예산과 목적에 대해 ( )

③ 허용될 수 있는 위험의 내용에 대해 ( )

④ 개인소득을 목적으로 거래하는 Dealers나 직원의 거래금지 조항에 대해 ( )

(12) 귀 은행에서 하고 있는 업무의 범위는?

① 총 일일거래량 파악 ( )

② 총 오픈 포지션 ( )

③ 순 오픈 포지션 ( )

④ 통화별 총 포지션 ( )

⑤ 통화별 순 포지션 ( )

⑥ 일일 각 통화별 만기 ( )

(13) 귀 은행의 Dealer들은 어떤 일을 하는가?

① 외화간 선물환 거래의 알선 ( )

② 원화 선물환 거래의 알선 ( )

③ 외화거래에 따른 전표작성 및 장부 처리 ( )

④ 기타(구체적으로:) ( )

(14) 귀 은행의 현재 및 미래 포지션을 관리하기 위해 어떤 원장을 쓰는가?

① 통화별 ( )

② 거래별 ( )

③ 만기날짜별 ( )

④ 기간별 ( )

⑤ 상대방별 ( )

⑥ 기타 (구체적으로:) ( )

(15) 귀 은행의 외환관계업무는 어떻게 수행되는가?

① 직접 손으로 작성되어 계정 및 원장에 처리된다 ( )

② EDP System을 통해 전산처리된다 ( )

③ (①과 ②가 병행된다 ( )

④ 기타 (구체적으로:) ( )

(16) 귀 은행의 외환관리업무에 대한 인식은?

① 무엇보다도 기업에 대한 지원시스템에 주목한다 ( )

② 은행의 부차적 기능으로 본다 ( )

③ 은행의 주기능으로 바뀌었다고 본다 ( )

④ 기업과 은행이 연계업무를 펼쳐야 할 것으로 본다 ( )

⑤ 기업의 환위험 인식이 매우 낮아 경영자문을 응해야 한다 ( )

⑥ 앞으로의 추세를 보아 기업과 은행은 긴밀한 상호의존체계를 갖추어야 한다 ( )

(17) 귀 은행은 외환관계업무를 어디서 통괄하는가?

① 외환관리부서 ( )

② 국제부 ( )

③ Dealing Room ( )

④ 기타 (구체적으로:) ( )

3. 환위험관리전략

1) 환위험에 대한 방어목적의 관리전략지침 및 평가에 대한 책임은 누가 지는가?

① 최고경영자 ( )

② 외환관계부서 책임자 ( )

③ 책임자 없음 ( )

④ 기타 (   )

2) 귀사에서는 아래의 환위험관리직능을 어느 부서가 책임지는가?

환위험관리 직능 / 조직(부서)	환율예측	순환노출액의 산정	환위험관리수단의 치침 및 평가	방어용 환위험관리 수단의 실행
본사(모기업)				
국제부				
무역부				
외환관계부서				
해외자회사				
위 둘이상의 부서				

3) 귀사가 환위험관리직능을 수행하기 위해 투입하는 시간의 비율은?

환위험관리 직능 / 수행시간의 비율	환율예측	순환노출액의 산정	환위험관리 수단의 지침 및 평가	방어용 환위험 관리수단의 실행
100%				
75 ~ 99%				
50 ~ 74%				
25 ~ 49%				
25% 미만				

4) 환위험관리방법에 대해 (해당사항은 모두 O표 하시오)

① 그때 그때 즉흥적으로 한다 (   )

② 기업내 외환관리부서에서 한다 (   )

③ 최고 경영자가 직접 수행한다 (   )

④ 금융기관의 도움을 받는다 (   )

ⓐ 국내 금융기관의 도움을 받는다 (   )

ⓑ 외국 금융기관의 도움을 받는다 (   )

⑤ 외부용역을 주어 자문을 받는다 (   )

⑥ 기업내부의 의사결정체계를 이용한다 (   )

⑦ 자동적인 환위험관리모형이 있다 ( )

⑧ 자동적인 환위험관리부문이 있고 예외적인 환위험관리 문제는 최고경영자가 직접 수행한다 ( )

⑨ 외부용역과 기업내부판단을 종합하여 결정한다 ( )

⑩ 프로젝트별로 담당부서에서 결정한다 ( )

5) 귀사가 선택하는 환위험관리수단은?(선호도 순으로 순위 표시)

① 금융시장의 선택 ( )

② 외환시장의 선택(특히 선물환계약) ( )

③ 기업내부에서 해결수단을 찾는다 ( )

6) 앞 5)에서 기업내부에서 해결수단을 찾는다면(모두 O 표)

① 거래통화의 선택 ( )

② 네팅방법(netting) ( )

③ 매칭방법(matching) ( )

④ 선지급·후지급방법(leading & lagging) ( )

ⓐ Local L/C 결제를 신속히 한다 ( )

ⓑ 외화 표시 거래를 되도록 피한다 ( )

⑤ 자산·부채 조정기법 ( )

⑥ 이전가격 설정방법 ( )

⑦ 기타 ( )

7) 환위험관리 목표에 대해.

(1) 귀사의 환위험관리목표는?

① 외환손익의 제로(Zero)화 ( )

② 환차익의 극대화 ( )

③ 환차손의 극소화 ( )

④ 환위험을 고려하지 않는다 ( )

(2) 귀사의 환위험관리대상은 구체적으로 무엇인가?

① 환율변동후에 거래의 결제에 따른 환위험의 극소화 ( )

② 환율변동후에 평가가능한 거래가치 변동액의 극소화 ( )

③ 환율변동후에 야기되는 기업의 미래발생 거래로 인한 기대 현금흐름 ( )

④ 위의 ①과 ② ( )

⑤ 위의 전부를 포괄한다 ( )

⑥ 기타 ( )

(3) 귀사의 환위험관리 목표의 수는?

① 오직 하나이다 ( )

② 환위험관리대상으로 결정된 환노출액만 고려한다 ( )

③ 미래의 기대환노출액을 고려한다 ( )

④ 여러 환노출관리수단이 서로 상충되지 않게 조정해야 한다 ( )

⑤ 위의 조합니다 ( )

(4) 귀사의 환위험관리 목표의 지위는?

① 기업의 전사적 경영목표와 동등하다 ( )

② 전사적 경영목표의 하위개념이다 ( )

③ 전사적 경영목표와 대립되는 개념이다 ( )

④ 아직은 불명확한 개념이다 ( )

⑤ 실제로는 별로 고려하지 않는 개념이다 ( )

(장시간 본 조사표를 작성하시느라 수고하셨습니다. 대단히 감사합니다.)

회사명	
주소	

찾아보기

A

a theory of adjustment process ... 23
A-1형 환위험 ... 120
A-2형 환위험 ... 120
A.C. Shapiro ... 165
A.E. Peck ... 73
A.I. Stonehill ... 165
A.L.L Jacque ... 165
A.P. Marshall ... 168
abnormal profits ... 32, 35
absolute version of PPP ... 28
accounting (translation) exposure ... 104
accounting exposure ... 94, 104
accounting risk ... 108, 119, 167
Adler, Michael & Bernard Dumas ... 105
Adler와 Dumas ... 37
Alan C. Shapiro ... 105
Aliber ... 33
Aliber와 Sticikney ... 115
ALM ... 158
Anderson, R. W & J.P. Danthine ... 70
Andreas R. Prindle ... 104
Anthony Wan-Tung Chang ... 22
arbitrage ... 52
arbitrage opportunity ... 25
arbitragers ... 23
asset & liability management ... 158, 244
Asset Market Approach ... 31
assumption of homogeneous information ... 19
A형 환위험 ... 120

B

B/L ... 261
Basic Wiener process ... 38
basis arbitrage hedging strategy ... 52
basis risk ... 51
Batten과 Mellor ... 144, 168
Belk와 Glaum ... 143, 167
bilateral PPP ... 29
Bilson ... 30, 33
bond dealer ... 242
Born-global ventures ... 92
Box-Jenkins 모형 ... 33
Brennan ... 53
Bretton Woods System ... 18
Burt, Kaen과 Booth ... 32
B형 환위험 ... 123, 226

C

C. Whilborg ... 165
Call Option ... 251
capital flow model ... 29
CAPM ... 21
Cargill과 Rausser ... 32
Carter와 Rodriguez ... 142, 167
cash flow exposure ... 94
cash inflows:CIF ... 97
cash outflows:COF ... 97
Chang과 Shanker ... 45
Charles T. Howard ... 63
chief dealer ... 242
Citi Group ... 250

Class Whilborg & Richard M. Levich ... 105
co-joint production agreement ... 242
co-owned joint venture ... 242
Collier와 Davis ... 143, 167
consolidated financial statements ... 95
contingent market ... 22
Continuous time stochastic process ... 38
contractual cash flows ... 92, 104
Cornell ... 33
Cornell과 Dietrich ... 32
corporate dealer ... 242
counter offer ... 120, 152
Counter offer pricing risk ... 8
counter offer risk ... 108, 166, 167
currency futures ... 244
currency of invoicing ... 211, 231, 244
currency option ... 244
Currency Swap ... 244, 256
current rate ... 95
Current-Non-current method ... 95

D

D. J. S. Lutledge ... 73
D.K. Eiteman ... 165
D.R. Lessard ... 165
D/A ... 130, 132
D/P ... 130, 132
Dealer ... 118, 242, 248
Dealing Room ... 242, 282
definite target date ... 119
discretionary hedging ... 51
DM ... 265
Dollar Peg System ... 18
Don S. Gull ... 93
Dooley와 Shafer ... 32
Dornbush ... 30, 31
D형 환위험 ... 121

E

E. F. Fama ... 19
economic exposure ... 94, 103, 104
economic exposure(operating exposure) ... 106
economic risk ... 108, 119, 166, 167
economic(cash flow) exposure ... 104
Ederington ... 45, 50
effective exchange rate ... 29
Eiteman, David K. & Arthur I. Stonehill ... 105
EUR ... 244
exposure on existing foreign assets/liabilities ... 105
exposure on future income(economic risk) ... 105
external techniques ... 211
E형 환위험 ... 121

F

fair game ... 18
Fama와 Farber ... 37
FASB ... 91
Feder, G., R.E. Just & A. Schmitz ... 70
FFr ... 265
Fisher Effect ... 25, 115
Foreign Bond ... 271
foreign exchange exposure ... 119
foreign exchange futures ... 44
foreign exchange market efficiency ... 18
foreign exchange pass-through ... 150, 195
foreign exchange risk ... 119
foreign trading risk ... 108, 166, 167
FOREX클럽 ... 147
Fortune 500대기업 ... 142
Forward ... 247
forward contract ... 44, 244
forward exchange rate ... 18
Forward Rate Agreement ... 256
Forward Rate Parity ... 25

forward risk premium ... 18, 36
FRA ... 247, 260
Frankel ... 30, 37
FRB ... 250
Frenkel ... 26, 31, 33
Frenkel과 Levich ... 26
functional currency ... 91
future spot exchange rate ... 18
Futures ... 256
futures contract ... 44
FX(foreign exchange) dealer ... 242

G

Giddy ... 33, 115
Giddy와 Dufey ... 33
GLS모형 ... 38
Grauer, Litzenberger와 Stehle ... 38
Grossman ... 21
Grossman과 Stiglitz ... 21, 22, 23

H

Harrry M. Markowitz ... 55
hedge ratio ... 55
hedger ... 45
hedging ... 43, 44, 253
hegding effectiveness ... 55
heterogenous information distribution ... 21
Hicks ... 44
Hill, Joanne & Thomas Schneeweis ... 56
historical rate ... 95
Hodgson과 Phelps ... 29
Hodrick ... 37
Holbrook Working ... 51
Holthasusen, D.M. ... 70
home country ... 95
host country ... 95
Howard와 D'Antonio ... 45, 66

I

Ian H. Giddy ... 25, 104
ICAPM; international capital asset pricing model ... 36
IMF ... 90
IMF 외환위기 ... 218
informational difference ... 23
Interest Rate Parity Theorem(IRPT) ... 25
interest rate parity theorem; IRPT ... 26
Interest Rate Swap ... 256
Interest Swap ... 247
internal techniques ... 211
International Fisher Effect ... 25
international parity conditions ... 25, 36
invoicing currency adjustment ... 244

J

J. Lintner ... 76
J. M Keynes ... 49
J. R. Hicks ... 49
Jerome Stein ... 55
Jilling과 Folks ... 129
Joan C. Junkus와 Cheng F. Lee ... 52
Johnson ... 45
Johnson, Leland I. ... 60
Johnson과 Stein ... 56
Johnson모형 ... 55
joint hypothesis ... 19, 34
joint hypothesis test ... 18
joint test ... 23
JPY ... 244
junior dealer ... 242
Junkus, Joan C. and Cheng F. Lee ... 54

K

Kaldor ... 44
Kandice H. Kahl ... 60

Kaserman ... 33
Keynes ... 44
KIKO ... 6, 201
Knock-in ... 6, 250
Knock-in Knock-out ... 250
Knock-out ... 250
Knock-out Forward ... 250
Kohlhagen ... 33
KT ... 176
KT&G ... 175, 186

L

L/C ... 254
lagging ... 254
Laurant L. Jaque ... 104
law of one price;LOP ... 28
lead & lag ... 158
leading & lagging ... 114, 142, 158, 180, 211, 244, 284
Leland Johnson ... 55
LeRoy ... 19
Lessard, Donald R. ... 106
Levi ... 105, 165
Levich ... 21, 33
LG상사 ... 254
LG화학 ... 176, 185
local borrowing ... 100
local currency ... 97
local financing ... 271
Local L/C ... 212, 213, 232, 269, 279, 284
Logue, Sweeny와 Willet ... 34
long ... 67
long position ... 52, 91
longitudinal analysis ... 9, 168, 187, 195
Louis J. D'Antonio ... 63

M

M. Jilling과 W.R. Folks Jr. ... 174, 232
MacRae, T.W. & D.P.Walker ... 104
majority-owned joint venture ... 242
Markowitz ... 45
martingale process ... 63
Master L/C ... 213, 269
matching ... 133, 158, 180, 232, 244, 284
Mathur ... 142, 167
Mathur와 Teoh ... 168
Michael Jilling과 W.R. Folks Jr. ... 155, 204
MIchael Jilling과 William R. Folks, Jr. ... 126
minority-owned joint venture ... 242
MM ... 21
model of fully informed market equilibrium ... 20
Models of the capital account ... 27
Models of the current account ... 27
Monetary-Non-monetary method ... 95
multilateral PPP ... 29
Mundell-Fleming model ... 27
Myron Scholes ... 52

N

N. Kaldor ... 49
Nego ... 261
Nelson과 Collins모형 ... 75
net cash flows ... 97
Net Position ... 246, 259, 262
net present value: NPV ... 97
netting ... 142, 158, 180, 232, 244, 284
New South Wales ... 144
Nixon Doctrine ... 90
no hedge ... 8, 46, 48, 253
non-contractual cash flows ... 93, 104
Non-stationary Ito process ... 38
normative model ... 64

O

OECF ... 253

offer price ... 266
open position ... 48
operating risk ... 119
Operator ... 248
optimal hedge ratio ... 85
Option ... 247, 256
Overnight Position ... 280

P

Palu A. Samuelson ... 48
part-time speculator ... 52
pass-through ... 226
Paul A. Samuelson ... 18
Peck, A.E. ... 70
Poole ... 32
Portfolio Balance Model ... 30
POSCO ... 175
POSRI ... 175
potential future cash flows ... 121
price adjustment ... 120, 192
project risk ... 8, 108, 166, 167, 235
Purchasing Power Parity ... 25, 115
pure economic risk ... 108
Put Option ... 251

R

R.D. Nelson과 R.A. Collins ... 73
R.K. Ankrom ... 165
R.W. Anderson과 J.P. Danthine ... 73
rational expectations model ... 23
real exposure ... 105
realized gain or loss ... 104
relative version of PPP ... 28
revolving L/C risk ... 166, 167
revolving risk ... 8, 108
risk premium ... 18, 34
risk-averse ... 18
risk-neutral ... 18
risk-return hedging model ... 45
Robert J. Shiller ... 21
Robert K. Ankrom ... 103
Rodriguez, Rita M. & Eugene Carter ... 105
Rodriguez와 E. Carter ... 165
Roelfo, J. ... 71
Roll ... 21
Roll과 Solnik ... 35
Rutledge ... 73

S

Salescan List ... 144
Samuelson ... 23
Saudi Riyal ... 265, 272
SC제일은행 ... 252
SDR 연계제도 ... 112
SDR바스켓 ... 112
senior dealer ... 242
Sercu ... 37
SFAS No.52 ... 91
SFr ... 265
short ... 67
short postion ... 91
Siegel 패러독스 ... 37
Smithsonian Agreement ... 90
Solnik ... 25, 37
speculation ... 43, 253
speculative profits ... 34
speculator ... 49
spot exchange rate ... 18
spreading ... 52
square positioing ... 199
square position ... 91
stationary diffusion process ... 37
Stationary Ito process ... 38
Stein ... 37, 45
Stewart I. Brown ... 60
Stickman ... 37
Stiglitz와 Hodrick ... 38

Stockman ... 33, 37
straight hedge ... 68
Stultz ... 37
sub-martingale model ... 20
Swap ... 247, 260
swap point ... 251
S전자 ... 246

T

T.W. MacRae ... 165
telegraphic transfer(T/T) ... 213
Temporal method ... 95
The Asset Approach ... 30
theory of normal backwardation ... 49
theory of price of storage ... 53
theory of supply of storage ... 53
Time Top 200 ... 143
time-varying risk premium ... 37
trade model ... 29
trading exchange risk ... 226
Trading risk ... 8
transaction exposure ... 94, 104, 105
transaction risk ... 9, 105, 108, 119, 166, 167
transfer pricing ... 158
translation exposure ... 94, 104
translation risk ... 9, 105, 108, 119, 166, 167
two-asset portfolio ... 56

U

U$ ... 265, 272
unitary floating exchange rate system ... 113
unrealized gain or loss ... 104
Usance L/C ... 213, 270

V

VALUE TODAY OFFER ... 244

W

Walrasian Competitive Equilibrium ... 20
what to measure ... 119
when to recognize ... 119
Whitenoise(purely random) process ... 38
Working ... 45
Wyploz ... 37

Y

Yen ... 265, 272

Z

zero margin requiremnet ... 71

₤

₤ ... 265

ㄱ

(광의의) 환위험 ... 107, 120
(광의의)경제적 환위험 ... 108
가격 재조정 ... 192
가격전가 ... 226
가격조정 ... 120
가인테크 ... 194
감가상각충당금 ... 92
갑류 외국환은행 ... 122
강서성 ... 225
강세통화위험 ... 94
개선스포츠 ... 187
거래적 환노출 ... 104, 105
거래적 환위험 ... 9, 94, 105, 106, 108, 119, 141, 166, 167, 183
거래통화의 선택 ... 158, 178, 180, 211, 231, 232, 284
격지간 베이시스 ... 53
결제통화조정 ... 244

결합가설 ... 19, 34
결합가설검증 ... 18
결합검증 ... 23
경상거래 ... 255, 259
경상이익 ... 5
경제적 환노출(영업환노출) ... 103, 104, 106
경제적 환위험 ...
경제적(영업) 환위험 ... 94, 97, 107, 119, 141, 183
계약에 의거하지 않는 현금흐름 ... 93
계약에 의한 현금흐름 ... 92
계약적 현금흐름 ... 104
고정환율제도 ... 90, 113, 217
공동생산협정 ... 242
공동소유지분 합작투자 ... 242
관리가능한 환위험 ... 89
관리대상환위험 ... 256, 257
관리변동환율제도 ... 239
관리불가능한 환위험 ... 89
관리유동환율제도 ... 113
광동성 ... 225
교차헤징 ... 68
구로공단 ... 117, 124
구매력평가 ... 25
구매력평가이론 ... 28, 115
국내금융이자 ... 268
국산원자재 ... 267
국제공동연구 ... 242
국제금융균형조건 ... 25, 36
국제기술협정 ... 242
국제부 ... 282, 283
국제비활성거래통화위험 ... 94
국제수지 ... 278
국제자본자산가격결정모형 ... 36
국제피셔효과 ... 25
국제합작투자 ... 242
국제활성거래통화위험 ... 94
규범적인 모형 ... 64
금광 ... 194
금융감독원 ... 251
금융비용 ... 267
금융선물시장 ... 44
금융이자 ... 268
금태환중지선언 ... 90, 113
금환본위제도 ... 113
기간비교분석법 ... 195
기간비교연구 ... 187
기간적 분석 ... 9
기간적 비교 ... 168
기능통화 ... 91
기대미래현물환율 ... 37
기대수익극대화 ... 46
기대수익극대화 헤징모형 ... 46
기대수익극대화모형 ... 44
기수적 효용基數的 效用 ... 73
기수적 효용극대화 헤징이론 ... 73
기업환위험 ... 89
김성화와 전상경 ... 250
김용화 ... 168
김합 ... 186

ㄴ

나우시스 ... 186, 194
내국신용장 ... 213, 269
내륙기업 ... 237
내부견제제도 ... 257
내부적 기법 ... 211
내부통제제도 ... 248
네팅 ... 142, 158, 178, 180, 211
네팅방법 ... 284
년말재무제표 ... 280
노무비 ... 267
노출된 외화표시부채 ... 91
노출된 외화표시자산 ... 91
노헤지 ... 48, 253
닉슨 대통령 ... 90, 113

ㄷ

다기간 ICAPM ... 38
다방 PPP ... 29
다수지분소유 합작회사 ... 242
단기외화차입 ... 259
단기자본거래 ... 258, 259
단기차관 ... 118
단위위험당 헤징이윤 ... 72
단일유동환율제도 ... 113
달러본위제 ... 90
달러연계제도 ... 18, 112, 114
대덕밸리 ... 191
대덕밸리 벤처기업 ... 202
대외거래 ... 255
대운테크(주) ... 194
대전상공회의소 ... 147
대한이연 ... 194
도담시스템스 ... 194
도매물가지수 ... 278
동질정보가정 ... 19
등급차원 베이시스 ... 53
디씨아이 ... 194
디오 ... 194
딜러 ... 242
딜링 룸 ... 242

ㄹ

라이센싱 계약 ... 242
라이온켐텍 ... 194
래깅 ... 180
레이트론(주) ... 194
로버트 앵글 ... 252
리딩 ... 180
리딩·래깅 ... 142, 158, 178
리먼브라더즈 ... 251

ㅁ

마팅게일 프로세스 ... 63
매그플러스 ... 194
매일경제신문 ... 4
매입채무 ... 261
매출채권 ... 261
매칭 ... 133, 158, 178, 180, 211, 244
매칭방법 ... 284
맥스웨이브 ... 194
메닉스 ... 194
무역거래 ... 96
무역모형 ... 29
무역부 ... 283
무역수지 ... 278
무역환위험 ... 8, 108, 163, 166, 167, 183, 226
무헤지 ... 46
미국달러 연계제도 ... 113
미래거래 ... 120
미래미확정환위험 ... 107, 120, 166
미래소득 환노출(경제적 환위험) ... 105
미래현물환율 ... 18
미래확정환위험 ... 107, 120, 159, 166
미실현 손익 ... 104
미지급법인세 ... 92
민상기 ... 33, 146, 168

ㅂ

반대오퍼 ... 120
베어스턴즈 ... 251
베이시스 ... 50, 53
베이시스 헤징전략 ... 52
베이시스위험 ... 51
벤처기업 ... 191
변동환율제도 ... 90
보관헤징 ... 53
보템 ... 194
보험적 헤징이론 ... 48
보험헤징이론 ... 44

보화학 ... 194
복수통화환율제도 ... 112, 113, 141, 217
볼보 ... 176, 185
브레튼우즈체제 ... 18, 90, 113
블루코드테크놀로지 ... 194
비계약적 현금흐름 ... 104
비정상수익 ... 35
비정상적인 수익 ... 32
빛과 전자 ... 194

ㅅ

사내 선물환 제도 ... 180
사내 선물환규정 ... 231
사내 헤징기법 ... 142
사내선물환 규정 ... 212
사내선물환제도 ... 178, 254, 257
사내환위험관리 ... 180
사이언 ... 194
사커모아 ... 194
사후관리제도 ... 257
산동성 ... 225
산업은행 ... 211
삼성경제연구소 ... 250
삼성탈레스 ... 175, 186
삼영기계(주) ... 194
상계 ... 244
상대적 해석의 PPP ... 28
상업은행 ... 5
상품차익거래적 PPP ... 28
상해 ... 225
서브마팅게일모형 ... 20
서브프라임 모기지론 ... 6, 250
서수적 효용序數的 效用 ... 73
서수적 효용극대화 헤징이론 ... 75
서수지수(序數指數) ... 76
선물 ... 144
선물거래 ... 256, 259
선물계약 ... 44
선물매도 ... 68
선물매입 ... 68
선물환 계약원장 ... 280
선물환 매도 ... 251
선물환 위험할증 ... 36
선물환거래 ... 144, 255, 256, 259
선물환계약 ... 44, 96, 118, 244, 254, 272
선물환위험할증 ... 18, 36, 37, 38
선물환율 ... 18, 36
선물환율평가이론 ... 25
선지급·후지급 ... 114, 133, 158, 211, 244, 284
세아(주) ... 194
소매물가지수 ... 278
소수지분소유 합작회사 ... 242
수익-위험 헤징이론 ... 62
수익-위험헤징모형 ... 45, 46
수입원자재 ... 267
수입원자재 가격 ... 274
수출보험공사 ... 212
수출상품 가격 ... 274
수출입 신용장 ... 261
수학적 예측모형 ... 277
순 오픈 포지션 ... 281
순수자유변동환율제도 ... 218
순위험선택 헤징 ... 53
순현금흐름 ... 97
스미소니언협정 ... 90, 113
스왑거래 ... 144
스왑계약 ... 246
스퀘어 포지셔닝 ... 199
스타브이레이 ... 194
스탠드바이 차관 ... 113
스티븐 로스 ... 252
스페이스솔루션 ... 194
스프레딩 ... 52
시닉스 ... 194
시장평균환율제도 ... 141, 218
시제법 ... 95
시차베이시스 ... 53

신일 ... 194
신한은행 ... 252
실질 환노출 ... 105
실질화폐보유액 ... 29
실현 손익 ... 104
실효환율 ... 29
심천 ... 225
쌍방 PPP ... 29
씨맥 ... 194
씨아이제이 ... 194
씨엔스엠 ... 194
씨엠넷 ... 194
씨트렉아이 ... 194

ㅇ

2-지산 포트폴리오 ... 56
아비테크 ... 194
아스텔(주) ... 194
아이디스 ... 194
아이쓰리시스템(주) ... 194
아피에스 ... 194
알에프 세이 ... 194
애치씨랩 ... 194
약세통화위험 ... 94
에스티앤씨 ... 194
에이비씨나노텍(주) ... 194
에이스테크놀로지 ... 186
엑스엘광통신 ... 194
엘피스 바이오텍 ... 194
역스왑 ... 246
역오퍼 ... 152
연결재무제표 ... 95, 121, 274
연불금융 ... 130, 132, 271
연불신용장 ... 213, 270
연해기업 ... 237
영업헤징 ... 53
영업환위험 ... 119
예금딜링업무 ... 132
예측적 헤징 ... 53
오디티 ... 194
오퍼가격 ... 266
오픈포지션 ... 48
옵션 ... 144, 256
옵션거래 ... 256
완전헤징 ... 50
완정정보시장균형모형 ... 20
왈라스경쟁균형 ... 20
외국단기차관 ... 132, 273
외국장기차관 ... 118, 130, 132, 273
외부 헤징기법 ... 142
외부적 기법 ... 211
외화 표시 거래 ... 284
외화 표시 중장비 거래 ... 271
외화간 선물환계약 ... 130, 132
외화당좌 ... 262
외화대부 ... 130, 132
외화딜링업무 ... 132
외화선물환계약 ... 212
외화예금 ... 259
외화입금부분 ... 258
외화입출금 ... 258
외화차관 ... 122, 212, 234
외화차입 ... 96
외회차입금 ... 255
외화출금부분 ... 258
외화평가손실 ... 274
외화평가손익 ... 214, 220, 227, 274, 275
외화평가이익 ... 274
외화표시 거래 ... 232
외화표시 거래전표 ... 280
외화표시 국내거래 ... 212, 234, 279
외화표시 수입 ... 212, 233, 234
외화표시 수출 ... 212, 233, 234
외화표시자산부채 ... 105
외화표시단기부채 ... 92
외환관계부서 ... 283
외환관리부서 ... 282
외환관리지침 ... 249, 255

외환금융은행 ... 136
외환보유고 ... 278
외환브로커 ... 280
외환선물 ... 44
외환손실 ... 4
외환손익 ... 220, 257, 259
외환시장의 효율성 ... 18
외환은행 ... 281
외환증서시장 ... 113
외환차손 ... 96, 131, 212, 273, 274
외환차손익 ... 214, 227, 273, 274, 275
외환차익 ... 96, 227, 274
외환평가손 ... 273
외환포지션원장 ... 280
용산닷컴 ... 186
워트(주) ... 194
원가절감 검토대책 ... 180
원달러 ... 244
원신용장 ... 213, 269
원테크놀로지(주) ... 194
원화선물환 거래 ... 272
원화선물환계약 ... 130, 212
원·달러화 커버거래 ... 259
원·달러화 환위험 ... 258
위월드(주) ... 194
위험극소화 ... 46
위험중립적 ... 18
위험할증 ... 18, 34
위험회피적 ... 18
유동성장기부채 ... 92
유동성·비유동성법 ... 95
유럽통화 ... 272
유피에스테크 ... 194
유환열 ... 168
을류 외국환은행 ... 122
이길중 ... 168
이노텔리텍 ... 194
이스트포토닉스 ... 194
이자선약거래 ... 256, 259
이자율 Cover ... 246
이자율교환거래 ... 256, 259
이자율선물시장 ... 44
이자율평가이론 ... 25, 26
이전가격 ... 158, 180
이전가격 설정방법 ... 212, 284
이전거래 ... 255
이종통화·달러화 환위험 ... 258
이질적 정보분포 ... 21
이텍산업(주) ... 194
이팩 ... 194
인바오넷 ... 194
인식시점 ... 119
인텍플러스 ... 194
일물일가의 법칙 ... 28
일시적 투기자 ... 51
일양금속 ... 176, 186
일일 포지션 ... 280
일일거래장표 ... 280
일일대차대조표 ... 280
일일환포지션관리시스템 ... 254

ㅈ

자본거래 ... 255
자본이동모형 ... 29
자산부채 조정기법 ... 133, 158, 212
자산부채종합관리 ... 244
자산시장접근법 ... 31
자산접근법 ... 30
자산·부채 조정기법 ... 180, 231, 237, 284
자유변동환율제도 ... 217, 218
자유유동변동환율제도 ... 113
자의적 헤징 ... 51
잠재적 미래현금흐름 ... 121
장기선물환 ... 259
장기자본거래 ... 258, 259
장기통화옵션 ... 259
재고가격이론 ... 53
재고공급이론 ... 53

전신환결제 ... 213
전신환율 ... 262
전통적 PPP ... 28
전통적 헤징모형 ... 46
전통적 헤징이론 ... 44, 48
전통적 환위험 ... 89, 183
절강성 ... 225
절대적 해석의 PPP ... 28
정보상이성 ... 23
정부출연연구기관 ... 242
정상적 선물가격저위현상이론 ... 49
정직한 기술 ... 194
정현택 ... 168
제니컴 ... 194
제니텔정보통신(주) ... 194
조대우 ... 106, 141, 145, 224
조정과정이론 ... 23
조흥은행 ... 5
주가지수선물시장 ... 44
주관적 확률밀도함수 ... 57
주요재료비 ... 267
준확정포지션 ... 250
준확정환위험 ... 255, 257
준확정환위험금액 ... 256
중간 재무제표 ... 280
중국 기업 ... 234
중국 인민폐 ... 218
중앙백신연구소 ... 194
중장기 연불 계약 ... 271
지앤지래드콘 ... 194

ㅊ

차관원금 ... 272
차관이자 ... 268, 272
차익거래 ... 25, 52
차익거래자 ... 23
천진 ... 225
총 오픈 포지션 ... 281
최소분산헤지비율 ... 45, 61
최적헤지비율 ... 61, 66, 85
측정대상 ... 119

ㅋ

캐스택 ... 194
케이맥(주) ... 194
코어밸 ... 194
콤스텍(주) ... 194
키코 ... 241, 250
키코 통화옵션 ... 253
킹스턴체제 ... 114

ㅌ

텔스론 ... 194
통화교환거래 ... 256, 259
통화바스켓제도 ... 224
통화별 순 포지선 ... 281
통화별 적정거래한도 ... 258
통화별 총 포지션 ... 281
통화선물계약 ... 244
통화선택 ... 244
통화스왑 ... 6, 101, 244
통화옵션 ... 6, 244, 250
통화·이자율교환기래 ... 256
투기 ... 43, 253
투기자 ... 49
투기적 외환거래 ... 255
투기적 이윤 ... 34
투루원테크놀로지 ... 194
투자모국 ... 95
트리스메드 ... 186
특정일 ... 119

ㅍ

파미 ... 194
파생상품 ... 250
파워엠엔시 ... 194

페어게임 ... 18
포트폴리오 ... 133
포트폴리오 밸런스 이론 ... 30
포트폴리오 헤징모형 ... 45, 46
포트폴리오 헤징이론 ... 55
프로바이오닉 ... 194
프로젝트 위험 ... 166
프로젝트환위험 ... 8, 108, 163, 167, 183, 235
플랜트 수출 ... 271
피셔효과 ... 25, 115

ㅎ

(협의의) 경제적 환위험 ... 108, 166, 167
하남성 ... 225
하이겐 ... 194
한국 쉘석유 ... 186
한국 앤더슨 ... 194
한국고유바스켓 ... 112
한국네트웍시스템 ... 194
한국에어로(주) ... 194
한국은행 ... 281
한국파워쉘(주) ... 194
한보철강 ... 6
한빛레이저 ... 194
한솔제지 ... 176, 185
한울로보틱스 ... 194
한일 ... 194
합리적 기대가설 ... 23
해라시스템 ... 194
해외간접투자 ... 96
해외경제협력기금 ... 253
해외자회사 ... 274, 283
해외직접투자 ... 96
해외투자 ... 96
해외회사채 ... 130, 132
헤저 ... 45
헤지비율 ... 55
헤징 ... 43, 44, 253
헤징효과 ... 55, 85
현가법 ... 97
현금유입액 ... 97
현금유출액 ... 97
현금흐름 환위험 ... 94
현금흐름환노출 ... 104
현대자동차 ... 181, 185
현물환 계약원장 ... 280
현물환거래 ... 144, 255, 256, 259
현물환율 ... 18
현재미실현환위험 ... 107, 120, 166
현재미확정환위험 ... 107, 120, 123, 159, 166
현재실현환위험 ... 106, 120, 166
현재확정환위험 ... 106, 120
현지국 ... 95
현지금융 ... 95, 130, 132
현지조달 ... 100
현지통화 ... 97
현행거래 ... 120
현행환율법 ... 95
화폐성·비화폐성법 ... 95
화폐이론 ... 29
확정환위험 ... 255, 257
확정환위험금액 ... 256
환Cover ... 246
환Cover전략 ... 250
환관리시스템 ... 4
환노출 ... 119
환노출 측정대상 ... 106
환노출액 ... 91
환리스크 ... 262
환리스크관리위원회 ... 254
환변동보험 ... 212
환산환노출 ... 104
환산환위험 ... 9, 94, 105, 107, 108, 119, 141, 166, 167, 183
환위험 ... 6, 89, 119, 255
환위험 인식시점 ... 106
환위험 헤징방안 ... 249
환위험관리 ... 7, 241, 275

환위험관리 목표 ... 118
환위험관리 프로그램 ... 118, 275
환위험관리방법 ... 118
환위험관리수단 ... 118
환위험관리전략 ... 118
환위험정보관리 ... 118
환율변동보험 ... 173, 251
환율변동에 의한 가격 전가 ... 150
환율예측 ... 118, 275
환차손 ... 4, 140
환차손익 ... 259
환차익 ... 140
회계적 환노출액 ... 92
회계적 환위험 ... 94, 106, 108, 119, 141, 167
회계적(환산)환노출 ... 104
효용극대화 ... 46
효용극대화 헤징모형 ... 45, 46
효용극대화 헤징이론 ... 73
효율시장가설 ... 19